价值增值导向下的
集团财务管控研究

李国辉　著

中国原子能出版社

图书在版编目（CIP）数据

价值增值导向下的集团财务管控研究 / 李国辉著.
北京：中国原子能出版社，2024. 6. -- ISBN 978-7
-5221-3446-8

Ⅰ. F276.4

中国国家版本馆 CIP 数据核字第 2024BT2096 号

价值增值导向下的集团财务管控研究

出版发行	中国原子能出版社（北京市海淀区阜成路 43 号　100048）
责任编辑	王齐飞
责任印制	赵　明
印　　刷	北京金港印刷有限公司
经　　销	全国新华书店
开　　本	787 mm×1092 mm　1/16
印　　张	17
字　　数	260 千字
版　　次	2024 年 6 月第 1 版　2024 年 6 月第 1 次印刷
书　　号	ISBN 978-7-5221-3446-8　　　**定　价**　68.00 元

发行电话：010-88828678

前　言

在当今快速变化的商业环境中，集团面临着前所未有的挑战和机遇。数字化转型和全球化不仅加剧了市场竞争的激烈性，也带来了技术发展的巨大变革。这些变化要求集团不断适应和创新，以维持其竞争优势和市场地位。在这种背景下，集团价值创造与增长成为了实现持续发展的关键。集团价值不仅关乎集团的经济效益，也关乎集团的品牌声誉、客户忠诚度和市场份额。因此，集团必须采取有效的策略和措施，以确保在这一动态环境中能够持续创造和增加价值。财务管控作为集团管理的核心组成部分，对于推动集团价值增值发挥着重要作用。财务管控不仅涉及集团的资金管理、成本控制和利润最大化，也包括对集团财务风险的管理和对外投资的决策。在数字化转型的过程中，财务管控还承担着适应新技术、优化财务流程和提高财务透明度的任务。通过有效的财务管控，集团能够更好地监控和管理其财务状况，作出更加科学和合理的经营决策，从而推动集团的长期发展和价值增值。本书旨在深入探讨价值增值导向下的集团财务管控问题，为集团提供理论指导和实务操作的参考。

本书共分六章。第一章为企业价值概述，介绍了价值与企业价值的概念，阐述了企业价值的衡量与表达，分析了企业价值的驱动因素。

第二章为集团财务管控与集团价值创造，介绍了集团与集团管控的基本知识，阐述了集团财务管控的基本理论，深入探讨了集团财务管控与集团价值创造的内在联系，阐明了集团财务管控在集团价值创造中的重要作用。第三章为价值增值导向下集团财务管控的战略规划，介绍了价值增值导向下集团财务管控的基本知识，探讨了价值增值导向下集团财务管控模式的选择，分析了价值增值导向下集团财务控制权的分配。第四章为价值增值导向下集团财务管控的实施重点，系统探讨了价值增值导向下集团财务管控中的全面预算管控、资金管控、会计核算管控，以及内部审计管控等，提出了相应的管控措施。第五章为价值增值导向下集团财务管控的保障体系建设，分别从组织保障、制度保障、技术保障和人才保障四个方面进行了深入分析。第六章为数字化转型背景下集团财务管控的发展，立足数字经济时代、集团数字化转型的大背景，探讨了集团财务管控在数字经济时代的发展和应对策略。

本书的特点在于其系统性和实用性。一方面，本书在理论上系统地梳理和分析了价值增值导向下的集团财务管控问题，为读者提供了全面的理论框架和深刻的理论洞见；另一方面，本书注重实用性，为集团实施有效的财务管控提供了可行的方法和策略。

由于笔者水平有限，书中难免存在不足之处，恳请广大读者批评指正。

目　　录

第一章 企业价值概述

第一节 价值与企业价值

一、价值

（一）价值的概念

价值是一个多层次、跨学科的概念，它在不同的领域中有着不同的含义和解释。在最广泛的意义上，价值是一个对象、行为或概念所具有的重要性、有用性或意义，它是一个反映需求、偏好和目标的度量。在经济学中，价值通常与物品或服务的市场价格相关，由供求关系决定，强调物品或服务在交换中所能带来的效用。在哲学中，价值的概念则更加抽象，主要是从道德、美学和存在论等方面探讨价值的本质、价值判断的标准，以及价值的主观性或客观性。在社会学中，价值是社会规范和信念的体现，反映了一个社会或文化群体认为重要的事物。

（二）价值的类型

价值可以从不同维度和标准进行分类，根据其影响和作用的不同领域，可以将价值分为以下四种。

1. 经济价值

经济价值是物品、服务或资源在经济交易中所具有的价值，主要体现在

1

它们能够满足人类需求和欲望的能力上。这种价值通常与市场价格紧密相关，反映了供需关系的平衡。在经济价值观念中，物品或服务的价值由其带来的效用或满足需求的程度决定，这可以是物质的、功能性的或是心理上的满足。经济价值的评估往往依赖于市场机制，通过买卖行为中的价格来体现。它是企业和个人决策过程中的关键考虑因素，影响着生产、分配和消费的决策。此外，经济价值还与资源的稀缺性密切相关，稀缺资源往往具有更高的经济价值。在现代经济中，经济价值不仅限于物质产品，还包括服务、知识产权、品牌等非物质资产。经济价值的追求驱动着市场经济的发展，但同时也需要平衡其他类型的价值，以确保可持续发展和社会福祉。

2. 社会价值

社会价值是某事物在社会层面上所带来的正面影响或贡献，这种价值强调的是对社会整体福祉和进步的促进。社会价值通常与道德、伦理、文化和社会公正等概念相关联，它体现在对社会成员的生活质量、社会凝聚力、文化多样性和环境可持续性的提升上。社会价值的评估往往不像经济价值那样直接，它涉及更加复杂的社会影响和长期效应的考量。例如，教育、公共卫生、环境保护和公民权利的提升都是社会价值的体现。企业和组织在追求经济利益的同时，也需考虑其对社会的影响，如通过企业社会责任活动来体现对社会价值的贡献。社会价值的提升有助于构建更加和谐、公平和可持续的社会，是现代社会发展的关键要素。随着全球化和社会意识的提高，社会价值在政策制定、企业决策和个人行为中的重要性愈发凸显。

3. 文化价值

文化价值是某事物在维持、传承和发展文化方面所具有的重要性和意义。它反映了一种文化特定的信念、传统、艺术、习俗和知识对社会成员的影响和价值。文化价值通常与一个社群的身份、历史和传统密切相关，它体现在语言、文学、音乐、艺术、建筑、宗教和生活方式等多个方面。这种价值不仅在于保护和传承历史遗产，还在于推动文化的创新和多样性，促进文化交流和理解。文化价值的核心在于其能够增强社会的文化认同感，丰富人类的精神世界，以及促进不同文化之间的相互尊重和融合。在全球化背景下，保护和促进文化价值尤为重要，这不仅有助于保持文化多样性，也是促进全球和平与理解的关键。文化价值的提升对于每个社会和民族来说都是不可或缺的，它帮助人们理解自己的过去，塑造当下，并为未来的发展提供灵感和指导。

4. 环境价值

环境价值是自然环境及其组成部分对人类及地球生态系统健康和福祉的重要性。它涉及空气、水、土地、生物多样性，以及生态系统服务的保护和维护。环境价值的核心在于认识到健康的自然环境对于支撑生命、保持地球生态平衡和人类长期福祉的重要性。这种价值不仅体现在直接的经济利益上，如自然资源的利用；还体现在更广泛的生态系统服务上，如空气和水的净化、气候调节、生物多样性的维护等。随着环境问题的日益严重，环境价值在全球范围内越来越受到重视。这导致了对可持续发展和环境保护的强调，不仅在政策制定上、在企业经营和个人生活方式的选择上也越来越重要。环境价值的提升要求人类对自然资源的使用采取更加负责任的态度，以确保地球的健康和可持续性，为后代留下一个可居住和繁荣的地球。

二、企业价值

（一）企业价值的概念

从经营目的的角度来看，企业价值是企业在特定时期、地点和条件约束下所展现的持续获利能力。这种获利能力不仅指的是短期的财务收益，更重要的是长期的、可持续的盈利和增长潜力。企业的经营活动，如产品创新、市场拓展、品牌建设和客户关系管理，都是为了提高企业的竞争力和盈利能力，从而增强企业的市场价值和股东财富。

从管理学的角度来看，企业价值强调企业在遵循价值规律的基础上，通过以价值为核心的管理实践，使所有企业利益相关者（如股东、债权人、管理者、普通员工和政府等）获得满意回报的能力。企业不仅要追求经济效益的最大化，还要平衡各方利益，实现多方共赢。这种价值观认为，企业的成功不仅在于经济利润的实现，更在于能够在社会责任、环境保护和伦理道德等方面作出积极贡献。通过这种综合价值的创造，企业能够在市场中获得更好的声誉和竞争优势，为长期发展打下坚实基础。

从经济学的角度来看，企业价值的定义更加具体和量化，是指企业预期自由现金流量以其加权平均资本成本为贴现率折现的现值。这一定义强调了企业资金的时间价值、风险和持续发展能力。企业价值的这种度量方式使得企业的财务决策与其价值创造紧密相连，促使企业在资本配置、投资决策和风险管理等方面更加注重长期价值的提升。通过这种方法，企业能够更精准地评估其在不同经营活动中的价值创造能力，从而作出更有效的战略决策。

（二）企业价值的特点

企业价值的特点如图 1-1 所示。

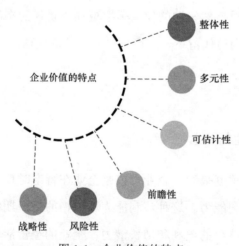

图 1-1　企业价值的特点

1. 整体性

企业价值的整体性特点体现在其作为衡量企业整体状况、属性和业绩的全面性上。企业价值不仅包含企业的有形资产和无形资产的全部情况，还涵盖了内部资源的配置、运用和管理能力，以及企业整体资产的规模。更重要的是，企业价值还考虑了所有涉及企业外部的影响因素。这意味着企业价值的形成是企业各种资产通过有机组合的结果。当企业内部的各种资产和资源得到合理配置并有效利用时，企业的整体价值往往会超过其单项资产价值之和。这种整体性强调了企业作为一个系统，其价值不仅来源于单一资产或操作，而是源自多个方面的综合和相互作用，包括企业的经营策略、市场地位、技术创新、品牌价值及人力资源等。

2. 多元性

企业是众多利益相关者通过契约联结而成的整体，企业经营的主要目的是为这些利益相关者获取收益、创造财富并承担社会责任。这意味着企业价值不仅是企业经营状况的全面反映，还是企业利益相关者利益的最佳体现。企业价值的多元性要求管理者在发展企业持续竞争力的同时，注重满足和平衡客户、股东、员工、债权人和社会等相关群体的利益。这种多元性体现了企业在追求财务效益的同时，还需要考虑社会责任、环境保护、员工福利和社会公正等方面，确保企业的长期稳定发展和社会的和谐。在现代商业环境下，企业价值的多元性日益凸显，成为衡量企业成功的关键因素之一。

3. 可估计性

企业价值的可估计性特点指出，由于信息需求者的偏好、判断能力和视角的不同，对一个企业价值的评估会得出不同的结果。这种特点反映了企业价值评估的主观性和多样性。为了应对这种多样性，人们发展了多种计量企业价值的方法，使得企业价值可以在不同条件下被估计和理解。这些方法包括财务分析、市场评估、资本资产定价模型、折现现金流分析等，每种方法都有其特定的应用场景和假设条件。企业价值的可估计性要求在进行价值评估时选择合适的方法和角度，以确保评估的客观性和准确性。不同类型的企业，如成熟企业、初创企业或周期性企业，可能需要不同的评估方法。这种可估计性强调了企业价值评估是一个动态和多元的过程，需要考虑企业的特定情况和外部环境因素。

4. 前瞻性

企业价值的前瞻性特点强调了企业价值是企业未来收益的现值。这意味着企业价值不仅仅是对过去和当前业绩的反映，更重要的是对企业未来发展的预期。企业价值的前瞻性体现在两个方面：一方面，它反映了企业利益相关者对企业未来实现其利益要求程度的预测，尤其是对企业未来盈利能力的预期；另一方面，它也是企业管理者对企业经营外部环境及自身管理能力的一种预判。这种前瞻性要求企业管理者不仅关注当前的运营状况，还需要积极规划和预测未来的市场趋势、技术发展、竞争环境和内部资源配置。通过对未来的合理预测和策略规划，企业可以更好地利用资源，实现长期的价值创造和增长。

5. 风险性

企业价值的风险性体现在外部环境的不确定性和未来表现的不可预测性上。由于市场波动、竞争格局、政策变化、技术革新等因素，企业未来的实际业绩可能与预期存在显著偏差，尤其是在盈利能力方面。这种风险可能导致企业价值的损失，甚至企业的盈利能力可能受到严重损害或完全丧失。企业面临的风险越大，其价值就越低。因此，企业价值的风险性要求企业管理者在决策时考虑各种潜在风险，采取相应的风险管理和缓解措施。这包括市场风险、财务风险、运营风险和合规风险等。通过有效的风险管理，企业可以保护自身免受负面影响，维持或增加其价值。

6. 战略性

企业价值的战略性强调了企业管理决策对企业价值的重要影响。企业的投资决策直接影响其价值，而融资行为对企业价值的影响则更为复杂。企业价值不仅受到未来收益风险的影响，还与企业的委托代理情况、财务状况等多方面因素有关。因此，企业管理者在提高企业价值的过程中，需要对外部环境的各种因素、内部组织管理行为和运行机制，以及投融资活动进行全面的战略规划。这种战略性要求企业管理者平衡好各方面的利益关系，注重企业的长远发展，并有效防范和化解各种风险。通过这种战略性管理，企业可以将预测的绩效转化为实际绩效，实现企业价值的最大化，最终为企业投资者创造实际的现金流入。

三、企业价值的经济学解释

在现代市场经济体系里，企业是一种可以在产权市场上买卖并生成具体交易价格的特殊资产。

（一）从劳动价值论的角度解释企业价值

马克思的劳动价值论是其经济学思想的核心之一，劳动价值论的主要内容包括以下几方面。（1）商品的二重性。劳动价值论认为，商品具有使用价值和价值（交换价值）两重属性。使用价值是商品满足人类某种需要的能力，属于商品的自然属性，而交换价值主要体现为不同使用价值的商品之间的交换比例。撇开使用价值，商品剩下的共同属性是它们都是劳动的产物，包含了一定量的无差别的一般人类劳动，这就是商品的价值，反映了商品的社会属性。价值作为交换价值的基础，决定了商品交换时形成的比例关系。（2）劳动的二重性。生产商品的劳动具有二重性，即具体劳动和抽象劳动。具体劳动是生产某种使用价值的特定劳动，创造不同质的使用价值；而抽象劳动是撇开具体形式的一般无差别人类劳动，创造商品的同质价值。劳动的二重性决定了商品的二重性。（3）商品价值量理论。商品的价值量是由形成价值的实体即劳动量来计量，而劳动量本身是通过劳动的持续时间来衡量的。决定商品价值量的不是个别劳动时间，而是社会必要劳动时间，即在现有社会正常生产条件下制造某种使用价值所需的平均劳动时间。这一理论纠正了李嘉图关于商品价值量由劣等生产条件决定的观点，为劳动价值论奠定了坚实基础。（4）价值规律理论。商品的价值由生产商品所耗费的社会必要劳动时间决定，商品交换基于价值进行等价交换。交换价值表现为商品价格，受供求关系等因素影响，价格围绕价值上下波动。这一规律表明，在市场经济中，虽然价格受多种因素影响，但长期来看，商品的交换仍然基于它们所包含的劳动量。根据劳动价值论，任何包含人类一般劳动的产品都具有价值。企业作为一种特殊资产，是各要素资产的组合，同样是人类劳动（包括体力劳动和脑力劳动）的产品。因此可以说，企业具有价值、使用价值和交换价值。

1. 企业具有价值

从劳动价值论的角度来看，企业之所以具有价值，是因为企业本质上是一系列生产要素的集合体，这些生产要素在企业价值创造过程中发挥着关键作用。企业中的生产要素如劳动力、生产资料、无形资产等，通过有机组合，共同创造了企业的价值。

劳动力是企业价值创造的直接动力。企业的员工通过其劳动活动，将原材料转化为完成的产品或提供服务，创造出新的价值。这一过程不仅涉及物理劳动，也包括智力劳动。劳动力的质量和效率直接影响企业的生产能力和市场竞争力，从而决定了企业的价值。企业的生产资料，如机器、原材料和设备，本身就是过去劳动的结晶。这些资料在当前的生产过程中与劳动力结合，通过劳动过程转化为新的产品和服务，从而创造出新的价值。这一过程不仅包括直接的物理劳动，也包括对生产过程的规划、管理和组织的智力劳动。因此，企业的价值创造是劳动在不同形式和层面上的综合体现。企业的无形资产，如品牌声誉、管理技术、组织结构和产品设计等，也是长期劳动和经营活动的结果。这些无形资产虽然不如有形资产那样直观，但在现代经济中占据着重要地位，它们为企业提供了独特的竞争优势，增强了企业的市场地位和盈利能力。这种价值同样源于劳动，是企业员工、管理层和创始人长期创新和努力工作的产物。在企业中，不同的劳动强度、努力程度和经营技能可以使企业获得不同程度的发展。这表明，企业价值的创造不仅依赖于劳动的数量，更依赖于劳动的质量和效率。高效的管理、创新的技术和优秀的团队协作能够使企业在相同的外部条件下取得更好的发展，提高其生产能力和盈利能力。

2. 企业具有使用价值

从劳动价值论的角度来看，企业之所以具有使用价值，是因为企业在经济生活中扮演着生产商品、提供服务、创造财富和获取利润的作用。这种有用性使企业具有使用价值，是其在市场上具有交换性的重要基础。具体来说，企业的使用价值主要体现在以下几方面。一是企业可以生产商品。通过建立和经营企业，人们可以将原材料、劳动力和技术转化为具有市场需求的产品。这一过程不仅涉及对物质资源的加工和转化，还包括对产品设计、质量控制和生产流程的不断优化。企业通过生产商品，满足消费者的需求，推动市场的发展和变革。二是企业可以提供服务。服务行业在现代经济中占据重要地位，涵盖教育、医疗、金融、咨询等多个领域。企业通过提供专业、高效的服务，能够满足人们多样化的需求，提高生活质量，促进社会福祉。三是企业可以获取利润。利润是企业经济活动中最直接的收益指标，表明企业在提供商品或服务过程中所获得的经济回报。企业通过有效的市场策略、成本控制和创新管理，能够提高销售额，减少开支，从而实现利润的增长。这些利润对企业至关重要，不仅作为资本积累和再投资的来源，还作为衡量企业健康和发展潜力的关键指标。企业的盈利能力吸引投资，增强市场地位，同时也为股东提供回报。四是企业可以创造财富。企业通过其经营活动，不仅为自身创造经济价值，还推动了整个社会经济的发展，即实现了财富的创造。这种财富创造表现在多个层面，包括提供就业机会、增加税收、促进相关产业发展，以及提高地区的经济水平。企业的成长和扩张可以带动经济活动的繁荣，促进技术创新和产业升级。

　　3. 企业具有交换价值

　　企业作为一种特殊的商品，可以在市场上以货币形式进行买卖和交易，这便是企业具有交换价值的体现。企业可以通过多种方式在市场上交换，包括整体式交易、分割式交易、分期式交易和观念式交易。这些交易形式增加了市场的灵活性，使不同类型和规模的企业都能找到适合自己的交易方式。整体式交易通常涉及企业的全部资产和运营权的转移，而分割式交易可能只涉及企业的一部分资产或业务。分期式交易则允许交易双方在一段时间内分批完成交易，而观念式交易则更多涉及企业的品牌、技术或专利等无形资产。

在企业产权交易市场上，不同类型的企业，无论是盈利能力强弱、生产的产品种类、提供的服务范围如何，都可以通过价格的形态来表现其交换价值。当然，企业的交换价值不是静态的，而是随着市场条件、经营状况、行业趋势，以及宏观经济环境的变化而发生波动。市场需求、竞争状况、政策法规、技术创新等因素都可能影响企业的价值评估和交易价格。例如，一个在快速增长行业中的创新企业可能会拥有较高的交换价值，而一个在衰退行业中的传统企业则可能面临价值下降的风险。总之，企业的交换价值是其内在价值的外在表现形式，反映了企业在市场经济中的地位和作用。

（二）从效用价值理论的角度解释企业价值

效用价值理论的核心观点是，商品的价值取决于它能为消费者带来的效用或满足感。该理论的主要内容包括三点。（1）价值是人们对商品效用的主观评价，即物品的价值取决于它在人们心中的重要性和对人的福利关系。这种主观价值观念强调，只有当人们认为某个商品对自己有用时，该商品才具有价值。例如，一瓶水对口渴的人来说具有很高的价值，但对已经喝饱水的人来说价值就较低。因此，商品的价值不是固定不变的，而是根据个人需求和感知的变化而变化的。（2）有用性和稀缺性是价值形成的两个基本条件。一个商品要具有价值，首先必须具备满足人类某种需求或欲望的效用，即商品必须有用。然而，仅具有用性并不足以使商品具有价值。只有当商品的效用受到某种限制，即商品呈现出稀缺性时，人们才会对它产生价值的评价。稀缺性意味着商品不是无限供应，需要通过付出代价来获取。例如，空气虽然对人类至关重要，但因其充足可得，通常不被视为具有经济价值。相反，稀有金属如黄金或钻石，因其稀缺性而具有较高的价值。因此，商品的价值是效用和稀缺性共同作用的结果。（3）边际效用量是决定商品价值量的核心因素。边际效用量是指消费者从消费额外一个单位的商品中获得的额外效用。效用价值理论认为，一件物品的价值由该物品的最小效用决定，即由满足的最不迫切的具体需要的重要性来衡量。这意味着，商品的价值不是由其最大或平均效用决定的，而是由边际效用决定的。随着消费某种商品的数量增加，从每增加一个单位商品中获得的效用逐渐减少。例如，第一瓶水可能非常珍贵，但随着消费的增加，对第十瓶水的需求和重视就会大大降低。因此，边际效用是决定商品价值的关键，它揭示了消费者行为的重要规律。

根据效用价值理论，企业价值不是基于其历史成本或资产价值，而是取决于其能够为投资者带来的效用——即未来的预期收益。具体来说，如果一个企业预期能够带来较大的未来收益，那么它的价值也相应较高。这种价值判断与企业建设的成本无关，关键在于企业未来的盈利能力和收益潜力。即使一个企业的初始投资或建设成本非常高，如果它未来无法为所有者带来相应的高收益，那么它的价值也不会很高。反之，即便建设成本较低，只要企业有能力在未来产生较大的收益，它的价值就会被认为很高。那么，企业的收益是如何决定企业价值的呢？企业未来能够产生的收益主要体现在未来的现金流入，由于现金的时间价值（即一定量的现金在今天比在未来更有价值），因此在评估企业价值时需要对未来的现金流进行折现。这个过程涉及使用特定的贴现率来计算未来现金流量的现值，即将未来不同时间点的现金流量按照一定比率折算成当前的价值。这种方法被称为贴现现金流量法，它是评估企业价值的一种常用方法。通过这种方法，可以估算出企业在未来各个时期所能产生的现金流量总和的现值，从而得到企业的当前价值。这种评估方式充分考虑了未来现金流的时间价值和风险，反映了企业的真实价值和盈利潜力。因此，贴现现金流量法是基于效用价值论的企业价值评估的重要工具，它强调了未来收益在企业价值评估中的核心作用。

效用价值理论在解释企业价值方面具有一定的优点。一是效用价值理论从需求方角度出发，强调价值是由消费者对商品或服务的主观评价决定的。这种视角更贴近现代市场经济的实际情况，因为在市场经济中，消费者的偏好和需求直接影响商品的价格和企业价值。二是效用价值理论重视企业未来的盈利潜力和现金流，而不是单纯依赖历史成本或账面价值。这种未来导向的评估方法更能准确反映企业的长期价值和增长潜力。三是效用价值理论适用于各种类型的企业评估，特别是在资产交易和企业并购中的应用表明其在实践中的有效性。这种方法考虑了市场变化、消费者需求和技术进步等因素，使得企业价值评估更加全面和灵活。

当然，效用价值理论也具有一定的局限性。（1）由于效用价值理论强调主观评价，企业价值的评估可能受到个人偏好、市场情绪和预期的影响，导致价值评估存在一定的不确定性和波动性。（2）效用价值理论依赖于对未来现金流的预测，这需要对市场趋势、企业经营状况和宏观经济环境有准确的判断。然而，未来的预测本身具有不确定性，可能导致评估结果与实际情况存在偏差。（3）效用价值理论与劳动价值论从不同角度解释企业价值，可能导致对同一资产的不同评估结果。劳动价值论强调生产成本和劳动投入，而效用价值理论强调市场需求和消费者效用，这两种理论在某些情况下可能产生冲突。

因此，在应用效用价值理论进行企业价值评估时，需要结合其他理论和方法，以确保评估结果的全面性和准确性。

（三）从均衡价格理论的角度解释企业价值

均衡价格理论是古典经济学理论的一个重要组成部分，该理论融合了边际效用学派和劳动价值论的观点，以亚当·斯密的自由放任经济理论为基础，通过分析供求关系和市场竞争，解释了商品和劳务的价格形成机制。

均衡价格理论的核心观点是，在任何社会中，稀缺性商品或劳务的客观效用或满足欲望的程度必须通过一个共同的标准——价格来衡量。这使得人们能够在对这些商品或劳务进行选择时做出主观但合理的决策，而货币作为交换的统一媒介，扮演着衡量和交换这些价值的关键角色。根据均衡价格理论，商品的价值是通过市场机制形成的均衡价格所决定的。这个均衡价格是供求两端通过市场作用相互影响和调节的结果。需求量主要取决于消费者对商品效用的主观评价，因此，需求价格反映了买方愿意支付的最高价格。而供给价格则取决于生产费用，是生产者愿意接受的最低价格。当市场上的供求达到平衡状态时，形成的价格即是均衡价格，这是买卖双方都能接受的价格点。均衡价格的形成过程反映了市场经济中资源分配的效率和公平性。在市场价格偏离均衡价格时，市场供求关系的自然调节机制会促使价格逐渐回归均衡。例如，如果市场上的商品供应过剩导致价格下降，生产者可能减少生产以减少供应，同时消费者因价格降低而增加购买，最终使市场重新达到供求平衡。此外，均衡价格理论还强调了竞争对价格形成的影响。在不同的市场竞争环境中，如完全竞争、不完全竞争和垄断等，价格的形成机制是不同的。在完全竞争市场中，由于商品同质化和买卖双方信息透明，价格主要由市场的供求关系决定。而在不完全竞争或垄断市场中，价格可能受到单一卖方或买方的控制。

根据均衡价格理论，可以从以下三方面解释企业价值。

第一，企业的价值来源于生产和消费。生产方面，企业价值主要源于建立和运营企业所付出的成本。这些成本包括支付给劳动者的工资、资本利息、企业正常利润，以及支付给自然资源拥有者的租金等。这些成本反映了企业在生产过程中投入的各种生产要素的价值。在均衡价格理论中，成本是影响供给价格的关键因素，因此，成本越大，表明企业在生产过程中的投入越多，其价值也相应地越高。消费方面，企业价值则体现在满足投资者投资需求的过程中。这个过程实际上是投资者购买企业的过程，反映了投资者对企业的主观心理感觉和效用水平的评价。在均衡价格理论中，消费者对商品效用的主观评价是决定需求量的关键因素，因此，对企业的效用水平越高，表明企业在满足投资者需求方面的表现越好，其价值也相应地越大。总的来说，企业的价值既取决于其生产过程中的成本投入，也取决于其在市场上的表现，即如何满足投资者的需求和提供效用。这两个方面相互作用，共同决定了企业的市场价值。在市场竞争环境中，企业价值的形成是供需关系动态平衡的结果，反映了市场对企业综合表现的评价。

第二，生产方面和购买方面分别对企业商品的供给和需求产生重要影响。在生产方面，企业商品的供给与生产成本紧密相关。当生产成本较高时，企业为了维持利润水平，可能减少商品的生产量，导致供给量减少。相反，当生产成本较低时，企业可以增加生产量，从而增加市场上的供给。这种供给量与生产成本之间的关系体现了经济学中的供给规律，即在其他条件不变的情况下，成本与供给量呈反向关系。在购买方面，企业商品的需求则主要受到效用水平的影响。效用水平高的商品能更好地满足消费者的需求，因此需求量较大；效用水平低的商品则较难吸引消费者，导致需求量减少。这种需求量与效用水平之间的关系体现了经济学中的需求规律，即效用水平与需求量呈正向关系。在资产评估领域，这两个原则被统称为供求原则，它们共同构成了评估企业价值的重要依据。

第三，在市场经济的框架下，企业商品的价格是由市场供给和需求共同决定的。市场供给和需求的关系决定了商品的均衡价格，这一价格反映了商品在市场上的价值。当市场供给等于市场需求时，市场达到均衡状态，此时形成的价格被认为是商品的均衡价格。均衡价格是市场供求双方力量相互作用和调节的结果，反映了市场上商品的真实价值。如果市场价格偏离均衡价格，市场供求关系的自然调节机制将促使价格逐渐回归到均衡状态。例如，如果供给量超过需求量，导致价格下降，生产者可能减少生产以降低供给量；反之，如果需求量超过供给量，导致价格上升，消费者可能减少购买以降低需求量。这种自动调节机制是市场经济中的重要特征，确保了资源的有效分配和价格的稳定。

从均衡价格理论的角度解释企业价值具有深刻的理论意义和实践意义。均衡价格理论强调成本在企业价值形成中的重要性。在评估企业价值时，需要考虑企业获得或重建其单项资产的成本。这些成本包括直接的生产成本、劳动成本、原材料成本、管理费用等。成本的考量不仅关系到企业在生产过程中的投入，也影响着企业商品和服务的供给。在市场竞争环境中，企业的成本结构直接影响其价格策略和市场竞争力。因此，从成本角度分析企业价值有助于理解企业在市场上的定位和竞争优势。均衡价格理论指出，需求是决定企业价值的一个关键因素。企业价值评估必须考虑企业购买者的需求，这种需求主要取决于企业能为其持有者带来的未来收益。未来收益的预期反映了企业的盈利能力、市场潜力和成长前景。投资者和市场参与者对企业的需求与其预期获得的效用和回报密切相关。因此，企业价值评估需要充分考虑市场需求的变化、消费者偏好和行业趋势，以更准确地预测企业的未来表现。均衡价格理论认为，企业的市场价格受到市场经济条件和供求状况的影响。在市场经济中，企业价值的形成是一个动态的过程，受到多种因素的影响，包括宏观经济环境、行业动态、政策法规、技术创新等。供求关系的变化直接影响企业商品和服务的价格，从而影响企业的市场价值。市场供给和需求的相互作用决定了均衡价格，这个价格反映了市场对企业价值的综合评估。

第二节　企业价值的衡量与表达

一、企业价值的衡量

从财务管理角度来看，企业价值具有不同的衡量方式，具体包括账面价值、内涵价值、市场价值、清算价值、重置价值等。

（一）账面价值

账面价值是企业在财务报表中所显示的资产净值，即企业总资产减去总负债后的值。在会计实务中，资产的账面价值通常是基于会计的历史成本原则、按照权责发生制的要求、用原始购买成本减去累计折旧和摊销等计算得出的，反映了企业在某一特定时间的经济状况。

企业账面价值的计算可以根据不同的需求和目的进行适当调整，以确保得到更准确、更符合实际情况的结果。比如，对于发行了优先股的股份公司来说，确定普通股东的净值需要先从公司总净值中扣除优先股的价值，这是因为优先股股东在资产分配和股息支付上享有优先权。扣除后的净值反映了属于普通股东的部分，将这个净值除以发行在外的普通股数，就可以计算出每股账面价值。除此之外，为了保持企业账面价值的稳健性，计算时常常需要对财务报表上的某些项目作出调整。如商誉、专利权等无形资产，以及债券折价、开办费用和递延费用等，通常会从计算中剔除。这些项目往往具有较大的不确定性，可能无法准确反映企业的真实价值。相反，对于其他一些项目，如存货估价准备等，可能需要被加回到账面价值中。这些调整有助于更真实地反映企业的财务状况，避免由于会计处理方法的差异而导致账面价值与实际价值出现偏差。在进行这些调整时，需要综合考虑企业的具体情况和会计准则的要求。调整后的账面价值应更接近企业的真实经济价值，为投资者和管理层提供更准确的信息，帮助他们作出更合理的决策。

账面价值在分析企业的财务状况和比较不同时期的企业表现方面具有重要意义。它提供了一种标准化的方法来评估企业的财务健康状况。通过查看资产负债表，投资者可以了解企业拥有的资源、负担的负债，以及所有者在企业中的权益。这些信息有助于评估企业的资产负债结构、流动性状况及长期的财务稳定性。资产负债表上反映的账面价值还为企业的内部管理提供了重要信息。管理层可以通过分析账面价值了解企业的资本结构，评估投资项目的盈利性和风险，并制定相应的财务策略。

然而，账面价值也存在一定的局限性：第一，账面价值通常基于历史成本原则，这意味着资产和负债的记录值是基于它们的原始购买或借款成本。随着时间的推移，市场条件的变化可能导致这些价值与当前的市场价值出现差异，使账面价值无法准确反映企业的当前价值。第二，账面价值可能无法充分考虑市场动态和经济环境的影响。例如，它无法反映企业的品牌价值、市场地位或行业前景等非财务因素。第三，账面价值主要反映的是企业过去的财务状况，而非其未来的盈利能力或增长潜力。因此，它不是衡量企业未来价值的最佳指标。

（二）内涵价值

内涵价值，也称为投资价值或公平价值，是指企业预期未来现金流收益以适当的折现率折现的现值。评估内涵价值的主要方法是贴现现金流量模型（Discounted Cash Flow，DCF）。DCF 方法的核心在于预测企业在未来一定时间内的自由现金流，并将这些现金流按照一定的贴现率折现到当前值。这里的贴现率通常是企业的加权平均资本成本（WACC），它反映了投资者对企业风险的预期回报。通过将所有预测的未来现金流折现到当前，可以得到企业的整体内涵价值。

评估内涵价值时需要考虑多种因素，主要包括以下内容。（1）经济景气程度的预期。在经济增长期，消费者支出通常增加，企业的销售收入和利润有可能提高。相反，在经济衰退期，企业可能面临销售下降和盈利能力减弱的风险。因此，在评估内涵价值时，需要考虑宏观经济环境和未来的经济趋势，以及这些因素对企业未来现金流的潜在影响。（2）企业所处的生命周期阶段。不同生命周期阶段的企业其增长潜力和风险特征各异。新兴企业可能具有较高的成长性但伴随较大的不确定性；成熟企业通常盈利稳定但增长潜力有限。因此，在评估内涵价值时，需要考虑企业当前所处的生命周期阶段，以及这一阶段对企业未来现金流和风险的影响。（3）当前的市场销售情况。企业当前的市场表现是评估其未来盈利能力的重要参考。销售增长较快通常预示着良好的市场需求和企业的竞争优势，而销售下降可能反映市场饱和或竞争加剧。因此，分析当前的市场销售情况有助于对企业未来的盈利前景作出更准确的预测。（4）企业未来的扩张或缩减计划。企业的战略规划对其未来现金流产生重要影响。扩张计划可能带来收入增长但也可能增加财务风险；缩减计划则可能旨在提高效率和盈利能力。评估内涵价值时，需要考虑企业的未来战略规划及这些规划对现金流的潜在影响。（5）市场利率的变动趋势。市场利率水平影响贴现率的确定，从而影响对未来现金流的贴现值计算。利率上升意味着更高的贴现率，从而可能降低企业的内涵价值；相反，利率下降则可能提高内涵价值。因此，在评估内涵价值时，需要关汴市场利率的当前水平和预期变动趋势。

由于内涵价值的评估涉及对未来的预测和假设，因此具有一定的不确定性和主观性。为了应对这种不确定性，评估时通常需要设定一些假设条件，如现金流按照固定比例增长或保持不变等。这些假设的设定对评估结果有重大影响，因此需要谨慎处理。在实际应用中，投资者通常将内涵价值作为投资决策的重要依据，尤其是在对企业的债券、股票等进行投资时。通过评估企业的内涵价值，投资者可以更好地理解企业的长期盈利潜力和风险，从而作出更明智的投资选择。

（三）市场价值

市场价值是一个企业在市场上出售时所能取得的价格，它反映了市场对该企业价值的评估。当企业被买卖时，成交的价格即代表了其市场价值。不同于账面价值，市场价值并不总是基于账面记录，而是在更大程度上受市场参与者的行为和市场环境的影响。市场价值的形成机制与内涵价值密切相关。内涵价值是理论上决定市场价值的基础，市场价值是内涵价值的表现形式，理想状态下市场价值与内涵价值是相等的。然而，由于市场并不总是完全理性或信息完全对称，实际中市场价值常常会与内涵价值存在偏差。这种偏离可能因市场的成熟度、信息的不对称、投资者的情绪和预期等多种因素而变化。在不成熟的市场上，市场价值与内涵价值之间的偏差可能更加明显。市场价值与内涵价值之间的偏差为投资者提供了投资机会。如果市场价格低于内涵价值，意味着企业价值被低估，投资者可以通过购买这些低估的资产来获得潜在的收益。相反，如果市场价格高于内涵价值，则可能意味着企业价值被高估，投资者可能会考虑卖出。因此，准确判断企业的内涵价值对于投资决策至关重要，它有助于投资者识别市场中的投资机会，实现资本的增值。

（四）清算价值

清算价值是指企业在终止运营并清算其资产时所能获得的价值，它反映了公司在结束所有业务活动、出售所有资产并支付所有债务后所剩余的价值。在从企业所有资产的可售价值中扣除负债后，所得到的差额即为清算价值。资产的可售价值是指在当前市场条件下，资产能够被出售的估计金额。这包括了固定资产如土地、建筑物和设备，以及流动资产如存货、应收账款等。在评估这些资产的可售价值时，需要考虑清算过程中可能存在的迫销折扣，以及出售资产所需的时间和成本。负债包括公司欠下的各种债务，如银行贷款、应付账款、未支付的工资和税款等。这些负债在清算过程中需要优先偿还，因此对清算价值的计算有直接影响。

清算价值对债权人和投资者而言是一个重要指标。对于债权人来说，清算价值提供了一个估计他们可能从企业清算中回收资金的基础。在财务困难的情况下，债权人需要了解在债务无法全额偿还的情况下，他们能够收回多少资金。对于投资者，清算价值则是评估投资风险和决定是否继续投资的依据。如果企业的市场价值低于其清算价值，可能表明企业被严重低估，投资者可能会考虑购买其股份；相反，如果市场价值高于清算价值，投资者可能会谨慎对待。此外，清算价值还对企业管理层具有指导意义。它可以作为一种风险管理工具，帮助企业评估在极端不利情况下的财务风险。管理层可以利用清算价值来制定风险控制策略，如调整资本结构、减少负债或重新评估资产配置，以降低破产或财务困难的风险。

需要指出的是，清算价值通常低于企业的运营价值，因为在清算过程中，资产可能无法以其最佳或最有效的使用价值出售。此外，清算过程可能耗时且成本高昂，这也会对清算价值产生影响。因此，清算价值通常被视为企业价值的一种保守估计，用于衡量在极端情况下的资产价值。

（五）重置价值

重置价值是指重新建立一个与现有企业相同规模、技术水平和生产能力的企业所需要的总成本。在计算重置价值时，首先需要对企业各项资产的特性进行深入分析，估算出每项资产的重置必要成本。这包括对各种固定资产和流动资产的详细评估，考虑它们的原始购置价、技术水平、市场价格，以及替换这些资产所需的额外费用。这一过程可能需要涉及市场调研、与供应商的协商及对资产状态的详细核查。在估算出各资产的重置成本后，接下来需要扣除企业资产已经发生的各种损耗。资产的损耗不仅包括有形损耗，例如，由于使用而造成的磨损、老化或技术落后，还包括无形损耗，如品牌价值的减损、市场地位的变化或专利技术的过时等。有形损耗通常可以通过物理检查和技术评估来确定，而无形损耗则可能需要更为复杂的方法来评估，如市场分析、品牌评估或技术趋势分析。

对于企业管理层而言，了解重置价值有助于他们在进行资本投资、资产管理和风险控制时作出更明智的决策。例如，如果某项资产的维护成本高于其重置成本，企业可能会考虑替换该资产以降低长期运营成本和提高效率。此外，重置价值还是企业保险策略的重要依据，确保在发生灾难性事件时，企业能够获得足够的赔偿来重建其资产。此外，通过比较企业的重置价值和其市场价值或账面价值，可以评估企业的资产是否被高估或低估。例如，如果企业的市场价值远低于其重置价值，可能表明企业的资产被市场低估，或者企业存在效率问题。相反，如果市场价值高于重置价值，可能表明企业的资产在市场上具有较高的增值潜力。

然而，计算重置价值是一个复杂的过程，涉及对多种因素的综合考虑。市场条件的变化、技术进步、供应链动态，以及资产的独特性都可能影响重置成本的估算。特别是对于拥有大量定置资产或独特无形资产的企业，准确估算重置价值可能更具挑战性。因此，进行重置价值评估时需要综合运用市场分析、财务评估和技术判断，以确保得到准确和全面的结果。

在财务管理中，市场价值和内涵价值常被视为评估企业价值的主要标准，因为它们充分考虑了企业未来的盈利能力、发展潜力和竞争优势，特别是内涵价值。内涵价值着重于企业未来现金流的预测，并将这些未来现金流折现，从而提供了一个结合前瞻性预测和实际可操作性的评估方法。这种以现金流量为基础的定价方式能够有效地衡量企业的价值，适应了当今重视现金流量的财务环境。通过将预期的未来现金流量转化为当前的现值，企业可以更准确地评估其长期价值和投资潜力。

二、企业价值的表达形式

（一）市场定价

当一个企业仅通过股票和公司债券两种方式进行融资时，其市场定价可以理解为这两种证券的市场价值之和。换句话说，企业的总市场价值等于其普通股票的市场价值加上其债券的市场价值。

在现代估价理论中，股利被视为股票市场价值的一个重要因素。股票市场价值是由股利及其他相关变量决定的。这意味着，从普通股东的角度来看，股票的市场价值实际上代表了他们对企业价值的估计。在这种情况下，股票市场价值与企业价值是等同的，股东对公司的价值评估基于他们对股票价值的判断。从市场定价的角度来看，如果证券市场是充分有效的，市场价格能够准确地反映企业的内在价值。这意味着市场上的交易价格能够包含所有相关信息，并且正确地评估了企业的未来前景和盈利潜力。在这样的市场环境下，市场定价被认为是评估企业价值的有效方法。

企业价值的市场定价不仅是股东和投资者评估投资价值的依据，也是企业自身了解其市场地位和吸引投资的重要指标。通过股票和债券的市场价格，企业可以获得关于其价值和投资者信心的即时反馈，这对于企业的战略规划和财务管理具有重要意义。市场定价提供了一个动态的、基于市场信息的企业价值评估方式，使得企业价值的理解和评估与市场情况紧密相连。

（二）投资定价

从企业投资的角度出发，企业价值是现有项目投资价值和新项目投资价值之和，这里所说的项目是指资本投资项目。评估资本投资项目效益的方法通常包括净现值法、内含报酬率法、回收期法和利润指数法等。这些方法的核心都是分析投资项目所带来的增量现金流量。增量现金流量是指项目在其生命周期内产生的额外现金流入减去现金流出。一个项目的投资价值取决于其能够带来的增量现金流量的大小，增量现金流量越多，该项目的投资价值就越大，反之，该项目的投资价值就越小。只有那些能够产生正增量现金流量的项目才具有投资价值。如果一个项目无法产生增量现金流量，甚至产生负现金流量，那么这个项目就被认为没有投资价值，应该被放弃。通过对所有能够产生正增量现金流量的项目进行评估和加总，可以得到企业的整体价值。

投资定价模式强调了企业投资（尤其是资本投资）对企业价值的影响。但是必须明确，利用该形式估价企业价值的意义绝不在于对决定企业价值的某一特定方面，如投资决策、融资决策等进行考察、分析，而在于将企业看作一个整体，综合考虑各个方面的因素，包括物的因素、人的因素、环境因素等，并在此基础上确定企业价值。投资定价模式提供了一个评估企业价值的有用工具。通过分析企业的投资项目和增量现金流量，可以更好地理解企业的成长潜力、盈利能力和风险状况。然而，投资定价也存在一定的局限性，如对未来预测的不确定性和评估方法的主观性。因此，在使用投资定价模式时需要谨慎，并结合其他价值评估方法来形成对企业价值的全面判断。

（三）现金流量定价

以历史成本和权责发生制为基础的传统财务会计，与企业经济决策的相关度极小，经过多年的研究与论证，人们发现现金流量定价模型下的企业价值等式更能代表企业效率的高低。换句话说，企业价值事实上决定于所有者预期获得的现金流量。这是因为以下几点原因。第一，从长期来看，企业的利润总计与现金流量总计是相等的。然而，在短期的每个经营年度内，利润指标可能受到人为因素的影响，而现金流量则更为客观和真实。利润可以通过会计政策和估计进行调整，但现金流量则直接反映了企业的收入和支出。因此，现金流量提供了一个更准确和可靠的企业经营绩效指标。第二，企业的现金及其流量是满足所有投资者索偿权要求的必要条件。无论是债权人、股东还是其他利益相关者，他们对企业的投资回报都是以现金的形式实现的。因此，企业的现金流量能力直接关系到其偿债能力和分红能力，是评估企业财务健康状况的关键。第三，折现现金流量估价法通过预测企业未来的自由现金流量，并将这些现金流按照一定的贴现率折现到当前值，从而评估企业的整体价值。这种方法能够考虑企业未来的盈利潜力和增长机会，为投资者和管理层提供了一种基于未来预期的价值评估。第四，现金流量指标的分子现金流量体现的是企业的收益状况，而分母的折现率计算则反映了企业面临的风险。不同的风险水平会导致不同的贴现率，从而影响现金流量的现值。这种收益与风险的权衡机制使现金流量指标成为评估企业价值时一个全面且综合的工具。

根据现金流量定价模型，企业价值是企业未来现金流量的折现值，具体的公式为：

$$企业价值 = \sum_{t=1}^{n} \frac{CF_t}{(1+WACC)^t}$$ （1-1）

其中，CF_t 代表第 t 期的现金流量，反映了企业在第 t 期的经营活动所产生的净现金流入。这包括了企业的营业收入、减去运营成本、税费及必要的资本支出。它是一个实际的现金流量数值，不同于会计上的利润，更直接地反映了企业的实际财务状况。WACC 为企业的加权平均资本成本，是企业为获得资本而支付的平均成本率，包括了债务和股本的成本。它被用作折现率，用于计算未来现金流量的当前价值。这个折现率反映了投资者对企业风险的预期回报率，不同的风险水平会导致不同的折现率。n 是预测期的长度。这个公式通过对未来每一期的现金流量进行折现并汇总，计算出企业当前的总价值。

现金流量法的计算是基于企业的现金生成能力，不依赖于会计上的利润计算。由于现金流量更能反映企业的真实财务状况，这种方法被认为是评估企业价值的更加准确和可靠的方式。它特别适用于那些现金流量稳定或预测较为可靠的企业，能够为投资者和管理层提供一个基于未来现金流量预期的企业价值评估。

第三节 企业价值驱动因素分析

企业价值创造的过程等同于企业财务管理目标的实现过程。分析企业价值有利于企业从战略发展角度，结合影响企业持续发展的各个因素，并综合企业短期运营的状况，关注企业的持续发展能力，从而综合考虑所有者、经营者、企业员工等利益相关者，全面衡量各利益主体在企业长期发展中所处的地位，保持利益分配的动态均衡，从而确保企业的生产经营长期稳定进行。

一、财务因素

（一）盈利能力

盈利能力是评估企业价值创造的一个关键因素，它直接关联到企业的经济效益和财务健康状况。通常，企业的盈利能力通过一系列核心指标来评估，包括主营业务利润率、净资产收益率（ROE）、总资产收益率（ROA）和每股收益（EPS）等。这些指标反映了企业利用其资产和资源产生利润的效率，是衡量企业经营效果和财务表现的重要标准。根据杜邦财务分析模型，净资产收益率、总资产收益率和主营业务利润率之间存在内在的关联。提高企业的盈利能力意味着改善企业的经营效率，提升其利润水平。优秀的经营管理水平能够有效提高这些盈利能力指标，从而促进企业价值的创造。例如，通过提高主营业务的利润率，企业可以增加净利润；通过优化资产配置和提高资产使用效率，企业可以提高总资产收益率。值得注意的是，盈利能力仅是衡量企业价值创造的一个方面，对其进行深入分析可以揭示更多细分的价值驱动因子。

1. 边际贡献率

边际贡献率是衡量企业经营产品盈利能力的重要指标，它反映了销售活动对企业收益的直接贡献。具体来说，边际贡献率等于边际贡献与销售收入之间的比率，而边际贡献是销售收入减去变动成本后的差额。这个差额揭示了企业的经营行为在产生收益方面的效果，是评价企业盈利能力的一个关键方面。

在实际经营中，企业常采取各种措施来提高边际贡献率，以增强盈利能力。例如，通过提高产品价格，企业可以在销售同样数量的产品时获得更高的边际贡献；通过降低变动成本，如原材料成本或直接劳动成本，也能增加边际贡献。对于那些专注于通过降低成本来提高边际贡献率的企业来说，成本的减少主要依赖于两条途径。一是在保持一定的经济规模、技术水平和质量标准的前提下，通过提高劳动生产率、减少资源消耗等方式降低成本。这种方式基于现有的经营条件，是日常成本管理的主要内容。二是改变成本发生的基础条件，例如，引入新技术、采用新的生产方法或管理理念，从根本上改变成本的构成和结构。

按照边际效用递减原理，成本降低在特定条件下会遇到极限，即继续提升成本效率将变得越来越困难。在这个限度内，逐步的成本改进可能会逐渐接近收益递减点。因此，为了持续降低成本并提高盈利能力，企业需要引入新技术和新理念，从而改变成本发生的前提条件。这种转变不仅能够提供持续的成本降低潜力，而且有助于企业在竞争激烈的市场环境中保持优势。

2. 经营杠杆率

经营杠杆率是衡量企业经营杠杆作用大小的一个重要系数，反映了固定成本对企业利润的影响程度。经营杠杆作用指的是，由于固定成本的存在，企业的息税前利润变动率超过其销售量的变动率。具有较高经营杠杆的企业意味着即使销售收入的细微变化也可能导致企业息税前利润的大幅波动，从而带来较高的经营风险。经营杠杆率与总资本收益率通常呈现负相关关系，意味着经营杠杆率越高，企业面临的风险越大，总资本收益率可能会受到负面影响。经营杠杆率的高低通常由行业特性决定，资本密集型行业的企业经营杠杆率通常较高。除此之外，管理者对风险的态度也会显著影响经营杠杆率，不同的风险管理策略会导致不同的经营杠杆水平。

3. 资产周转率

资产周转率是衡量企业资产运营效率的指标，通过计算企业销售收入与总资产的比值来反映。资产周转率的提高意味着企业在使用其资产方面变得更加高效，可以从两个方面实现。一方面是在不增加资产投入的情况下增加销售收入。增加销售收入可以通过提高单位产品的售价或增加销售量来实现，销售量的增加既可以依赖于现有客户的扩展，也可以通过开拓新客户来完成。另一方面，通过优化资产结构和剥离不良资产来提高资产使用效率。优化资产结构包括调整资产配置、改善资产管理和提高资产的使用效率，以实现更高的销售收入。这些措施有助于提高企业的资产周转率，从而增强企业的盈利能力和市场竞争力。

4. 所得税税率

所得税税率指的是实际所得税税额与税前利润的比值，而不仅是税法意义上的标准税率。这个比值反映了企业实际承担的税负水平，对企业的净利润和盈利能力有直接影响。虽然企业对税率的操纵能力通常较为有限，但是通过采用某些节税策略，企业仍然可以在合理合法的前提下降低其实际税负。例如，合理利用税收优惠政策、合理安排资产折旧和摊销，以及利用税收规划工具来降低应纳税额。合理合法的税务规划不仅有助于提高企业的盈利能力，还能够增强企业的财务透明度和社会责任感，从而在长期内提升企业价值。

（二）盈利可持续性

盈利可持续性是衡量企业长期盈利能力和增长潜力的关键因素，直接影响企业价值的创造和增长。企业的盈利可持续性强，意味着其具有持续增长的盈利能力和稳定的收益前景，从而增强企业的市场竞争力和吸引力，提升其长期价值。盈利的可持续性受到企业内外部因素的影响，如企业所处的行业结构、企业的竞争能力、管理者实施的发展战略等。行业结构决定了企业面临的市场环境和竞争压力，一些行业由于其高增长潜力或较低的竞争强度，为企业提供了更有利的盈利环境。企业的竞争能力，包括产品质量、品牌影响力、市场份额、创新能力等，是影响其在市场中表现的关键因素。强大的竞争优势有助于企业在竞争激烈的市场中获得更高的市场份额和利润率。此外，管理层实施的发展战略对于盈利的可持续性同样至关重要。一个以未来价值创造为导向的发展战略能够确保企业长期稳定地增长。企业盈利可持续性的驱动因素主要有以下三方面。

1. 总资产收益率

总资产收益率是评价企业盈利可持续性的一个重要指标，它反映了企业利用其总资产所产生的利润水平。一般来说，总资产收益率的高低能够反映出供应商、客户、竞争对手，以及替代产品对企业盈利能力的综合影响，同时也是企业管理层才能和效率的体现。企业如果能够在总资产收益率上保持较高水平，通常意味着它在所处行业中具有较强的竞争地位和市场吸引力，从而预示着较好的盈利持续能力。高总资产收益率表明企业有效地利用了其资产，实现了较高的盈利水平，这对于企业的长期增长和价值创造至关重要。

2. 所处行业的技术更替频率

在技术更新换代较为频繁的行业中，企业面临着持续的挑战和风险。技术的快速变化可能导致企业现有的竞争优势迅速丧失，因此，企业需要不断地进行技术创新和产品升级以维持其市场地位。频繁的技术更替可能使企业不得不频繁投资于研发和更新设备，这不仅增加了经营成本，也增加了经营风险。因此，在技术变化迅速的行业中，企业需要具备强大的创新能力和灵活的应对策略，以保持其盈利的可持续性。

3. 行业进入壁垒

高进入壁垒的行业通常对新进入者设置了一定的障碍，如需要特殊的经营许可、掌握关键的专利技术或巨大的初始投资等。这些壁垒使得潜在的竞争者难以进入市场，从而为现有企业提供了一定程度的保护，降低了市场竞争的强度。在这样的行业中，企业盈利的持续能力往往较强，因为它们能够在较长时间内保持较稳定的市场份额和利润率。然而，高进入壁垒也可能限制市场的创新和发展，因此，企业在享受这种保护的同时，也需要关注市场和技术的长期发展趋势。

（三）现金流量

现金流量直接影响企业的运营效率、偿债能力和投资潜力。良好的现金流量状况表明企业能够有效管理其财务资源，满足日常运营和长期发展的资金需求。因此，企业的现金流量状况与其价值创造能力密切相关，现金流量越充裕，企业的价值创造能力越强。

现金流量涵盖的是企业在一定时期内的现金流入和流出，主要包括经营活动、投资活动和筹资活动产生的现金流。经营活动现金流量是企业日常经营活动产生的现金流，它是衡量企业运营效率和盈利能力的关键指标。若企业的经营活动现金流量为正，说明企业能够通过其主要经营活动创造足够的现金来维持运营和发展；若为负，则可能需要通过筹资活动来补充现金，增加额外的财务成本，从而影响企业价值创造能力。投资活动现金流量反映了企业在一定时期内进行的投资活动所产生的现金流入和流出。这通常涉及购买或出售长期资产（如设备、建筑物和土地）和投资（如股票和债券）。投资活动现金流量是评估企业投资决策和长期资本支出的关键指标。投资活动现金流量为正通常表明企业出售了一些长期资产或收到了投资回报，而投资活动现金流量为负则表明企业进行了资本支出或投资。企业的投资活动现金流量反映了其对未来增长和资产升值的投资策略。筹资活动现金流量是企业在筹集和偿还资本方面产生的现金流入和流出。这包括发行股票或债务所获得的现金、支付给股东的股利、偿还债务的现金支付等。筹资活动现金流量是衡量企业资本结构和融资策略的重要指标。筹资活动现金流量为正通常意味着企业增加了债务或发行了新股，获得了额外的资金用于运营和发展；筹资活动现金流量为负则可能表示企业偿还了债务或向股东支付了股利。筹资活动现金流量反映了企业如何管理其财务杠杆和股东资本，对企业的财务稳定性和发展能力有重要影响。

（四）资本结构

资本结构是企业长期负债与股权资本之间的比例关系，对企业价值创造具有显著影响。通常，债务资本的成本低于股权资本的成本，主要因为债务支付的利息在税前扣除，从而提供了税收护盾效应。因此，一定程度的债务融资可以降低企业的加权平均资本成本，从而提高企业价值。然而，债务融资也带来了财务风险，特别是当企业无法生成足够的现金流来偿还债务时。过高的财务杠杆可能导致企业面临破产风险，影响企业的信用评级，从而提高债务资本的成本。企业在制定资本结构策略时，需要在降低资本成本和控制财务风险之间找到平衡。最优资本结构理论认为，存在一个特定的债务与股权比例，可以使企业的加权平均资本成本最小化，从而使企业价值最大化。然而，实际操作中，最优资本结构受多种因素影响，包括市场条件、企业的业务模式、风险承受能力，以及管理团队的策略偏好等。

（五）资本成本

企业的资本成本指的是企业为筹集资金而需支付的成本，包括债务资本的利息成本和股权资本的股东回报要求。近年来，随着我国各期存贷款利率的上升，企业的资本成本也相应提高。企业在追求净资产收益率提升的同时，也需努力维持相对较低的资本成本增长率，以提高经济增加值（Economic Value Added，EVA）的回报率。EVA 是企业税后净利润与资本成本之差，反映了企业在扣除资本成本后为股东创造的价值。

资本成本的变化对 EVA 回报率有复杂影响。一方面，资本成本的降低会直接增加 EVA 回报率；另一方面，资本成本的降低可能导致有偿资本的回报率降低，间接影响 EVA 回报率的变动。因此，企业需采取理性的筹资政策，以确保较低的加权平均资本成本，从而赢得更高的回报率。合理的筹资政策不仅要谨慎选择资本的来源，还要慎重研究各渠道资金在总资本中的比例，以实现较低的加权平均资本成本。理论上，每个企业都可以找到一个最佳资本结构，使得加权平均资本成本达到最低。在实践中，企业通常尝试找到一个最佳的资本结构范围，以优化资本成本并最大化企业价值。

二、非财务因素

（一）行业竞争结构

在企业价值创造的分析过程中，对行业的分析是一个关键环节，因为它有助于理解企业所处的竞争环境。迈克尔·波特的"五力模型"是分析行业竞争结构的经典框架，自 20 世纪 80 年代初提出以来，对全球企业的战略决策产生了深远影响。该模型通过评估五种主要竞争能力：供应商的议价能力、客户的议价能力、新进入者的威胁、替代品的威胁和行业内现有企业之间的竞争，来分析一个行业的竞争格局。这五种力量的不同组合和相互作用决定了一个领域的价值创造潜力，对企业制定竞争策略和探索市场需求具有重要指导意义。

1. 供应商的议价能力

供应商议价能力的强弱直接影响企业的成本结构和盈利能力。议价能力强的供应商可以通过提高价格或降低产品质量来增加企业的运营成本，从而影响企业的竞争力。反之，若供应商议价能力较弱，企业则可能获得更有利的采购条件，降低成本，提升盈利空间。

2. 客户的议价能力

客户的议价能力反映了客户对企业产品价格和服务的影响力。议价能力强的客户可能迫使企业降价或提供额外服务，从而压缩企业的利润空间。在客户议价能力较强的行业中，企业需要通过提升产品质量、增强品牌忠诚度或开发独特产品来增强自身的市场地位。

3. 新进入者的威胁

新进入者的威胁取决于行业的进入壁垒高低。高进入壁垒如专利保护、高资本需求和严格的政府规定能减少新竞争者的进入，保护现有企业的市场份额。低进入壁垒可能导致新竞争者涌入，增加市场竞争，压缩利润率。

4. 替代品的威胁

替代品的存在可能限制企业产品的价格和市场需求。替代品威胁较强意味着企业必须不断创新和改进其产品，以保持竞争优势。企业需要通过区分其产品与替代品的差异化优势来降低替代品的影响。

5. 行业内现有企业之间的竞争

行业内现有企业之间的竞争程度直接影响企业的市场地位和盈利能力。激烈的行业竞争可能导致价格战、高营销成本和持续的产品创新需求，从而对企业的盈利能力构成压力。企业需要通过策略性定位、效率提升和创新来在竞争中保持优势。

（二）智力资本

智力资本是一种无形的、持续变化的、能够带来价值创造的资源，是企业总价值减去账面价值后的剩余价值。智力资本的提出改变了传统的企业管理理念，特别对知识型企业的技术变革、推广与使用产生了深远影响。智力资本包括人力资源、组织资本和客户资源。

人力资源包括企业员工的知识、技能、创新能力及解决问题的能力。人力资源的优势在于其独特性和不易被模仿，这为企业提供了持续的竞争优势和创新动力。企业员工的专业技能、创造力和经验是企业发展和创造价值不可或缺的资产。有效的人力资源管理包括吸引和保留优秀人才、提供培训和发展机会、营造积极的工作环境，以及激励员工的创新和贡献。然而，员工流动可能导致知识和技能的流失，企业需要通过建立良好的人力资源政策和文化来减轻这种风险。人力资源的管理和优化是企业维持竞争力和实现长期价值增长的关键。

组织资本是指企业的内部结构、流程、文化，以及企业所拥有的无形资产，如品牌、专利和企业文化等。组织资本为企业提供了运营效率和持续创新的基础。它包括企业的管理系统、技术基础设施、知识管理和企业价值观等，这些因素共同构成了企业运作的框架和支持体系。强大的组织资本能够提高企业的运营效率，促进知识共享和创新，加强品牌价值，并为企业的长期发展奠定基础。组织资本的构建和维护需要持续的投入和管理，企业需不断优化其内部结构和流程，以适应市场的变化和发展需求。

客户资源指的是企业与市场之间的关系，包括客户基础、品牌忠诚度、市场渠道和客户满意度等。强大的客户资源能够确保企业的市场地位和收入稳定性，是企业价值创造的重要来源。通过维护和深化与客户的关系，企业可以提高客户满意度和忠诚度，增强市场竞争力。客户资源的管理包括市场营销策略、客户服务、品牌建设和市场开发等方面。客户资源的维护和发展面临诸多挑战，如市场竞争、客户需求的变化和新兴市场的开发等。企业需要通过不断的市场研究和创新，以满足客户需求并保持市场竞争力。

（三）环境、社会和治理因素

环境、社会和治理因素作为企业价值创造的非财务驱动因素，在当今企业管理中扮演着越来越重要的角色。这些因素直接影响企业的声誉、可持续性和长期成功。

环境因素涉及企业对自然环境的影响，包括能源使用、废物管理、排放控制和自然资源保护等。企业在环境保护方面的表现越好，越能获得社会和市场的认可，减少法律和监管风险，同时激发创新和效率提升。例如，通过采用可持续的原材料和能源，企业不仅能减少对环境的负面影响，还能提高资源利用效率，降低运营成本。

社会因素包括企业与其员工、客户、供应商和社区的关系。良好的社会关系有助于企业建立品牌忠诚度、吸引和保留人才、提高客户满意度并促进社区支持。企业的社会责任表现，如公平就业、多样性和包容性、社区参与和客户关怀，对企业声誉和长期成功至关重要。

治理因素指的是企业的内部管理和决策机制，包括董事会结构、高级管理层的行为、合规性、透明度和股东权益保护等。良好的治理结构能够确保企业决策的合理性和有效性，降低企业运营风险，提升投资者和市场的信心。透明的信息披露、有效的内部控制和责任明确的管理层对于建立投资者信任和提升企业价值至关重要。

第二章 集团财务管控
与集团价值创造

第一节 集团与集团管控

一、集团

（一）常见定义

几种常见的集团定义如下。

（1）集团有六个标志：相互持股、经理会、设立联合投资公司、大城市银行为中心、综合商社和配套的行业。这一定义揭示了集团中独立企业之间的具体联系和操作方式，但并未深入探讨集团作为一个整体的本质和核心特征。

（2）集团是一种以母子公司为主体，通过产权关系和生产经营协作等多种方式，由众多的企事业法人组织共同组成的经济联合体。这一定义指出了集团是经济联合体的一种形式，但并非所有经济联合体都符合集团的定义。

（3）集团是企业之间横向经济联合的产物，它是若干个企业在同一地区、同一部门或跨地区、跨部门的经济联合体。这一定义揭示了集团在不同区域和行业中的经济联合体性质，但没有强调母子公司关系和资本联系。

（4）集团是建立在企业法人股份制基础上，以企业间控股、持股，以及优惠经济合同等为联结纽带，以一家或数家实力雄厚的大企业为核心组成的多层次的经济联合组织。这一定义较为全面地描绘了集团的本质和关键特征，包括母子公司关系、资本联系及集团的多层次组织结构。

由此可知，集团是以产权为纽带，围绕能持续创造更多优势的核心企业，通过兼并、收购、控股等方式，组成的具有多层次和多法人结构的复合经济联合体，进而对现有资源、新资源进行重新分配，提升核心竞争力，形成更强的规模优势。

（二）主要特征

1. 集团是若干独立法人的联合体

这意味着集团由多个具有独立法人资格的企业组成，每个成员企业都拥有自己的法人地位，依法享有民事权利并承担民事责任。集团内的各个成员企业在法律上相互独立，各自进行财务会计、业务决策和市场运作。集团的这一特征使得其具有复杂的组织结构和管理模式，需要在保持各成员企业独立性的同时，实现集团层面的统一战略目标和协同运作。集团内部的成员企业通过资本控制、管理协作或合同约定等方式相互联系，共同实现集团的整体商业目标和发展规划。这种结构既保留了各成员企业的灵活性和适应市场变化的能力，又能通过集团的整体资源整合和战略规划，提升整体的竞争力和市场地位。集团的这一特征是其区别于单一法人企业的关键，也是其能够在市场上有效运作和创造价值的基础。

2. 集团的组织结构具有多层次性

通常情况下，集团的组织结构主要包括以下四个层次。

（1）核心企业，也称为集团公司，是企业集团的核心和决策中心。作为依法成立的经济实体，核心企业拥有自己的组织管理机构、独立财产，并能够依法承担经济责任。核心企业以法人的身份自主经营、自负盈亏，作为独立的商品生产者和经营者。在法律地位上，核心企业作为母公司，内部可能包含若干分公司或分厂。核心企业的特点是实力强大且具备投资功能，能够对集团内的子公司或关联企业进行有效的资本和管理控制。它可以是一个大型生产、流通企业，也可以是一个资本雄厚的控股公司。核心企业的战略决策、资源配置和整体管理对集团的发展方向和价值创造至关重要。

（2）紧密层企业，亦称为控股层，包括由集团公司直接控制的子公司，这些子公司均为独立的企业法人。集团公司与紧密层企业之间存在母子公司的关系，集团公司通过投资控股、长期承包、租赁或其他方式对这些企业实施直接管理和控制。紧密层企业通常需要符合以下条件之一：由核心企业投资并控股、核心企业长期承包或长期租赁、全民所有制企业划归核心企业管理，或经国有资产管理部门授权，将国有资产交由核心企业经营。紧密层企业在集团内部扮演着执行核心企业战略和扩展市场的角色，它们的运营和发展受核心企业的直接影响和指导，对集团整体的竞争力和市场表现具有重要影响。

（3）半紧密层企业，也称为参股层企业，是指核心企业参股或由紧密层企业全资、控股的企业。这些企业由多个关联公司组成，与核心企业或紧密层企业的联系相对宽松，通常通过资本投资的方式与集团公司相连。半紧密层企业可以通过资金、设备、技术、专利、商标等各种方式进行相互投资，并在集团统一经营的框架下运作。这些企业按照出资比例或协议规定享受利益并承担相应责任。半紧密层企业在集团中扮演着重要角色，它们通过与核心企业或紧密层企业的资本关联，能够在保持一定独立性的同时，共享集团资源、技术和市场渠道，为集团的整体发展作出贡献。

（4）松散层企业，也称为固定协作层企业，是指与集团公司或其控股子公司、孙公司保持稳定协作关系的企业。松散层企业在集团经营方针的指导下运作，按照集团章程和合同规定享有权利和承担义务，但在日常经营活动中保持较高的独立性，各自承担民事责任。这一层级的企业与集团的联系最为宽松，主要基于市场协作和互惠关系。松散层企业为集团提供额外的市场信息、资源共享和业务合作机会，有助于集团拓宽业务范围和增强市场适应性。通过与这些企业的合作，集团能够有效地利用外部资源和能力，实现市场多元化和风险分散。

3. 集团以产权联结为主要纽带

纽带是联结不同主体的方式。集团的核心企业与其他成员企业之间的联结纽带，主要有以下三种。

（1）产权联结纽带，即资产联结纽带，是企业之间通过资本投入形成资产所有者与经营者之间的关系。资产所有者基于其投资额行使所有者权利并承担相应责任，而资产经营者则以投资者的资本作为法人财产进行自主经营，并对资产所有者承担保值和增值的责任。具体来说，集团的核心企业与紧密层企业之间通过资本投入形成控股关系，包括：绝对控股和相对控股；核心企业与半紧密层企业之间形成参股关系；此外，还包括子公司与孙公司之间的全资、控股和参股关系。产权联结纽带的存在使得集团内部的资源配置和战略决策能够在资本控制下进行统一规划和协调，从而实现集团整体的经营目标和价值创造。

（2）经营纽带，它不涉及产权归属的改变，而是通过签订经营合同来形成资产所有者与经营者之间的关系。例如，核心企业与紧密层企业、紧密层企业与半紧密层企业之间可以通过签订承包或租赁经营合同、购销合同等形成长期的控制关系。经营纽带通过合同约定的方式使资产所有者能够对经营者进行一定程度的控制和影响，同时保持企业间的经营自主性。这种纽带在实际操作中也体现了产权关系的一种表现形式，通过经营纽带，集团能够在保持各成员企业独立性的同时，实现资源共享和协同效应。

（3）生产技术纽带是企业集团内部通过产品生产、技术开发和转让的合同和协议方式形成的稳定协作关系。核心企业与成员企业之间可以通过签订产品加工、零部件生产或技术应用合同等，形成较为稳定的合作关系。这种纽带通过技术和产品的合作，促进了集团内部的技术交流和创新，同时也增强了市场竞争力。生产技术纽带有助于集团有效利用核心技术和专业知识，提高产品质量和生产效率，同时也为成员企业提供了技术支持和市场拓展的机会。通过这种纽带，集团能够在保持企业间独立性的基础上，实现协同合作和资源共享，从而增强整体竞争优势。

4. 集团有一个起主导作用的核心企业

核心企业作为具有法人资格的经济实体，可以是生产企业、流通企业、控股公司或混合型公司。核心企业的法人资格使其能够独立承担法律责任和经济活动，成为企业集团运营和决策的中心。核心企业具有以下职能。（1）投资中心。核心企业通过对内部和外部投资机会的评估和选择，决定资金的投入方向和规模。这包括对集团内各成员企业的直接投资、新项目投资及对外投资等。核心企业的投资决策直接影响集团的资本结构、风险分布和收益潜力。通过有效的投资管理，核心企业能够推动集团整体的发展，提升市场竞争力和盈利能力。此外，核心企业还负责监控和评估投资效果，以确保资金使用的效率和收益最大化。（2）科技开发中心。核心企业作为科技开发中心，负责引领集团内的技术创新和研发工作，提升集团在技术领域的竞争力。核心企业的科技研发活动不仅包括自身的技术创新，还包括对成员企业的技术支持和协助，从而推动整个集团的技术水平和创新能力的提升。通过科技开发中心的功能，核心企业能够加快集团产品的技术更新，提高生产效率，增强市场竞争优势。（3）新产品开发中心。核心企业作为新产品开发中心，承担着根据市场需求研发和推出新产品的职能。通过对市场趋势的洞察和分析，核心企业能够及时捕捉市场机会，研制具有高科技含量和市场竞争力的新产品。这种持续的产品创新能力对于拓宽经营范围、提高市场占有率至关重要。核心企业在新产品开发中的主导作用不仅带动了集团的技术进步，也为集团的长期发展和市场扩张提供了动力。（4）组织管理中心。核心企业负责制定集团的整体发展战略和市场目标，并协调各成员企业间的生产经营关系和利益分配。核心企业通过统筹规划和管理，确保集团资源的有效配置和运用，推动集团内部的协同运作。此外，核心企业还通过产权、生产和经营纽带与成员企业建立内在的技术和经济联系，形成利益共同体，从而提高集团的整体效率和竞争力。核心企业的组织管理能力对于维护集团的稳定发展和市场地位至关重要。不过，核心企业通常不具备政府行业管理职能，其作为企业法人，主要服从企业发展战略和市场目标。核心企业的职能和活动集中在经济领域，与政府的宏观经济调控和行业管理职能有所区别。

　　5. 集团有统一的规划和发展战略

　　集团的统一规划和发展战略由核心企业制定和实施，旨在确保集团各成员企业的活动和目标能够协调一致，并共同推动集团的长期发展和市场扩张。这种统一的战略规划涉及集团的市场定位、业务范围、投资方向、技术发展、人力资源管理等多个方面。通过统一的规划和战略，集团能够有效地集中资源、优化管理流程、减少内部竞争和冲突，同时提高对外部市场和环境变化的应对能力。统一的规划和发展战略使得集团能够在保持各成员企业相对独立性的基础上，实现整体的协同效应和资源整合，从而在激烈的市场竞争中保持竞争优势。此外，统一的战略规划也有助于集团形成清晰的发展目标和战略重点，为集团的决策提供指导，确保集团的长期稳定发展和价值创造。

（三）集团的主要作用

　　集团通过整合多个企业和业务单元，有利于形成规模经济。规模经济意味着随着生产规模的增加，单位产品的成本降低。集团能够通过内部资源共享、集中采购、批量生产和市场扩张等方式，实现成本效益的最大化。这不仅包括直接的生产成本节约，还包括管理成本、研发成本和营销成本的降低。集团内部的各成员企业可以共享技术、设备、人力资源和市场信息，减少重复投资，提高资源利用效率。规模经济还有助于集团在市场竞争中获得更强的议价能力，提升市场影响力和盈利能力。

　　集团的组织结构和运作模式有利于推动资源的优化配置。集团能够在更广阔的视角和更大的范围内进行资源配置，使资源在集团内部的各个业务单元间得到最有效的利用。集团通过统一规划和协调管理，能够将资金、技术、人才和信息等资源配置到最需要的地方，以支持关键项目的发展和市场机会的把握。资源优化配置有助于提高集团整体的运营效率和市场适应性，支持集团的长期发展和竞争优势。

集团有利于形成群体优势，这是指集团作为整体相比单个企业在市场上拥有更大的影响力和竞争优势。群体优势体现在品牌影响力、市场覆盖面、客户资源和谈判能力等方面。集团内部的成员企业可以共享品牌和市场渠道，拓展业务范围，增强市场占有率。此外，群体优势还体现在集团能够利用内部的多样化业务和协同作用，对外部风险进行有效分散，提高整体的市场适应能力和风险抵御能力。

集团有利于增强企业的整体实力。集团的整体实力不仅体现在经济规模和市场份额上，还包括技术创新、管理水平、品牌价值和综合竞争能力等方面。通过集团的整合和统一管理，能够加强研发投入和创新能力，提升管理效率和决策质量，增强品牌影响力。集团的整体实力增强，有助于在市场竞争中获得更大的优势，实现业务的持续增长和价值创造。集团还能够通过规模优势和资源整合，提高对外部环境变化的应对能力，增强长期的市场竞争力和持续发展能力。

二、集团管控

管控即"管理"和"控制"的结合，它不仅包括规划和组织资源以实现既定目标的管理活动，也包括监督和调整组织运作以确保目标实现的控制活动。

管理是对组织的人、财、物等资源的规划、组织、指挥、协调和控制，以实现特定的目标。管理活动涵盖了企业的战略制定、组织架构设计、资源配置、人员管理、业务流程优化等方面。通过有效的管理，组织能够提高运营效率，激励员工，优化决策过程，应对市场变化，最终实现组织目标和提升组织价值。

控制是对组织活动和成果的监督、评估和调整，以确保组织目标的有效实现和运作的符合预期。控制包括对组织运作的监测、对目标实现的跟踪评估，以及在必要时采取纠正措施来处理偏差。控制机制有助于确保组织资源得到合理利用，风险得到有效管理，策略得到正确执行。

集团管控是对集团及其下属各成员企业的管理和控制，以实现集团的整体战略目标和有效运作。

（一）集团管控的特点

1. 战略性

管控活动必须与集团的整体战略目标和长期发展规划紧密结合。集团管控的战略性体现在对集团资源的配置、关键决策的制定，以及市场定位和业务发展方向的选择上。集团管理层需要从战略的高度出发，确保所有管理和控制活动都能支持集团的核心竞争力和持续增长。这包括对市场趋势的准确判断、对业务机会的及时捕捉、对风险的有效管理及对创新的持续推动。战略性管控有助于集团实现长期的市场优势、持续的盈利能力和稳定的增长动力。

2. 系统性

集团管控不仅涵盖了集团内部各个业务单元和职能部门，还包括了集团与外部环境的互动。系统性的管控需要在集团的整个组织结构中实施，包括财务、市场、人力资源、生产、研发等所有关键领域。此外，集团管控还需要考虑外部市场环境、政策法规变化、行业发展趋势等因素，确保集团的策略和操作能够适应外部环境的变化。系统性管控有助于形成集团内部的协同效应，优化资源配置，加强风险控制，提升集团的整体运营效率和市场竞争力。

3. 动态性

集团管控需要根据内外部环境的变化灵活调整和优化。集团所处的市场环境和竞争状况是不断变化的，这要求集团管控能够实时响应市场变化、技术革新和经营挑战。动态性管控涉及对市场趋势的持续监测、对业务模式的不断创新、对风险管理策略的及时调整及对管理流程的持续优化。动态性使得集团能够保持敏捷和灵活，快速适应市场变化，有效应对竞争挑战，从而保持长期的竞争优势和市场地位。

（二）集团管控的目的

1. 实现战略目标

集团管控的核心在于确保集团能够有效地实现其制定的战略目标和长期发展规划。这些战略目标可能包括市场定位、业务扩张、利润增长、品牌建设等多个方面。集团管控的关键在于确保所有的决策和活动都能够与集团的战略目标保持一致性和协调性。为此，集团管理层需要进行全面的战略规划，明确集团的发展方向和核心竞争力。这包括对市场趋势的分析、目标市场的选择、产品和服务的开发和竞争策略的制定等。通过有效的管控，集团能够集中资源和精力，聚焦于核心业务和关键市场，避免资源分散和战略偏移。此外，实现战略目标还需要集团能够灵活应对市场和环境的变化，及时调整战略和计划以应对新的挑战和机遇。通过有效实现战略目标，集团能够持续增长、提升市场份额和品牌价值，从而在竞争激烈的市场中保持优势。

2. 优化资源配置

资源配置的优化包括资金、人力、技术和信息等多个方面。集团管控需要协调集团内各个业务单元和职能部门的活动，以确保资源能够根据业务需求和市场机会进行合理分配。这不仅涉及资金的投入和分配，还包括人才的配置、技术的应用和信息的共享等。通过优化资源配置，集团能够提高运营效率，减少资源浪费和重复投资，从而提升整体的竞争力和市场响应能力。资源配置的优化还需要集团管控能够准确评估各业务单元和项目的效益和潜力，以确保资源能够投向最有价值和最有前景的领域。此外，随着市场和环境的变化，集团管控还需要不断调整资源配置策略，以适应新的业务需求和发展方向。通过优化资源配置，集团能够更好地实现业务协同、提高市场竞争力和创造更大的企业价值。

3. 控制风险和保障合规

集团面临的风险类型多样，包括财务风险、市场风险、运营风险和合规风险等。为了有效控制这些风险，集团需要建立一个健全的风险管理体系，这包括风险识别、风险评估、风险控制和风险监测等环节。通过对潜在风险的持续监控和定期评估，集团能够及时发现风险并采取相应的预防和应对措施，从而降低风险对企业运营和财务稳定性的影响。此外，合规性也是集团管控的重要目标之一，确保集团的业务活动和运营决策符合国家法律法规和行业标准。通过建立有效的内部控制机制和合规管理体系，集团可以避免法律风险和声誉损失，保护集团的长期利益和可持续发展。

4. 提升效率和创造价值

有效的管控可以促进集团内部各业务单元和职能部门之间的协同作用，提高资源利用效率，减少运营成本，加快市场响应速度。这包括优化业务流程、提高决策质量、加强技术创新和改善客户服务等方面。通过提升效率，集团能够更快地适应市场变化，更有效地满足客户需求，从而推动收入增长和利润提升。此外，集团管控还涉及不断优化业务模式和管理机制，通过持续的创新和改进，提升集团的核心竞争力，实现长期的价值创造和持续发展。通过提升效率和创造价值，集团管控有助于提高集团的市场地位和股东价值，保证集团的长期成功。

（三）集团管控的类型

1. 集中式管控

集中式管控是指决策权和控制权主要集中在集团的高层管理层或核心企业的管控模式。在这种管控模式下，集团总部对下属的子公司或业务单元拥有较高程度的控制，包括财务、运营、人力资源和战略决策等方面。集中式管控的优点在于能够确保集团内部各个部分的活动和决策与集团整体战略和目标保持一致，提高资源配置的效率，加强风险管理和内部控制。此外，集中式管控有助于形成统一的品牌形象和市场策略，实现业务协同和规模效应。然而，集中式管控也可能导致决策过程的迟缓、下属企业创新和响应市场变化的灵活性降低，以及过度依赖总部决策的风险。

2. 分散式管控

分散式管控是将更多的决策权和运营控制权下放到子公司或业务单元。在分散式管控下，各个子公司或业务单元拥有较高的自主权，能够根据自身的市场环境和业务特点进行决策和管理。这种管控模式的优势在于能够增强下属企业对市场变化的快速响应能力，激发创新和企业家精神，提高客户服务的灵活性和个性化。分散式管控有助于适应多元化市场和快速变化的竞争环境，使集团能够更好地利用地方和细分市场的机会。然而，分散式管控也可能带来集团内部协调和整合的挑战，需要有效的沟通和协作机制来确保集团整体战略的实现和资源的有效利用。

3. 混合式管控

混合式管控结合了集中式和分散式管控的特点。在这种管控模式下，集团总部对某些关键的战略决策和核心业务进行集中控制，如财务规划、重大投资决策、品牌管理和关键技术的发展。同时，为了提高灵活性和市场适应性，集团总部会将其他方面的管理和决策权下放到子公司或业务单元，尤其是在市场运营、客户服务和产品开发等方面。混合式管控允许子公司在遵守集团总体战略和政策的前提下，根据自身特点和市场需求进行自主经营和创新。混合式管控的优势在于其能够平衡集中与分散的优点，同时避免两者的弊端。这种模式有助于集团在保持统一战略目标和品牌价值的同时，提高对市场变化的快速响应能力，激发下属企业的创新和活力。混合式管控还有助于有效管理集团资源，实现业务协同，提高运营效率。然而，实施混合式管控需要高效的沟通和协调机制，确保集团总部与子公司之间的信息流畅和策略一致性，同时维护下属企业的自主性和灵活性。在实践中，如何找到集中与分散的平衡点、如何有效地实施和管理混合式管控，是集团管理层面临的主要挑战。

第二节　集团财务管控基础

财务管控作为集团管控的重要组成部分，对集团有效管理其下属企业具有十分重要的影响。一个完善且高效的财务管控体系对于提升集团对子公司的管控能力，确保财务活动的规范性和合理性，以及实现集团整体战略目标至关重要。

一、集团财务管控的基本理论

集团财务管控主要是指集团总部对下属分、子公司的财务管理和控制。其理论基础主要包括四个方面。

（一）集权与分权理论

集权与分权理论着重于探讨在集团内部，如何平衡集中管理和分散管理的程度，以实现资源的最优配置和业务的高效运行。

在集团中，集权与分权的问题涉及如何在母公司与子公司之间分配决策权、管理权和控制权。集权即集中决策和管理，强调在母公司层面统一制定政策、规划和管理，以便于实现集团的整体战略目标和维护集团利益。相对地，分权则是指将决策和管理权下放到子公司，以提高响应市场变化的灵活性和提升子公司的自主经营能力。集权的优势在于能够确保集团整体战略的一致性和方向，通过集中决策可以避免资源的浪费和冲突，提高整体运营效率。在财务管理方面，集权有助于实现资金、风险和税务管理的统一，通过集中的财务系统和标准化的流程，可以更有效地控制和降低成本，提高财务透明度和合规性。然而，过度的集权可能导致决策僵化和响应市场变化的不灵活。特别是在多元化和跨国经营的大型集团中，子公司面临的市场环境和业务需求各不相同，过度集中的决策可能忽略了地方特色和市场的特定需求。因此，适当的分权则能够赋予子公司更多的自主权，使其能够根据当地市场的具体情况灵活调整策略，从而提高市场的适应性和竞争力。分权的优势在于能够提升子公司的灵活性和创新能力，有助于更好地满足客户需求和适应市场变化。子公司通过拥有更多的自主权，可以快速作出决策，更有效地进行资源配置和市场开拓。在财务管理上，分权能够使子公司根据自身业务的特点和风险水平，制定更为合适的财务策略和目标。然而，过度的分权可能导致集团内部的资源分散和管理不一致，增加集团的整体风险。缺乏有效的集团层面监督和协调可能导致子公司行为偏离集团整体目标，甚至出现内部竞争和资源错配的情况。因此，在集团财务管控中，实现集权与分权的适当平衡至关重要。集团需要根据自身的业务特点、市场环境和战略目标，灵活地调整集权与分权的程度。在实践中，这可能意味着在核心业务和关键决策上实行集权，而在市场运营和日常管理上赋予子公司一定的自主权。通过这种方式，集团不仅能够确保战略的一致性和资源的有效利用，也能够充分发挥子公司的市场适应性和创新能力。

（二）委托代理理论

委托代理理论的核心在于探讨所有者（委托人）如何通过各种机制确保管理者（代理人）在代表所有者利益行事时能够采取符合所有者期望的行为。

在集团中，由于所有者与管理者之间存在自然的分离，因此产生了所谓的委托代理问题。所有者作为资本的提供者，将企业的日常经营管理委托给专业的管理者去执行。然而，由于信息不对称和目标冲突，管理者可能会追求个人利益最大化，而非企业利益或所有者利益的最大化。这种情况下，管理者的决策可能会与所有者的利益不一致，导致企业资源的低效利用和企业价值的损失。为了解决这一问题，集团需要建立一系列有效的监督和激励机制。监督机制包括建立健全的内部控制体系、进行有效的财务审计和实施透明的信息披露，以降低信息不对称，确保管理者的行为能够被及时发现并受到监控。激励机制则是指通过合理的薪酬政策和绩效考核体系，激励管理者的行为与所有者的利益保持一致。例如，可以通过绩效相关的薪酬、股权激励或其他形式的奖励，使管理者的利益与公司长远发展和股东价值最大化紧密联系。通过这种方式，管理者的个人利益得以与企业利益相结合，从而减少代理成本和冲突。委托代理理论还强调了透明度和责任感的重要性。管理者应对其行为负责，并向所有者报告其决策和操作的结果。这种责任感的建立和强化是通过制定明确的责任和义务、建立良好的企业文化和价值观，以及进行有效的沟通和反馈机制来实现的。

在集团财务管控实践中，委托代理理论的应用不仅限于母公司与子公司之间的关系，也适用于集团内部各个层级之间的关系。集团需要在不同层级之间建立合理的委托代理关系，确保每一个层级都能够高效地执行其职责，同时保证整个集团的利益最大化。

（三）所有者财务理论

在现代企业集团这种大规模、跨国化、跨行业的多元化经营实体中，产权作为维系集团存在并衍生各项权益的关键因素，显得尤为重要。集团的产权主要体现为法人财产权，即资本所有权，这种所有权关系产生了资本所有者及其相关理论。所有者财务理论的核心在于，所有者是企业资本的提供者和最终的利益享有者。在股份公司模式下，所有权与经营权的分离成为一种普遍现象，所有者通过出资成为企业的资本所有者，而经营者则负责运用这些资本进行日常经营活动。这种分离带来了一系列的管理和控制问题，尤其是在大型集团中，母公司对子公司的控制主要通过资本供应来实现，从而确保利益最终归属于资本所有者。在这种背景下，所有者财务管理成为确保资本安全和增值的重要手段。所有者以对资本或资金的所有权为基础，对其所委托的资本经营者进行监督和调控，以维护和获得自己的利益。这种管理不仅是对经营者财务行为的约束，也是确保企业长期发展和市场竞争力的关键。集团母公司作为资本营运风险的承担者，同时也是利益的主体，因此，其在集团财务管控中扮演着至关重要的角色。母公司需要确保资本的有效利用和增值，同时也要承担由此产生的风险。为了实现这一目标，集中财务管控成为了一种有效的手段。通过集中管控，母公司能够对下属企业的财务状况、经营成果、现金流量进行及时、快捷、低成本的监控，从而实现对资产经营者的有效财务监控。

（四）内部人控制理论

内部人主要指的是企业的高级管理层和关键决策者，他们在企业中拥有关键信息和决策权力，因而能够对企业的方向和表现产生显著影响。内部人控制理论认为，由于这些内部人员对企业的运营具有深刻的理解和控制能力，他们能够有效地影响企业的财务决策和战略方向。这种影响可能是积极的，也可能是消极的。积极方面表现在内部人员能够根据对企业内外部环境的深入了解，作出快速而准确的决策，从而促进企业的发展和增值。消极方面则表现在内部人员可能利用其控制权谋取私利，损害其他股东和利益相关者的利益。集团通常具有复杂的组织结构和多层级的管理体系，集团的高级管理层通常拥有对整个集团方向和资源配置的决定权，他们的决策和行为会直接影响到集团公司的整体表现。因此，确保这些内部人员的行为符合集团的长期利益，成为集团财务管控的重要任务。

二、集团财务管控的必要性

集团财务管控的必要性主要体现在以下方面，如图 2-1 所示。

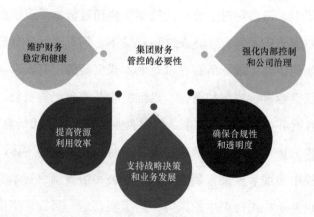

图 2-1　集团财务管控的必要性

（一）维护财务稳定和健康

财务管控对于维护集团及其下属企业的财务稳定和健康至关重要。通过有效的财务管理和控制，集团能够合理的进行资金分配、有效地成本控制、防范和应对财务风险。这有助于保护集团及其子公司免受财务危机的影响，维持良好的财务状况和信用等级，为集团的持续运营和发展提供坚实的财务基础。

（二）提高资源利用效率

在资源有限的条件下，如何有效地利用现有资源，特别是资金资源，对于集团的运营和发展至关重要。集团总部通过集中管理和分析财务数据，能够对资金的流动、成本结构和投资回报进行全面而深入的监控和评估。这种精确的财务分析和监控有助于集团在资金使用上做出更合理的决策，避免资金的闲置和浪费，确保资金能够被用于最有效益的业务和项目上。此外，通过对成本结构的深入分析，集团能够识别和削减不必要的成本，实现成本的优化。这不仅提升了资金的使用效率，也提高了集团整体的资本回报率。高效的资源利用直接支持了集团的战略投资和业务扩张，使集团能够更好地利用市场机会，提升市场竞争力。通过财务管控实现资源利用效率的提升，对于提升集团的整体业绩和价值创造有着至关重要的作用。

（三）支持战略决策和业务发展

财务管控在支持集团战略决策和业务发展方面发挥着重要的作用。准确且全面的财务数据和深入的财务分析为集团管理层提供了重要的信息和洞见，这对于评估市场机会、制定业务策略和进行长期规划至关重要。通过对历史财务数据的分析，集团能够评估各业务单元和项目的财务表现，识别盈利能力、成本效率和资金使用的关键问题。此外，财务预测和预算有助于集团预测未来的财务趋势和需求，为制订战略计划和资源配置提供依据。在市场竞争日益激烈和不断变化的环境中，集团管理层依赖于这些财务信息来制定适应市场变化的策略，如进入新市场、推出新产品或进行战略性投资。有效的财务管控还有助于集团及时响应市场变化，快速调整战略和运营计划，从而确保集团在竞争中保持领先地位。

（四）确保合规性和透明度

在复杂的经营环境和日益严格的监管要求下，集团必须确保其财务活动的合规性，遵循相关的财务和会计标准。有效的财务管控通过建立健全的内部控制机制和审计流程，帮助集团及时发现和纠正潜在的财务问题，防止财务舞弊和误报。这不仅有助于符合监管要求，避免法律风险，还能提升集团在投资者和市场中的信誉。准确和及时的财务报告对于提高透明度、增强利益相关者的信任和信心至关重要。透明的财务信息使投资者能够更好地理解集团的经营状况和财务表现，从而作出更加明智的投资决策。此外，财务管控还有助于增强集团对外部合作伙伴和监管机构的信任，有利于集团在激烈的市场竞争中保持良好的形象和声誉。

（五）强化内部控制和公司治理

财务管控为集团提供了一套有效的机制，用于监控和管理财务活动，确保这些活动遵循既定的政策、程序和标准。这种监控不仅包括对财务交易的记录和报告准确性的确保，还涵盖了对预算执行、资金流动、成本管理和投资决策的审查。通过这些措施，财务管控帮助集团识别和缓解财务风险，防止财务欺诈和滥用行为，从而保护集团资产和股东利益。在公司治理方面，财务管控通过提供透明、可靠的财务信息，支持董事会和管理层作出明智的决策，增强监管机构、投资者和其他利益相关者的信任。强化内部控制和公司治理有助于提高集团在市场上的声誉和竞争力，吸引更多的投资和合作机会，对集团的持续发展和成功至关重要。

三、集团财务管控的基本内容

（一）集团总部的财务管控

集团总部作为集团财务管控的主体，承担着确保集团资本收益率和资本安全性的重要职责。作为下属子公司的股东，母公司通过有效的财务管控机制来保证整个集团的财务健康和投资效益。母公司的角色不仅限于股东，还担任集团的投资中心，负责对集团内部资金的分配和管理。

集团总部在财务管控方面的基本内容如下。

第一，制订集团公司的经营方针和投资计划。集团总部负责制订整个集团的经营战略和投资计划，包括业务发展目标、市场定位、资本支出及投资优先级。这些方针和计划为集团的长期发展提供方向，并确保集团的财务资源被有效利用。

第二，确定重大投资项目的投资方向。集团总部对重大投资项目进行决策，包括选择投资项目、评估投资风险和收益，以及决定投资的规模和时机。这些决策基于对市场趋势的分析和对项目潜在价值的评估。

第三，确定集团的投资方式。集团总部负责选择合适的投资方式，如股权投资、债权投资、控股子公司、参股子公司、合资和联营等，以适应不同的业务需求和市场环境。

第四，确定集团的投资质量标准与规模。集团总部制定投资质量标准和规模，以确保投资决策符合集团的风险承受能力和长期目标。这包括对投资回报率、风险水平和资金分配的评估。

第五，审查企业项目的投资财务标准。集团总部对下属企业的项目投资进行财务审查，确保项目符合预定的财务标准，如净现值、资产收益率、资本报酬率和现金流量等。这有助于确保集团的资金被投资于最有潜力和最符合战略目标的项目上。

通过这些财务管控活动，集团总部能够有效地管理和优化集团的财务资源，支持集团的战略目标实现，同时保证集团的财务稳定和投资效益。

（二）子公司的财务管控

子公司的财务管控主要是在集团总部设定的发展战略和财务框架下进行的。这包括遵循集团总部的战略规划、财务政策、投资方针和资金调剂办法。子公司董事会负责在其业务经营范围内对收入、成本和利润进行管理和控制。这意味着子公司需要在集团规定的政策和标准下进行财务规划、执行预算、管理成本和优化利润。子公司经理层作为执行机构，负责日常的经营管理和实施董事会的决策。在集团中，子公司经常承担成本中心的角色，负责控制运营成本和提高经营效率。子公司的财务管理活动受到董事会的密切监督，主要通过集中核算、预算管理、合并报表、资金管理、绩效管理和审计等方式进行。

集团总部通过外派财务总监或财务主管到子公司，以加强对子公司财务活动的监督和指导。这些财务专业人员不仅协助子公司经理工作，还负责对子公司的财务状况和运营表现进行监控，确保子公司的财务活动符合集团的总体战略和财务标准。通过这种方式，集团总部能够确保子公司在财务管理上的执行情况符合集团的预期，同时为子公司提供专业指导和支持。

四、集团财务管控的基本职能

集团财务管控的基本职能包括计划、控制、记录报告、分析与决策和监控五大类，具体阐述如下。

（一）计划

在集团财务管控的基本职能中，计划主要涉及全面预算管理。预算管理不仅包含由个别部门或项目制定的个人预算，还包括企业的全年预算。这些预算体现了集团对销售、采购、生产、利润和现金流等关键财务指标的预期，同时也是激励和约束机制的核心，通常与年终的补偿和处罚措施相结合。

在编制预算时，集团会综合考虑市场因素和公司的生产经营状况。预算目标常常以企业的目标利润为基础，同时将销售前景作为编制标准。预算的制定过程遵循明确的目标和客观原则，通过讨论和协商来确定业务目标、业务决策和经济责任的具体约束。这种方法确保了预算的制定既符合市场和业务的实际情况，又能够有效地指导和激励员工达成既定目标。集团的每个预算单元都是整个预算系统的一部分，这意味着预算管理需要在整个组织中进行协调和整合。通过这种全面的预算管理，集团能够确保财务资源的有效分配和使用，支持集团战略目标的实现，并提高整体的财务表现和运营效率。

（二）控制

在集团财务管控的基本职能中，控制主要包括资金集中管理和资产管理两方面。资金集中管理是集团总部对下属子公司的资金进行统一的管理和调配，这种做法可以提高资金使用效率，降低融资成本，同时加强对资金流动的监控。通过资金集中管理，集团能够有效地控制整体的财务风险，保证资金的安全和流动性，以支持集团的运营和发展需要。集团总部通常通过建立内部银行体系或资金池来实现资金的集中管理，使得集团内部的资金调配更加灵活和高效。资产管理涉及对集团资产的有效配置、维护和运用。资产管理不仅包括对物质资产如设备、房产和库存的管理，还包括对无形资产如专利、商标和知识产权的管理。资产管理的目标是确保集团的资产能够为实现战略目标和提升运营效率提供支持，同时保护和增加资产的价值。这要求集团对资产的购置、使用、保养和处置等各环节进行有效的监控和管理，以最大化资产的使用效益。通过资金集中管理和资产管理，集团财务管控的控制职能确保财务资源的高效运用和财务风险的有效控制，从而支持集团的整体战略目标和长期可持续发展。

（三）记录报告

集团财务管控基本职能中的记录报告是确保财务信息的准确记录和有效

报告。这包括报账平台的使用、集中核算管理及报告与合并。报账平台作为财务数据收集和处理的基础，确保了数据的准确性和及时性。集中核算管理则有助于统一会计政策和流程，提高整体财务效率。报告与合并则是指将各子公司的财务报表整合，以反映集团整体的经营状况。财务报表不仅是展现财务状况的工具，也体现会计政策的执行情况。通过对子公司财务报表的分析，可以全面检查和评估其经营活动和财务状态。这对于子公司的经营管理和业绩考核提供了重要依据，同时也为外部审计和利益相关者提供了必要的信息。

（四）分析与决策

集团财务管控的分析与决策职能涉及对集团绩效的评价和关键财务决策的制定。绩效评价是决策过程的关键环节。通过对公司及其投资企业的业绩进行评估，集团能够确定其投资策略，如增持、减持或持有投资，从而创造和获得经风险调整后的长期回报。此外，集团公司还应设立专门的投资部作为投资决策和管理的日常办事机构，以发挥其在投资组合管理方面的能力。财务决策主要集中在是否进行战略性投资活动。集团公司通过运用其独特的投资组合能力，包括地区组合、行业组合、流动性组合、货币组合和企业组合等多种形式，可以在价值总量上实现投资的高收益和高回报。这些决策不仅基于绩效评估，还涉及对市场机会、经济趋势和内部资源配置的综合考量。

集团内设的关键管理部门如战略发展部、资本资源管理部和人力资源部，以及业务和职能部门，在分析与决策过程中扮演着重要角色。

（五）监控

集团财务管控的监控职能包括风险管理和内部审计。在风险管理方面，集团采取各种措施和方法来降低金融风险事件发生的可能性或减少这些事件造成的损失。这涉及对各种潜在风险的识别、评估和应对，以确保集团在面临市场波动、信用风险、流动性风险等方面的稳健性。内部审计主要负责确认集团及其子公司是否遵循了认可的政策和程序，是否符合各种要求和标准，资源是否得到有效和经济的使用，以及组织的目标是否已经实现。内部审计通过对公司集团内部的监督和管理，提供了对组织及其各个子公司的独立评估，涵盖了企业集团和子级别的各种运营和控制活动。此外，监控职能还包括监测和管理财务状况及经营管理，这有助于更有效地监督子公司的财务状况和内部控制情况。通过这种方式，监控职能确保了整个集团的财务稳定性和合规性，为集团的可持续发展提供了坚实的基础。

五、集团财务管控的原则

（一）合规性原则

合规性原则是指确保集团的所有财务活动都符合现行法律法规和内部制定的政策与程序，包括会计准则、税法和其他相关的财务监管要求等。合规性原则的执行有助于防止财务欺诈和滥用行为，保护集团及其利益相关者的利益。此外，合规性原则还有助于维护集团的良好声誉和市场信誉，避免因违规行为导致的法律纠纷和经济损失。集团需要通过建立健全的内部控制系统和审计程序，定期评估和监控财务活动，确保持续符合法规要求和公司政策。

（二）透明性原则

透明性原则要求集团提供准确、及时和全面的财务信息，具体来说，集团应定期发布财务报告，如年报和季报，并在必要时向公众和监管机构披露重大财务事项。透明性原则的实施对于获取内部和外部利益相关者的信任至关重要，它使得股东、投资者、债权人和其他利益相关者能够基于全面的信息作出明智的决策，也有助于提高集团对外的可信度和吸引力，为集团在资本市场上融资、扩张和成长创造有利条件。透明性原则的执行还包括对内部管理和外部沟通过程的持续改进，确保所有相关方都能够获取及时和准确的财务信息。

（三）成本效益原则

成本效益原则要求集团在财务管控中追求最大化资源利用的效率和效益。这意味着集团不仅要关注成本的控制，还要确保每一笔支出都能带来相应的收益。为了实现成本效益最大化，集团需要优化其成本结构，包括直接成本和间接成本的管理，确保成本的合理性和必要性。这涉及成本削减、避免资源浪费和提高运营效率等方面的措施。同时，集团在作出任何财务决策时都需要考虑长期的成本和收益，以确保投资和开支能够带来最佳的长期回报。例如，在投资决策中，集团应评估投资项目的潜在收益和风险，确保投资符合长期的战略目标和财务健康。成本效益原则的实施有助于集团在保持竞争力的同时，实现财务的可持续发展。

（四）问责原则

问责原则要求确立一个清晰的责任分配和问责机制，以保证集团内各级管理人员对其财务决策和活动负责。这种原则的实施有助于提升管理效率、确保决策的质量，并防止财务资源的滥用和误用。明确的责任分配意味着每个管理层次都明确自己的职责范围，从而可以更有效地执行其财务职责。同时，问责体系确保了管理人员的行为和决策符合集团的财务政策和目标。这种体系通过定期的绩效评估、内部审计和监督来实现，确保任何偏离预定目标或不当行为都能被及时发现和纠正。通过实施问责原则，集团能够建立一个透明、高效的财务管理环境，其中，错误和风险得到有效管理，同时促进整个集团的财务稳定和可持续发展。

（五）持续改进原则

持续改进原则强调集团财务管控系统需要不断地评估和优化，以适应市场的变化和业务的发展。这意味着集团需持续寻找更有效的财务管理方法和技术，以提高财务管控的效率和效果。在一个快速变化的市场环境中，集团必须灵活地调整其财务策略和流程，以应对新的挑战和机遇。持续改进涉及对现有财务管理流程的定期审查和更新，包括财务规划、预算编制、成本控制和风险管理等方面。此外，集团还应探索和应用新的财务技术和工具，如自动化和数据分析，以提升财务数据的处理能力和决策的准确性。通过不断的学习和创新，集团能够确保其财务管理体系始终保持最佳状态，从而在竞争激烈的商业环境中保持领先。

第三节　集团财务管控与集团价值创造的关系

集团价值创造是指通过有效的管理和战略实施来增加集团价值的过程。集团财务管控与集团价值创造之间存在着密切且重要的关系，具体如图 2-2 所示。财务管控不仅是一种管理手段，更是推动集团价值创造的关键因素。

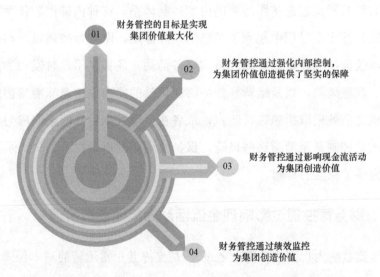

图 2-2　集团财务管控与集团价值创造的关系

一、财务管控的目标是实现集团价值最大化

财务管控通过预算管理与控制、投资管理与控制、融资管理与控制、资本运营、成本管理与控制、业绩评价等活动来实现集团价值最大化的管理目标。集团价值最大化是以集团财务管控的合法合规经营为基础，选择适合集团的最优财税政策，在保证持续发展的基础上，做到现金流增值、资本增值，实现集团自身全面发展。财务管控的最高目标是实现集团价值最大化，也就是实现风险和报酬平衡时的集团自由现金流最大化，此目标是财务管控活动的切入点。

二、财务管控通过强化内部控制，为集团价值创造提供了坚实的保障

财务管控的核心在于围绕资金这一核心主线，运用各种财务工具和措施来确保集团的合法经营和资产安全。在这个过程中，预算管理、授权审批流程的规定、全面的预算管理，以及财务审计监督等都是财务管控的重要组成部分，它们共同构建起集团运营的内部控制体系。这种内部控制体系在集团发展战略目标实现过程中起到了关键的保障作用。财务管控通过严格的内部控制，不仅监控和管理了集团的日常财务活动，还提供了及时发现和应对战略风险、商业风险，以及运营操作中潜在风险的能力。这意味着集团能够在风险形成之前就采取措施进行防范，或者在风险发生后立即采取应对策略，从而有效地控制甚至消除这些风险，保护集团免受重大财务损失，从而为价值创造提供了稳固的基础。

三、财务管控通过影响现金流活动为集团创造价值

现金流被喻为集团的"生命之血"，是支撑其正常运转的基本保障。集团的各项活动是否能够创造价值，归根结底取决于它们是否能够为集团带来正的现金流量。财务管控通过科学的预算管理与控制、资金集中化管理、融资

管理、投资并购、首次公开募股等资本运营管理、成本控制、税收筹划及各项风险控制等多种手段，影响现金流活动，并最终为集团创造价值。

预算管理与控制作为财务管控的重要组成部分，对集团的现金流活动和价值创造产生深远影响。通过合理的预算制定和执行，集团能够确保资金被分配到最有助于增长和效率提升的领域。有效的预算管理与控制有助于控制不必要的开支，从而避免资金的浪费，同时也保证关键项目和战略性投资能够获得必要的资金支持。这种管理方式不仅提高了资金使用的效率，也降低了运营风险，进而促进现金流的稳定性和可预测性。随着现金流的优化，集团可以更加灵活地应对市场变化，抓住新的商业机会，并通过投资创新项目或拓展业务来进一步增强其市场地位，从而为集团创造更大的价值。

资金集中化管理则是通过集中处理集团内部的资金流动，优化现金流的管理方式。这种管理模式允许集团更有效地监控和调配资金，减少内部资金转移的成本和时间延误，提高资金利用效率。通过集中管理，集团能够更好地把握整体的财务状况，及时发现并利用投资机会，同时减少外部融资的依赖。集中化的资金管理还有助于集团在整个体系内部实现资金的最优配置，特别是在多个业务单元或地区分布的大型集团中尤为重要。这种管理方式最终促进了资金的高效流动和使用，增强了集团的财务灵活性和市场竞争力，为价值创造提供了坚实基础。

融资管理是财务管控中的一个关键环节，直接影响集团的资本结构和现金流状态。有效的融资管理能够确保集团以最优化的成本获得所需资金，无论是通过债务还是股权融资。合理的融资策略有助于降低财务费用，提高资本效率，同时也能够在必要时为集团提供充足的流动性支持。融资管理还涉及资本成本的控制和风险的平衡，这对于维护投资者信心和提高市场评价至关重要。通过精心规划的融资策略，集团能够在维持财务健康的同时，支持其扩张计划和长期发展目标，从而为集团的持续增长和价值创造提供动力。

投资并购作为财务管控的一个重要方面，对集团的现金流和价值创造产生显著影响。投资决策需要精准的市场分析和财务评估，确保集团的资金被投向能够带来最佳回报的项目。成功的投资能够直接提升集团的资产价值，增加收入来源，并通过多元化降低业务风险。并购活动则提供了快速扩张和进入新市场的机会，通过整合资源、技术和市场渠道，集团可以实现规模经济和协同效应，从而提高整体竞争力。然而，并购也伴随着高风险和复杂的整合过程，因此需要精心地规划和执行。成功的投资并购不仅改善了集团的财务表现，还为长期的价值增长奠定了基础。

资本运营管理在财务管控中起着核心作用，它通过优化集团的资产和负债结构，直接影响现金流和长期价值创造。有效的资本运营管理能够提升资本效率，确保集团的资产被用于最能产生回报的领域。这包括合理的资产配置、投资决策，以及资产负债表的管理。通过减少非核心资产，集中资源于核心业务，集团能够提高运营效率和盈利能力。同时，优化的资本结构有助于降低财务成本，增强债务管理能力，从而提高集团的财务稳定性和对外部经济变化的适应能力。这些举措最终不仅改善了现金流状况，也为集团的可持续发展和价值增长打下了坚实基础。

成本控制是提高集团价值的关键环节，通过有效控制和降低成本，集团可以提高利润率和现金流量。成本控制涉及对所有运营活动的成本进行严格的监控和管理，包括直接成本和间接成本。这不仅包括传统的成本削减措施，如提高生产效率、降低原材料成本，还包括更广泛的供应链管理和业务流程优化。通过持续的成本控制，集团能够在竞争激烈的市场中保持优势，同时通过提高现金流的可用性来支持新的投资和增长机会。长期而言，有效的成本控制不仅直接提升了集团的财务表现，还增强了其市场竞争力和价值创造能力。

税收筹划在财务管控中同样占有重要地位，它通过合法合规的方式优化税务负担，从而提高集团的净利润和现金流。税收筹划涉及对税收政策的深入理解和合理应用，以确保集团能够最大限度地利用可用的税收优惠和减免。

这包括选择最佳的税务结构、利用税收激励政策，以及有效管理跨境交易中的税务问题。通过减少税务成本，集团可以释放更多的资金用于投资、研发和市场扩张等领域，从而推动长期增长和价值创造。税收筹划不仅提高了集团的财务效率，也为其持续的市场竞争力和品牌声誉提供了支持。

风险控制是确保集团现金流稳定和价值最大化的重要环节。集团面临着各种内部和外部的财务风险，包括市场风险、信用风险、流动性风险和运营风险等。有效的风险控制意味着对这些风险进行准确的识别、评估和管理。这包括建立风险管理体系、制定应对策略，以及定期进行风险审查和调整。通过降低潜在的财务损失和不确定性，集团能够保持现金流的稳定性和预测性，从而有更多的资源和能力去追求增长和创新。此外，良好的风险管理还提升了投资者和市场对集团的信心，有助于提高市场评价和股价表现。因此，风险控制不仅是保护集团现有价值的手段，也是推动其未来价值增长的关键因素。

四、财务管控通过绩效监控为集团创造价值

绩效监控是对集团各个业务单位和部门的财务和运营绩效的持续跟踪和评估，其在集团价值创造过程中发挥着关键作用。第一，通过对关键财务指标（如收入增长率、利润率、成本效率、资产利用率和投资回报率）的监控，集团能够及时了解各个业务单位的表现，识别效率低下的领域，发现潜在的改进机会，从而有助于集团优化运营流程，提高资源配置的效率，提升整体的盈利能力和竞争力，实现价值创造。第二，通过对预算和实际表现的比较分析，集团能够评估预算制定的准确性和实用性，以及实际运营与预期目标之间的偏差。这种分析为集团管理层提供了关键的反馈，帮助他们调整策略和计划，以更好地实现预定的财务和业务目标，进而实现集团的价值创造。第三，绩效监控在激励和奖励机制中也发挥着重要作用。通过将绩效评估与奖励体系相结合，集团能够激励员工和管理层朝着共同的目标努力，提高员

工的工作积极性和效率。这种激励机制对于提升集团整体的业绩和创造长期价值至关重要。第四，通过绩效监控还能够帮助集团及时识别和应对市场和行业的变化。通过对市场趋势、竞争对手的动态和客户需求的持续监控，集团可以及时调整其产品和服务，优化市场策略，从而保持其市场地位和竞争优势，为集团价值的长期增值奠定基础。

第三章 价值增值导向下集团财务管控的战略规划

第一节 价值增值导向下的集团财务管控概述

　　价值增值是一种将企业价值最大化作为核心目标的管理理念。在这种导向下，企业的所有决策和活动都旨在增加企业的长期价值，而不仅是追求短期的利润或收入增长。这种理念认为，企业的最终目标是为其股东和其他利益相关者创造最大的经济价值，这通常通过提升企业的市场价值、增强竞争优势、提高资产回报率等方式实现。价值增值导向下的集团财务管控以促进集团价值增长为目标，致力于服务集团的价值管理。这种财务管控是一个综合性系统，由多种要素组合而成，以反映价值、创造价值、保护价值为主要链条。其本质和核心在于创造价值。价值增值导向下的集团财务管控的目标围绕集团的发展战略，旨在提升财务管控能力，促进财务资源的优化配置，并实现财务管理的现代化。通过这种方式，集团的价值创造能力得以提升，进而推动集团成为拥有科学治理结构、合理资本结构、优良资产质量、卓越经营业绩、稳健持续经营能力和突出核心竞争力的现代化企业。

一、以价值增值为导向进行集团财务管控的作用

（一）有利于提升集团竞争力

以价值增值为导向进行集团财务管控对提升集团的竞争力具有显著作

用，具体体现在以下几个方面。

首先，价值增值导向下的集团财务管控强调以客户需求和满意度为中心，这在提升集团的核心竞争力方面起着关键作用。通过不断优化产品质量和服务质量，以及业务流程和路径的优化，集团能够对价值链的各个环节进行有效改善。这种以客户为中心的策略使得集团能够更好地满足市场需求，建立和维护与客户的长期关系。同时，优化的业务流程提高了运营效率，降低了成本，从而增强了集团的市场竞争力。

其次，价值增值导向下的集团财务管控能够实现效益的增值，帮助集团找到自身的优势和薄弱环节。这为集团的经营管理提供了科学依据，使得集团能够提供更加优质、更加符合客户需求的产品和服务。通过对财务和业务数据的深入分析，集团能够识别市场机会和潜在风险，从而制订更加有效的市场策略和产品开发计划。这种基于价值增值的财务管控不仅提高了集团的盈利能力，也加强了其在市场中的竞争地位。

最后，价值增值导向下的集团财务管控考虑了多重外部因素的影响，如科技、政治、文化等因素。集团财务管控会根据这些因素的发展和变化来调整自身的财务策略和管理方法，实现与外部环境因素变化的统一。这种对外部环境敏感并能够及时适应的财务管理方式，提高了集团对市场变化的应对能力，增强了其财务管理的科学性和前瞻性。因此，价值增值导向下的集团财务管控有助于集团更好地应对外部挑战，抓住市场机遇，从而在激烈的市场竞争中保持领先地位。

（二）有利于实现多方互利共赢

以价值增值为导向进行集团财务管控有利于实现互利共赢，具体来说，主要体现在以下三方面。

第一，价值增值导向下的集团财务管控能够促进本质的改革和优化，形成涵盖人力资源、技术开发、生产销售等多个领域的一体化价值链。财务管控以此价值链为基础，围绕价值链展开管理工作，能够更加紧密地跟随市场形势，注重集团内部各个环节的相互协作和效率提升。通过这种方式，集团能够在整个价值链中实现更高的协同效应，优化资源配置，提升整体运营效率。这不仅提高了集团自身的市场竞争力，也为其与其他企业和客户之间的合作创造了良好的基础，从而形成互利共赢的局面。

第二，以价值增值为导向的集团财务管控注重企业间的合作，以及与客户的紧密联系。这种管理模式鼓励集团与合作伙伴之间的资源共享和风险分担。通过建立合作伙伴关系，集团可以与其他企业共享市场信息、技术创新、生产资源等，从而降低研发成本，提高市场响应速度，增强产品和服务的竞争力。同时，与客户的紧密联系使得集团能够更好地理解和满足市场需求，提升客户满意度，进一步巩固市场地位。这种基于合作和共享的财务管控模式有利于实现集团与合作伙伴、客户之间的互利共赢。

第三，价值增值导向下的集团财务管控有利于降低财务管理风险。通过与其他企业的合作，集团可以分散和共担市场风险、运营风险等，从而减轻单一企业面临的风险压力。这种风险分担机制不仅有助于稳定集团的财务状况，还为集团在不确定的市场环境中提供了更大的灵活性和安全缓冲。此外，通过紧密的企业间合作和与客户的联系，集团可以更快地获取市场变化信息，及时调整经营策略，进而更有效地应对市场风险和挑战。因此，以价值增值为导向的集团财务管控不仅促进了资源的有效利用和价值的最大化，还有助于实现集团与合作伙伴、客户之间的共赢局面，降低财务管理风险。

（三）有利于实现集团战略与财务战略的协同

以价值增值为导向进行集团财务管控对于实现集团战略与财务战略的协同具有重要作用，具体阐述如下。

价值增值导向的集团财务管控能够确保集团战略和财务战略的一致性和相互支持。在这种财务管控模式下，财务决策不仅局限于短期的利润最大化，还更多地关注于长期价值的创造和集团的整体战略目标。这意味着财务管控将成为集团战略规划的一个重要组成部分，帮助集团识别并实施那些能够增强长期竞争力和市场地位的战略举措。通过这种方式，财务管控不仅支持集团的战略目标，还能够提供实现这些目标的财务资源和能力。

价值增值导向下的集团财务管控通过提供准确的财务信息和分析，为集团战略规划和决策提供了坚实的基础。财务管控部门通过对市场趋势、竞争环境、内部资源和能力的深入分析，能够为集团的战略规划提供关键的洞察。这包括评估不同战略选择的财务影响、预测潜在的风险和收益，以及提供资金配置的建议。因此，财务管控成为连接集团战略规划和实际执行的桥梁，确保集团的战略决策能够在财务上的可行性和可持续性。

价值增值导向下的集团财务管控有助于实现集团战略和财务战略的动态调整和持续优化。随着市场和环境的变化，集团可能需要调整其战略方向和目标。在这种情况下，财务管控能够快速响应这些变化，调整财务策略和计划，以确保财务资源的有效利用和战略目标的实现。此外，通过持续的财务监控和分析，财务管控可以识别战略实施过程中的问题和机会，为集团提供及时的反馈和建议，从而支持集团战略的持续改进和发展。

二、价值增值导向下集团财务管控的特点

（一）动态性

传统的财务管理往往是一种静态化的管理方式，但随着经济全球化的发展，集团所面临的市场形势和经济环境是瞬息万变的。这种快速变化的环境要求集团的经营管理必须能够灵活适应，即需要具备动态性的调整能力。

在价值增值导向下，集团财务管控围绕经济价值最大化为目标，这意味着财务管理工作不仅需要响应当前的市场和经济状况，还需预测和适应未来的变化。财务管控的动态性体现在对市场趋势、竞争环境、技术进步，以及法规变化等外部因素的敏感性和响应能力。这种适应性要求集团的财务决策能够迅速反映外部环境的变化，并据此调整策略和计划。此外，价值增值导向下的集团财务管控还需与集团的内部发展相协调，确保财务管理工作符合

集团自身的发展特点和战略目标。这种动态性涉及对集团内部资源、能力和业务模式的持续评估，以确保财务策略和计划能够有效支持集团的长期增长和竞争力提升。这意味着财务管控不仅是对外部环境变化的适应，也是对内部发展需求的持续响应。因此，价值增值导向下的集团财务管控的动态性是其面临的挑战，同时也是管理的重要特点。这种动态性要求集团财务管控不断更新和优化其策略、工具和流程，以保持与时俱进。通过这种动态的财务管理方式，集团能够更好地应对市场和经济的变化，把握机遇，规避风险，从而在激烈的市场竞争中取得优势，实现持续的价值增长。

（二）连续性

在经营管理的过程中，集团应当将增加集团价值作为基础，并以远见卓识的眼光，致力于实现可持续发展的目标。这种战略思维方式强调了集团财务管控的连续性。集团的财务管控不是短暂或一次性的行为，而是一个需要长期持续、不断发展和适应的过程。在价值增值导向下的集团财务管控模式中，集团不仅需要掌握当前的财务管理信息，还必须对历史财务数据进行深入的分析和总结。这种分析和总结对于未来的财务管控工作至关重要，因为它们为集团提供了宝贵的经验和教训，有助于集团在未来的决策中避免重蹈覆辙。通过对过去财务表现的评估，集团可以识别成功的策略和过去的不足，从而更好地规划未来的财务活动。此外，这种连续性的财务管控还意味着集团需要不断地调整和更新其财务战略以适应不断变化的市场环境和集团自身的发展需要。随着市场趋势的演变和新的竞争挑战的出现，集团必须能够灵活地调整其财务策略和计划，确保财务资源的有效利用和风险的有效管理。因此，这种对过去和当前财务信息的综合分析及对未来趋势的敏感性，是集团财务管控实现可持续发展的必然要求，它保证了集团财务管控的连续性和适应性，从而支持集团在激烈的市场竞争中保持竞争力和长期的增长。

三、价值增值导向下集团财务管控的原则

随着集团的不断发展，经营管理模式不断调整，价值增值导向下的财务管控的优点逐渐显现。以价值增值为导向进行集团财务管控必须遵循一系列原则，如图 3-1 所示。

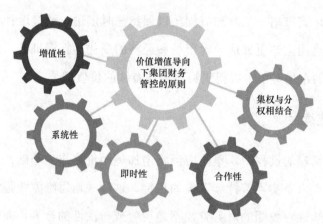

图 3-1　价值增值导向下集团财务管控的原则

（一）增值性原则

增值性原则强调财务管理活动应致力于创造额外的价值，而不仅是完成日常的会计和财务报告工作。这一原则的核心在于通过有效的财务管控促进资本的最优配置、提高资产回报率，并最终实现股东价值最大化。增值性原则要求财务部门不仅关注财务数据的准确性和合规性，更重要的是要深入分析这些数据背后的业务运营情况，识别和利用那些能够带来增值的机会。

实现增值性原则需要财务部门积极参与到企业的战略规划和决策过程中，提供有关成本效益、投资回报和风险管理的专业建议。这包括对各种投资项目进行财务评估，确保资金被投入最有可能创造价值的领域。同时，增值性原则也强调对现有业务进行持续的财务分析和改进，比如通过成本控制、现金流管理和资产优化来提高运营效率。此外，增值性原则还涉及对外部市场环境和内部资源配置的敏感度，要求财务部门能够适应环境变化，灵活调

整财务策略，以应对不确定性和风险。通过这样的方式，财务管控不仅是支持企业运营的基础服务，更成为推动企业持续增长和竞争优势的关键力量。

（二）系统性原则

系统性原则强调的是财务管控应当是一个全面、综合的系统。这意味着财务管控不仅局限于传统的会计和财务报告，还包括风险管理、内部控制、预算管理、资金管理等多个方面。系统性原则要求集团在制定财务策略和执行财务操作时，需要考虑到不同子公司、部门和业务单元的相互联系和相互影响。通过建立一个统一的财务信息系统，集团能够有效地整合和分析不同来源的数据，从而为管理层提供全面、准确的财务信息，以支持决策。此外，系统性原则还涉及建立一套标准化的财务流程和政策，确保财务活动的一致性和可比性，从而提高整体的财务管控效率和有效性。

（三）即时性原则

即时性原则是指集团财务管控需要快速反应，及时提供财务信息和分析，以支持紧迫的决策需求。在快速变化的市场环境中，及时准确的财务信息对于集团的竞争力至关重要。即时性原则要求集团各财务部门能够迅速收集、处理和传递财务数据，确保管理层能够基于最新的信息作出决策。这不仅涉及提高财务报告的频率，如从季度报告转向月度甚至是实时报告，还包括利用先进的技术和工具，如自动化软件和数据分析工具，来加快数据处理和分析的速度。即时性原则也意味着财务部门需要具备高度的灵活性和适应性，能够快速应对市场变化和管理层的需求变动。这种及时性的财务管控不仅提高了集团的市场适应性，还为集团的长期增长和价值创造提供了支持。

（四）合作性原则

合作性原则是指在进行财务管理时，需要强调跨部门、跨业务单元甚至

价值增值导向下的集团财务管控研究

是跨公司界限的合作与协调。有效的财务管理不仅仅是财务部门的责任，还需要集团内各个层级和部门的共同参与和配合。合作性原则鼓励建立开放的沟通渠道和共享的信息平台，使不同部门和业务单元能够互相了解各自的财务状况和需求，从而实现资源的优化配置和风险的有效管理。在集团管理实践中，合作性原则体现在多个方面。首先，它要求财务部门与其他部门（如销售、采购、生产等）紧密合作，共同制定和执行预算，以确保财务目标与业务目标的一致性。其次，财务管控的合作性还意味着需要与外部合作伙伴，如供应商、客户和投资者等，建立良好的沟通和合作关系，以促进信息的流通和价值的创造。此外，合作性原则还强调集团内部各级管理层的共同参与和责任，鼓励他们参与到财务决策过程中，共同推动集团价值的增长。

（五）集权与分权相结合原则

价值增值导向下集团财务管控要体现集权与分权相结合的原则。集团企业的发展需要调动和发挥包括集团总部在内的各个下属分、子公司的积极性，既要发挥集团的战略决策和协调交易的作用，又要调动下属分、子公司的主动性和创新意识。因此，在财务管控上要适时地运用集权与分权的方法，根据形势与任务的变化，灵活地调整集团财务管控的具体方式和方法，不拘泥于一种固定的模式和既定的范围，一切以更好地完成集团的目标任务、取得最佳经营效益，实现集团价值最大化为准则。在集权方面，集团总部负责制定统一的财务政策、标准和流程，确保整个集团财务活动的一致性和协调性。这包括关键的财务决策、重大投资项目的审批，以及关键风险的管理。通过这种方式，集团总部能够有效控制整体风险，实现资源的优化配置。在分权方面，将日常的财务管理和决策权下放到子公司。这使得子公司能够根据自身的市场环境和业务特点灵活地作出响应，提高经营效率和市场适应性。分权也有助于激发子公司管理团队的积极性和创新能力，从而在竞争激烈的市场中寻找增值机会。

70

第二节　价值增值导向下的集团财务管控模式选择

一、集团财务管控的基本模式

按照集团各公司财务层级的权限和职责进行合理配置，一般把集团的财务管控模式分为三类：集权型财务管控模式、分权型财务管控模式和混合型财务管控模式。

（一）集权型财务管控模式

集权型财务管控模式是指集团的重要财务决策和管理职能主要集中于母公司层面，母公司拥有对集团内部财务活动的绝对控制权，而子公司的财务决策权限相对有限，更多地专注于执行母公司的指令和管理日常的经营活动。

集权型财务管控模式的特点是：第一，所有重大财务决策权高度集中于母公司，子公司只享有很少的财务决策权，其人财物及供产销统一由母公司管控；第二，子公司的资本筹集、对外投资、增资扩股、重大资产处置、费用开支、内部审计、财务机构设置与财务经理任免等重大财务事项都由母公司统一管理；第三，子公司的生产经营任务通常由母公司下达，在某种程度上，子公司只相当于母公司的一个直属分厂或分公司。

集权型财务管控模式具有以下优点。一是能够确保集团整体战略的高度协同一致性。在这种模式下，由于重大财务决策权集中于集团总部，总部可以有效地统一控制子公司的各项财务行为，确保这些行为与集团的总体战略和目标相一致。这种统一控制有助于集团在不同市场和业务领域中实现战略协同，从而提高整体的运营效率和市场竞争力。二是有利于集团统一配置财务资源和进行税收筹划。通过集中管理财务资源，总部能够更加有效地安排集团的资金流动、投资决策和财务规划，确保资源被用于最能创造价值的领域。此外，统一的税收筹划也能够帮助集团减少税负、优化税后收益，从而提高整体的财务效益。三是有助于提升集团整体的品牌形象和企业信誉。由于财务决策的一致性和效率，集团能够向外界展示出强大的财务实力和专业的管理能力。这种正面的品牌形象和企业信誉对于吸引投资者、客户和合作伙伴至关重要，同时也有助于降低融资成本，因为投资者和债权人更倾向于与具有良好财务管理和稳定经营的集团进行合作。四是能够提高集团的管理效率，创造经营收益。在集权模式下，由于财务管理过程的简化和决策的快速执行，集团能够迅速响应市场变化，有效利用市场机遇。同时，集中的财务管理还有助于合理进行税收筹划，最大化税后利润。此外，集团总部对外币汇兑风险的统一管理也能够更有效地防范和减轻这类风险的影响，从而保护集团免受外部经济波动的负面影响。

集权型财务管控模式虽然在某些方面为集团公司带来了优势，但同时也存在一些缺点，具体表现在以下几方面。（1）由于下属企业在财务决策方面缺乏自主权，它们无法根据自身的市场环境和实际情况灵活调整策略和操作。这种缺乏自主性可能导致下属企业无法及时应对市场变化，从而错失市场机会。此外，过度的集中管理可能抑制下属企业的创新动力和积极性，因为它们的经营活动受到严格的上级控制和限制。（2）由于决策过程高度集中，总部需要处理和评估来自各个子公司和市场的大量信息。这个过程可能耗时且复杂，导致总部无法及时作出决策或无法充分考虑所有相关信息，从而错失关键的商业机会。（3）集权型财务管控模式下，集团总部可能由于距离市场较远而无法准确理解和把握市场动态。总部的决策可能基于主观臆想或不完整的信息，而非基于市场的实际需求和变化，导致决策失误。这种脱离市场的决策方式可能对集团的长期发展产生负面影响，尤其是在快速变化的市场环境中。

（二）分权型财务管控模式

分权型财务管控模式是指子公司相对独立，母公司仅保留对子公司的重大财务决策权或审批权，并将日常财务决策权与管理权通过分权设置或职能分解下放给子公司，子公司只需将一些决策结果提交母公司备案的管理体制。

分权型财务管控模式的特点是：第一，在财务权力的分配上，分权型模式赋予子公司在资本运作、财务收支管理、人员任免、工资福利设定等方面的充分决策权；第二，在管理方面，分权型模式中的母公司不采用指令性计划方式干预子公司的日常生产经营活动，而是以间接管理为主；第三，在业务层面，鼓励子公司积极参与市场竞争，抢占市场份额；第四，在利益分配上，母公司在分权型模式中往往将利益倾向于子公司，以增强其市场竞争力和实力。

分权型财务管控模式具有以下优点。第一，由于子公司拥有较大的财务决策自主权，管理人员能够根据自身对市场的理解和公司的实际情况，作出更加灵活和创新的决策。这种自主性不仅能提高员工的工作积极性和满意度，还能激励他们寻找新的商机和改进经营方式，从而提高企业的整体竞争力和市场适应性。第二，子公司在这种模式下拥有更多的灵活性去应对快速变化的市场环境，能够快速作出调整以把握市场机会或应对挑战。这种灵活性对于企业尤其是在多变的市场环境中至关重要，有助于企业快速响应市场需求，提高市场份额。第三，在这种模式下，风险不再集中在集团总部，而是分散到各个子公司。这种风险分散机制可以减轻集团总部的财务压力，降低因单一风险事件带来的整体影响。

然而，分权型财务管控模式也存在一些缺点。首先，不同子公司可能会根据自身的利益和目标制定各自的财务策略，这可能与集团的整体战略和目标不一致，从而影响到集团财务战略的有效实施和整体利益的最大化。其次，分权型模式下的下属企业各自为政可能会使集团总体资源配置受到牵制，难以施展集团规模效应。这种缺乏统一协调的资源配置可能导致资源利用效率低下，阻碍集团在市场上发挥规模优势，降低整体竞争力。最后，分权型模式中集团无法集中管理资金，可能导致融资成本加大，从而使集团利益受损。此外，由于子公司各自进行利润分配，可能导致集团内部利润分配无序，影响到集团的整体财务稳定性和效率。

（三）混合型财务管控模式

在混合型财务管控模式下，集团总部通常保留对重大财务决策和战略规划的控制权，如重大投资决策、资本结构调整、关键风险管理等。这些决策直接影响集团的整体方向和长期发展，因此，集中管理能够确保决策的统一性和协调性。同时，总部通过设定财务政策和标准，为子公司的运营提供指导和框架。与此同时，该模式赋予子公司在日常经营和财务管理中较大的自主权。子公司可以根据自身市场环境和特定需求，做出灵活的财务决策，从而快速响应市场变化。这种分权的做法有助于激发子公司的创新能力和市场敏感性，提高其在竞争中的效率和效果。

混合型财务管控模式较好地克服了集权型与分权型的缺陷，综合了集权型与分权型的优势，使得集团能够在保持整体战略一致性的同时，也能够充分利用子公司的地理和市场优势。这种模式要求集团总部与子公司之间建立有效的沟通和协调机制，确保信息的畅通和决策的一致性。

二、价值增值导向下集团财务管控模式的选择

（一）企业发展阶段与财务管控模式的选择

从企业发展的生命周期理论来看，集团企业在不同的发展阶段应选择与其阶段特征相匹配的财务管控模式，以促进企业的健康成长和价值的最大化。

1. 生命周期理论

生命周期理论是一种描述企业发展过程的理论，它认为企业的发展类似于生物的生命周期，遵循一定的自然规律和阶段性特征。根据这一理论，企业通常会经历以下几个阶段。（1）初创阶段。在这个阶段，企业处于其发展的起始阶段。特点是资源有限、市场不确定性高、组织结构相对简单。企业在这个阶段主要关注于产品或服务的开发、市场定位和客户群体的建立。（2）成长阶段。此时，企业开始快速发展，市场份额和收入增长迅速。企业

在这个阶段面临的主要挑战是管理扩张、维持质量控制、增强市场竞争力，以及管理内部运营的复杂性。（3）成熟阶段。在这个阶段，企业的增长速度开始放缓，市场份额稳定，利润率可能开始下降。企业需要关注效率提升、成本控制和市场份额的维持，同时可能会寻求通过创新或进入新市场来保持竞争力。（4）再生阶段。这一阶段企业可能面临重大变革，以应对市场的变化和挑战。企业可能需要进行重组、战略调整或寻求新的增长点。在这个阶段，企业可能会重新获得增长动力，如果未能适应变化，则可能走向衰退。

2. 不同生命周期集团财务管控模式的选择

企业在不同的生命周期阶段展现出特性和管理需求，每个发展阶段的企业都需要根据自身的特点和控制要求采取相应的财务管理策略，以有效应对不同阶段所面临的挑战和机遇，从而实现集团价值最大化。

（1）初创阶段的集团财务管控模式。在初创阶段，集团总部通过集权财务管控模式能够对资金分配、投资决策和风险管理进行全面的控制。这种集中化的管理有助于保证资金的有效使用，确保投资决策与企业的整体战略和目标相一致。在资源有限的情况下，集团可以通过集中管理最大化资源的效益，减少资源浪费，同时也能够有效地控制风险，避免在初创阶段由于风险管理不善而造成的不利影响。此外，集权财务管控模式还有助于初创期集团建立统一的财务政策和标准，确保财务信息的准确性和一致性。这对于初创企业来说至关重要，因为在早期阶段建立起规范的财务管理体系，有利于未来的扩张和发展。统一的财务标准和流程不仅能够提高内部管理效率，还能为外部投资者和合作伙伴提供清晰的财务信息，增强企业的信誉和透明度。总之，初创期集团通过集权财务管控模式能够更好地聚焦于核心竞争力的建设和关键业务的发展。通过集中资源和精力，企业能够在市场上迅速建立自己的地位，为后续的发展打下坚实的基础。这种模式有助于企业在初创阶段保持稳健的财务状况，为未来的增长和扩张创造价值。

（2）成长阶段的集团财务管控模式。在成长阶段，集团企业面临的主要挑战包括对大量投资的需求、现金流的紧张状况，以及激烈的市场竞争和高经营风险。这一时期的集团企业为了稳固发展，应该采用偏集权的财务管控模式，以实现价值的持续增值。第一，集团总部通过偏集权的方式能够有效地控制和管理关键的财务资源，如资金分配、重大投资项目的决策和关键风险的管理。这种控制不仅有助于优化资源配置，确保资源用于最能创造价值的领域，还有助于集团应对现金流紧张的问题。第二，通过对资金流向的严格控制，集团可以更好地管理其财务状况，避免过度扩张或不合理投资所带来的风险。第三，偏集权的模式也为子公司在日常运营中提供了一定的自主空间。子公司可以根据市场的变化和自身的特点，灵活调整经营策略，从而更好地应对市场竞争。这种灵活性使企业能够迅速适应市场需求，抓住商机。第四，偏集权模式还有助于提升集团在风险管理方面的效果。由于成长期的企业仍然面临较高的经营风险，集团总部通过保留对关键决策的控制权，能够更好地监测和管理潜在风险，从而保障集团的稳定发展。同时，子公司的自主经营能力也有助于分散风险，提高整体的抗风险能力。总之，通过合理分配权力和资源，集团能够更好地应对成长阶段的挑战，实现长期的稳定发展和价值增长。

（3）成熟阶段的集团财务管控模式。在成熟阶段，集团企业的市场份额变得稳定、市场接近饱和，因此不再是主要依靠价格竞争，而是转向更加注重成本控制以保持竞争优势。在这一阶段，采用偏分权的财务管控模式能够有效地发挥下属单位的灵活性与主动性，从而实现成本优化和效率提升。偏分权模式赋予子公司在日常运营和财务管理上更多的自主权，使其能够根据自身的市场环境和运营需求，制定和实施更加贴近市场的策略。这种自主性有助于子公司更快速地响应市场变化，实施成本控制措施，提高运营效率。同时，通过偏分权模式，集团总部仍然保持对关键战略和财务决策的控制，确保整个集团的方向与市场趋势保持一致，同时优化资源配置。因此，在成熟阶段，偏分权的财务管控模式能够帮助集团企业在市场稳定而竞争激烈的环境中实现成本优化，从而有效地增加企业价值。

（4）再生阶段的集团财务管控模式。再生阶段，集团企业面临市场萎缩趋势和投资不足的挑战，同时需要持续探索新的产业定位，应对未来经营风险的上升。这一时期适宜采用相对集权的财务管控模式。通过集权模式，集团总部可以集中资源对重大投资和战略转型进行决策，确保资源在面临市场萎缩时得到有效利用和优化配置。集权模式下的集中决策有助于企业在市场不确定性和风险较高的环境中保持稳定，同时集中资源支持新的业务机会和转型策略。集团总部的集中控制和决策能力在这一阶段对于指导企业成功转型至关重要，有助于企业有效应对市场变化，探索新的增长点。因此，再生阶段，相对集权的财务管控模式能够帮助集团企业更好地管理风险，实现资源的合理配置，促进企业的再生和价值增长。

（二）集团管控模式与财务管控模式的选择

集团管控模式与财务管控模式之间存在直接的关联。集团管控模式决定了企业如何在其不同的业务单元和部门之间实现权力和资源的分配，这直接影响财务资源的配置和管理。因此，在选择财务管控模式时，必须考虑集团的整体管控模式，以确保财务管理的策略和实践与集团的管控模式相协调，共同推动集团的价值增长。

在战略管控型集团管控模式下，集团总部作为战略决策中心，主要聚焦于总体战略的控制和协同效应的培育。这种模式下，总部对下属单位实行有控制的分权政策。因此，适宜采用混合型财务管控模式。这种模式允许一定程度的自主性给予下属单位，同时确保集团总体战略目标的实现。在混合型财务管控模式下，总部通过设定关键绩效指标、财务目标和预算限制，引导子公司的经营活动，同时给予它们操作上的灵活性。这样，子公司可以根据市场条件和业务需求作出快速反应，同时保持与集团总体战略的一致性。混合型财务管控模式有利于促进集团内部资源的有效配置和利用，实现价值增值。

在财务管控型集团管控模式下，集团总部主要作为投资决策中心，强调财务指标作为主要的考核方式。在这种模式下，下属单位的主要任务是完成总部设定的盈利和投资目标，无须详细上报生产经营情况。因此，分权型财务管控模式更为适用。这种模式赋予下属单位较大的财务自主权，允许它们根据自身情况作出最佳的财务决策。分权型财务管控模式能够激励下属单位更好地实现盈利目标，同时减轻总部的管理负担。通过这种方式，集团可以更加专注于投资效率和盈利能力的提升，从而在整体上实现价值增长。

在运营管控型集团管控模式下，集团总部不仅是经营决策中心，还直接参与生产管理。这种模式下，集团对下属单位采用较强的干预方式，进行集中控制和管理。因此，集权型财务管控模式是最合适的。这种模式下，总部对下属单位的财务活动进行严格的监管和控制，直接参与重大财务决策的制定。集权型财务管控模式有利于确保下属单位严格遵守集团的财务政策和目标，同时能够有效减少风险和提高运营效率。通过集中管理，集团能够更有效地协调资源，优化成本结构，提升整体经营绩效，从而实现价值的最大化。

（三）集团战略与财务管控模式的选择

根据集团所经历的生命周期阶段，集团战略可以分为三种主要类型：扩张型战略、稳定型战略和收缩型战略。对于处于创立和成长阶段的集团，扩张型战略是较为合适的选择。当进入成熟期时，采用稳定型战略来维持现状是合适的。而在再生期，集团则应考虑实施收缩型战略。与此同时，集团的财务管控方式也需要根据不同的战略阶段进行相应的调整，以此才能实现集团整体价值的最大化。

在扩张型战略实施阶段，集团通常面临快速发展和市场扩张的需求。此时，采用相对分权的财务管理模式更为适宜。这种模式能够激发子公司的市场开拓动力和创新能力，因为子公司拥有更多的自主权来做出适应市场变化的决策。分权管理有助于更快地响应市场机会，同时促进集团整体的价值增长。

在稳定型战略实施阶段，集团的主要目标是维持现有市场地位和业务稳定。此时，采用混合型财务管控模式是较为合适的选择。这种模式中，集团中央与子公司之间实现了权责和利益的平衡，既保留了一定程度的控制力，又给予下属单位一定的经营自由度。这样可以确保子公司具有足够的灵活性来应对市场变化，同时集团层面能有效监控财务风险，共同促进集团价值的稳步增长。

在收缩型战略实施阶段，集团需要重组资源，优化业务结构，以应对市场挑战和内部效率问题。这一阶段适宜采用相对集权的财务管控模式。通过加强中央对财务资源的控制，集团能够更加有效地进行资源配置，减少不必要的开支，提高运营效率。集权化的财务管理有助于集团在困难时期保持稳定、重新定位，最终实现价值的保持和恢复。

（四）集团组织结构与财务管控模式的选择

在集权式组织结构中，即采用直线职能制的集团，集权思想贯穿于整个集团的财务控制体系。在这种组织结构下，下属企业通常受到总部较为严格的管制。因此，采用集权型财务管控模式是最适宜的。在集权型财务管控模式中，集团总部对下属企业的财务活动拥有高度的控制权。总部直接参与重要的财务决策，对预算、投资、成本控制等方面实施严格的监督和管理。这种模式有利于保持集团内部财务的统一性和一致性，确保财务政策的有效实施。同时，通过集中的财务管理，总部可以更有效地分配资源、控制风险、提高整体运营效率，从而实现价值的增长和维护。

在采用控股制结构的集团中，总部通过间接管理方式参与下属企业的经营，并注重经营结果。这种情况下，分权型财务管控模式更为合适。在分权型财务管控模式下，下属企业拥有较大的自主权来进行财务决策，总部则主要关注下属企业的财务绩效和目标达成情况。这种模式鼓励下属企业根据自身特点和市场环境自主制定财务策略，同时总部通过设定财务目标和关键绩效指标来引导和监控下属企业的财务表现。分权型财务管控模式有助于提升下属企业的灵活性和市场适应能力，同时实现集团整体价值的提升。

采用事业部制结构的集团则结合了集权与分权的特点，因此使用混合型财务管控模式是最佳选择。混合型财务管控模式在总部的集中控制和下属企业的自主管理之间实现了平衡。在这种模式下，总部对关键的财务政策和战略决策进行控制，同时允许下属事业部在一定范围内进行自主财务管理。这种模式的优势在于它结合了集中控制的效率和分权管理的灵活性，能够根据不同事业部的特点和市场情况进行适当的调整。混合型财务管控模式有利于促进资源的有效配置，提高运营效率，同时激励下属事业部积极探索市场机会，共同推动集团价值的增长。

（五）子公司的重要性程度与财务管控模式的选择

在集团内部，集团需要根据子公司的重要性程度，对不同子公司进行差异化财务管控。规模较大且在集团战略中占据重要位置的子公司，往往具有更高的重要性。对于这些重要性高的子公司，集团通常会采取较强的掌控力，实施集权型财务管控模式。这是因为这些子公司的业绩直接影响到集团的整体表现和市场地位。在集权型财务管控模式下，总部对这些子公司的财务活动进行严格的监督和管理，包括预算审批、资本支出决策、重大投资项目的批准等。通过这种方式，集团能够确保这些关键子公司的财务决策与集团的整体战略保持一致，同时有效控制风险，优化资源配置，最终实现价值的增长。相反，对于规模较小、重要性较低，不属于整体战略核心资源的非主营子公司，集团则更倾向于采取分权式财务管控模式。这些子公司在集团总体业绩中的影响较小，因此，总部可以赋予它们更多的财务自主权。在分权型财务管控模式下，这些子公司可以根据自身的市场环境和业务需求，进行更加灵活的财务管理和决策。这样的做法不仅减轻了总部的管理负担，也激励子公司发挥自身优势，探索市场机会。分权型财务管控模式有利于提升这些子公司的市场适应性和竞争力，从而在其特定领域实现价值的增加。

第三节　价值增值导向下的集团财务控制权分配

一、财务控制权

（一）财务控制权的概念

集团财务控制权是以集团公司为主的财务控制主体所拥有的、使集团资本运动链沿着集团公司财务价值最大化目标发展的权力。集团公司的财务控制权是法律赋予的，其他层次上的财务控制主体的控制权实质是人力资本所有者凭借人力资本获得的，但通过授权形式取得。集团财务控制权是其控制权的核心，其分配状况是决定企业集团经营成果的一个重要因素。要增加企业集团的经营成果，需要科学安排财务控制权。

（二）财务控制权的分类

1. 从契约角度划分

从契约角度划分，集团财务控制权可以分为特定财务控制权和剩余财务控制权。特定财务控制权是指集团总部对下属子公司在特定财务事项上的控制权。这种控制权通常体现在对子公司财务决策的直接干预，如资本支出、重大投资决策、财务策略制定等方面。特定财务控制权的实施目的是确保子公司的财务决策与集团的总体战略目标和政策保持一致。通过对这些关键财务事项的控制，总部能够有效管理集团内部的资金流动，优化资源配置，控制风险，并最终促进集团价值的增长。特定财务控制权的运用在集团管理中尤为重要，因为它直接关系到集团财务稳健性和长期发展。在实践中，特定财务控制权的运用需要在确保子公司一定自主权的基础上进行，以维持集团内部的运营效率和市场适应性。

剩余财务控制权则是指集团总部对下属子公司的一般性或非特定财务事

项的控制权。与特定财务控制权不同，剩余财务控制权涉及的是日常经营活动中的普通财务决策，如日常资金管理、成本控制、预算执行等。这种控制权的实施更多体现在对子公司经营活动的宏观监督和指导，旨在通过一般性的财务管理来支持子公司的业务运作和战略实施。剩余财务控制权的运用有利于集团总部对子公司的整体财务状况进行监控，同时为子公司提供必要的财务支持和指导。在实际操作中，剩余财务控制权需要灵活运用，以确保子公司在日常经营中保持一定的自主性和灵活性，同时确保其活动符合集团的财务政策和目标。

2. 从控制循环系统角度划分

从控制循环系统的角度看，集团财务控制权可划分为财务决策权、财务监督权、财务考核权和财务奖惩权。

财务决策权是集团财务控制的核心，涉及集团财务资源的配置、使用和管理。财务决策权主要由集团总部行使，涵盖了资本支出、投资项目、资金筹集、预算分配等重要财务活动。通过行使财务决策权，集团能够确保资源的有效配置，支持集团战略目标的实现。这种权力的正确行使对于集团的长期成功和可持续发展至关重要，因为它直接影响到企业的财务健康和市场竞争力。

财务监督权则关注于对集团财务活动的持续监控和管理。这包括了对财务报告的审核、内部控制系统的维护、财务风险的监控等。财务监督权的行使有助于及时发现和纠正财务管理中的问题，确保财务信息的准确性和可靠性，从而支持管理层作出更加明智的决策。财务监督权对于维护集团的财务稳定和防范财务风险具有重要作用。

财务考核权涉及对集团内部各个单位或子公司的财务绩效的评价。这包括设定财务目标、评估财务表现、分析偏差原因等。通过财务考核，集团能够评价和激励下属单位实现财务目标，同时发现潜在的问题和改进空间。财务考核权的合理行使对于推动集团内部持续改进和优化财务管理体系至关重要。

财务奖惩权是集团财务控制权的重要组成部分，它涉及对集团内部单位或个人在财务绩效方面的奖励和惩罚。这种权力的运用旨在激励和引导员工和子公司朝着集团设定的财务目标努力，同时对那些未能达到预期绩效的单位或个人进行必要的惩戒。财务奖惩权的有效行使对于形成积极的财务管理文化和提升集团整体的财务绩效具有重要意义。

（三）财务控制权的特征

1. 财务控制权是一种职权

这意味着它不同于私人财产的控制权，因为集团财务控制权与个人所担任的职位紧密相关。在集团中，财务控制权通常是由特定的管理层或决策者行使的，这些人因其职位而获得相应的权力和责任。例如，一个企业的财务总监或 CEO 会有较高的财务控制权，能够决定公司的财务规划和重大投资。这种职权的存在保证了集团财务控制的专业性和责任性，确保了决策的合理性和效率。

2. 集团财务控制权具有合法性

财务控制权的分配和行使必须符合公司法等相关法规制度。合法性是集团财务控制的基石，它确保企业的财务活动在法律框架内进行，避免了违法和不道德的行为。例如，集团的财务决策需要遵循会计准则、税法和公司治理规则。这些法规和制度为企业财务控制提供了明确的指导和界限，有助于维护股东和其他利益相关者的权益，同时也提升了企业的透明度和公信力。

3. 集团的财务控制权具有层次性

这是指在集团中，不同层级的管理机构拥有不同程度的财务控制权，且下一层次的财务控制权需服从上一层次的指导和监督。这种层次性体现了集团内部复杂的组织结构和管理体系。例如，集团总部可能对子公司的财务活动有最终的决策权，而子公司则在总部的指导下进行日常的财务管理。这种层次性的财务控制权有助于实现资源的有效分配和风险的有效控制，同时也保证了集团内部的财务信息流动和决策的一致性。

二、集团财务控制权分配的重要性

集团财务控制权分配的重要性可以从三个角度分析。

从确保资源的有效利用角度来看，合理的财务控制权分配对于集团资源配置的效率至关重要。在一个大型集团中，资源分配和管理是复杂且具有挑战性的任务。通过明智地分配财务控制权，集团能够更有效地监督和管理其财务资源，包括资金、投资和资产。适当的权力分配不仅可以促进集团内部资金的合理流动和使用，还可以确保各个单位在资源使用上的透明度和负责性。这有助于最大化资源利用效率，减少浪费，从而支持集团的整体财务表现和竞争力。

从维护财务稳定与风险管理的角度来看，财务控制权分配对于保持集团财务健康和控制风险至关重要。在集团中，不同的单位可能面临不同的财务风险和挑战。通过合理分配财务控制权，集团能够确保对这些风险进行有效的监控和管理。例如，对于那些关键的或风险较高的单位，集团可以采取更加集中的财务控制，以便更好地管理风险和防止潜在的财务问题。相反，对于那些表现稳定的单位，则可以实行更加分权的控制，以提高灵活性和效率。这种灵活的权力分配有助于保持集团的财务稳定，同时对抗外部市场的不确定性。

从促进战略目标的实现角度来看，财务控制权的分配对于支持集团达成其长期战略目标至关重要。不同的业务单位可能对集团的战略目标有不同的贡献和重要性。通过针对性地分配财务控制权，集团能够确保这些单位在实现集团战略目标方面拥有足够的资源和支持。例如，对于那些战略性关键的业务或增长点，集团可以提供更多的财务支持和决策权，以促进其发展和创新。这种有目的的财务权力分配有助于集团聚焦于核心竞争力的培养和市场机会的把握，从而在长期内实现持续的增长和成功。

三、价值增值导向下集团财务控制权分配的原则

（一）权、责、利对等原则

权、责、利对等原则强调在分配财务控制权时应确保权力、责任和利益之间的均衡对应。这一原则的实施对于集团的有效管理和价值最大化至关重要。遵循这一原则，意味着当集团赋予某个单位或个人一定的财务控制权时，相应的责任和利益分配也应该与之匹配。具体而言，如果一个业务单位被授予较大的财务决策自主权，那么这个单位也应承担相应的责任，对其财务决策的结果负责。与此同时，如果该单位成功地运用其财务权力实现了业绩增长或成本节约，它也应得到相应的利益分享，例如，通过奖金、激励计划或其他利益分配机制。这一原则有助于确保集团内部各单位在享有财务自主权的同时，也能够明确自身的责任和期望目标。这种权、责、利匹配的做法能够激发各单位的积极性和主动性，鼓励它们在追求自身利益的同时，也为集团的整体价值增长作出贡献。在实际操作中，实施权、责、利对等原则需要集团总部细致地规划和调整财务控制权的分配，同时设立明确的评价和激励机制，确保各单位在追求业绩目标的过程中能够感受到公平和正义。此外，权、责、利对等原则还有助于集团内部风险管理和内部控制的加强。当各单位明确了自己的责任和预期结果后，它们更有可能采取谨慎的财务管理策略，避免不必要的风险。这样的做法有利于提高集团整体的运营效率和财务健康水平，同时减少由于不负责任的决策带来的潜在损失。

（二）与财务战略相适应原则

与财务战略相适应原则强调集团财务控制权的分配必须与其财务战略紧密结合。集团的财务战略会随着外部环境和集团优势的变化而变化。例如，当市场环境发生变化，或者集团的竞争优势发生变化时，财务战略可能需要相应调整，以适应新的市场条件或内部资源配置。这种情况下，财务控制权

的分配也需要进行相应的调整，以确保其仍然与调整后的财务战略保持一致。

举例来说，当集团采取专业化的投资战略时，其财务控制权往往需要更集中。这是因为专业化战略通常涉及对特定领域或市场的深入投资和发展，需要集团层面进行精准的资源配置和决策。集中的财务控制权有助于确保资源得到有效利用，同时加强对投资效果的监控，从而支持战略目标的实现。相反，对于采取多元化投资战略的企业集团，其财务控制权则更倾向于分散。在多元化战略下，集团需要在多个不同的领域和市场进行投资和运营，这要求各个业务单位拥有一定的自主权来应对各自市场的特殊性和动态变化。与财务战略相适应原则的实施对于确保集团内部资源的高效利用和风险的有效管理非常关键。通过确保财务控制权的分配与财务战略相一致，集团能够有效地指导各个单位的财务决策，促使它们的行动和投资更加聚焦于集团的核心竞争力和长期利益。这样的做法有助于优化集团的资产结构，提高财务效率，同时降低不必要的支出和风险。此外，与财务战略相适应原则也有助于提升集团的透明度和责任感。当财务控制权的分配与明确的战略目标紧密相连时，各个单位和个人更容易理解他们的角色和责任，以及他们对集团总体目标的贡献。这种明确性不仅提升了管理效率，也增强了员工的责任心和参与感。

（三）效率原则

效率原则强调无论财务控制权是集中还是分散，都必须以提高集团整体效率为目标。这一原则的重要性在于，它确保了集团在追求财务管理的效率和有效性的同时，也能促进长期的价值增长。

随着科技的更新加速、经济生活节奏的加快，以及环境变动的加剧，信息传递的速度和准确性对集团来说变得更为关键。如果信息在从基层传递到集团总部的过程中出现过滤或时间差，可能会给集团带来损失。为了避免这种损失，一方面需要考虑将决策权下放到更接近市场和业务的层级；另一方面也需要减少中间环节，使控制权的分配趋向扁平化。这样的安排有助于加快决策过程，提高响应速度，从而提高集团的整体效率。然而，效率原则并不意味着所有集团都应该采用完全扁平化的控制权分配模式。实际上，对于那些生产经营活动受环境变动影响较大的集团，将权力分配扁平化可以带来高效率，因为这样可以快速响应外部变化，灵活调整运营策略。但对于那些生产经营活动受环境变动影响较小的集团，权力下放可能导致缺乏统一的方向和协调，从而无法获得协同效应，反而可能降低整体效率。因此，财务控制权的分配需要根据集团的具体情况来定制，旨在实现最优的整体效率。这意味着集团需要根据自身的业务特性、市场环境、组织结构和战略目标来决定财务控制权的集中或分散程度。在某些情况下，集中的财务控制可能更有利于实现资源的有效配置和风险的集中管理；而在其他情况下，分散的财务控制可能更能够激发创新，提高市场适应性和操作灵活性。这种基于效率原则的财务控制权分配策略有助于集团在动态变化的市场环境中保持竞争力，同时支持长期的价值增长和集团的可持续发展。

（四）按知识、信息优势分配原则

按知识、信息优势分配原则认识到知识和信息在集团发展中的关键作用，强调将财务控制权分配给那些拥有相关知识和信息优势的人员，以确保权力的最佳使用和经济效益的最大化。

知识和信息在现代企业运营中变得日益重要，它们是支持决策、驱动创新和维持竞争优势的关键要素。在集团中，知识和信息往往是分散的，不同的个人和团队可能掌握着不同领域或方面的专业知识和市场信息。因此，将财务控制权分配给那些在特定领域拥有知识和信息优势的人员，可以使得决策更加精准和高效，提高集团应对市场变化和挑战的能力。实施这一原则意味着集团需要识别并赋权于那些对特定业务领域有深入了解和掌握关键信息的人员。例如，对于涉及特定技术或市场的财务决策，应该由熟悉该技术或市场的专家来进行指导和决策。这样的做法不仅有助于提高决策的质量，还能加快决策过程，减少因信息不对称或缺乏专业知识而导致的风险。此外，按知识、信息优势分配权力还能够促进集团内部的创新和学习。当员工发现他们的知识和信息被重视并用于关键决策时，他们更有可能积极参与知识共享和团队合作。这种文化氛围有助于集团不断吸收新知识，适应市场变化，从而长期维持竞争优势。

四、价值增值导向下集团财务控制权分配的决策分析

集团财务控制权分配的决策就是在对财务控制权进行分配的过程中选择不同分配理念的方法，有效的分配决策能为财务控制权的合理化分配和行使进行积极的指引，促进财务控制权分配工作的高质量运行。在研究实践中，综合分析新时代背景下"资产一体化"建设产生的影响，针对财务控制权分配决策进行分析。

（一）集团财务控制权分配的选择

在"资产一体化"时代背景下，集团在探索财务控制权分配工作的过程中，应该正确认识"资产一体化"产生的影响作用，从财务权利机制的角度进行考察分析，尝试将现金管理作为开展财务管理工作的重点，将预算控制作为具体的工作手段，构建偏集权的财务控制权分配工作模式。在实际工作中，我国集团在深入推进"资产一体化"改革的过程中能形成整体资产整合效应，可以有效地规避集团内部不同法人实体之间出现不良竞争的情况，有效彰显整体性的优势，在"资产一体化"的支撑下促进集团各项工作的稳定发展。这就为集团在财务控制工作中选择偏集权的财务控制模式提供了可能，为财务控制权集中化模式的有效分配创造了条件。同时集团内部不同企业之间要想形成密切的联系，也需要借助整个集团开展财务管理活动进行协调和组织。在此情况下，集团开展财务控制权分配工作的过程中就要选择偏集权的分配模式。偏集权的财务控制权分配模式能为集团运作方面实现统一的规划和管理提供相应的支持，也能促进集团管理和运行方面对资源的统筹规划设计，从而产生良好的协同效应，这与集团对"资产一体化"改革的探索存

在一致性的发展目标，能对集团的稳定发展产生积极的影响，有助于在合理化分配财务控制权的基础上保障集团能实现持续稳定发展的目标，争取创造更多的经济效益和社会效益。

（二）集团财务控制权的具体安排

在综合分析国内外关于集团财务控制工作经验教训的基础上，为了能在对集团实施财务管理工作的过程中，形成母子公司之间的协同工作效应，促进集团参与市场竞争中核心竞争力的提升和综合影响力的强化，在全面推进"资产一体化"改革的背景下，对于财务控制权分配的选择应该偏集权特点，并在对财务控制权进行具体分配的过程中按照以下思路作出详细的安排。

第一，发挥集团作为决策中心的重要作用，在开展财务控制工作的过程中针对集团内部涉及的所有重要投资活动、筹资活动，以及分配决策权等进行全局性的统筹规划。这意味着下属子公司和部门的重要筹资和投资项目都应由集团母公司进行审批和管理。通过这种财务控制权分配方式，集团能够确保财务决策的一致性和战略性，避免因局部利益而影响整体利益。这种集中式的管理有助于实现资源的有效配置和风险的集中控制，从而提升集团整体的财务效率和绩效。此外，集团母公司在实施财务控制权分配时，应将促进整个集团的发展战略建设作为核心思想。这意味着在进行财务控制时，母公司应避免过度干预子公司的日常管理，以免对管理效能产生负面影响。集团应专注于对财务运行过程中的关键点进行准确判断，并实施合理化的费用控制。这样的做法有助于优化财务控制效果，提升集团的经济效益和市场竞争力。

第二，将集团的下属子公司或所属部门作为利润中心，使子公司或部门在财务决策中拥有一定的自主性，特别是在涉及重大投资项目和投资决策时。通过这种方式，集团能够鼓励子公司或部门在追求自身利润最大化的同时，也为集团整体的财务表现和价值增长作出贡献。在实施这一策略时，财务控制权的分配和行使需要精心设计，以确保既能调整子公司或部门的生产经营活动，又不过度干预重大决策的制定。这种平衡是实现集团整体效益最大化的关键。财务控制权的行使者应专注于对集团运行方面的收入和成本进行控制，通过有效的财务管理手段，如成本控制、预算管理和财务分析，来优化集团的财务表现。此外，将子公司或部门作为利润中心的做法有助于提升这些单位的责任心和动力。这样的安排鼓励子公司或部门在自身的经营活动中寻求效率提升和成本节约的机会，同时也能激发它们对市场机会的积极响应。这种自主性与责任感的结合有助于推动集团内部创新和业务增长，同时也支持集团在市场中竞争力的提升。

第三，将孙公司或者分、子公司作为成本费用中心，在企业财务控制工作中对于财务控制权的分配，既不会赋予子公司、分公司财务决策方面的权力，也没有强化他们的收入权，孙公司或者分、子公司职能对成本和费用进行有效控制。这样就能发挥财务控制权分配的有效作用，在积极分配决策的作用下提高企业集团财务控制工作的效果，真正发挥财务管理工作的重要价值和作用。

五、价值增值导向下集团财务控制权分配模式的选择

（一）财务控制权分配的总模式

财务控制权分配的总模式包括集权模式、分权模式和统分结合模式。在集权模式下，财务控制权主要集中在集团母公司层面，母公司在财务管理方面对子公司具有直接的影响力，子公司财务控制权受到制约，甚至部分子公司不享有财务控制权。在分权分配模式下，财务控制权向集团的下层、下属子公司分散，子公司的财务自主性明显的增强。在统分结合的分配模式下，集权模式与分权模式能够同时在集团中运行，二者体现出同时运行和协同发展的态势。集团在组织规划财务控制权分配工作的过程中，如果长时间采用集权模式，则能产生更长效的财务控制影响，并且财务控制权的影响范围也

相对较大，企业资本基本上在上层集中，只有数额相对较小的分散资本才在下层分散。而在集团实际开展财务控制工作的过程中，纯粹的集权分配模式和分权分配模式都存在过于极端的弊端和特点，集团要想获得良好的发展，增强财务控制权分配的稳定性和实用价值，就要尝试采用统分融合的分配模式，能结合集团开展各项工作的实际情况对财务控制权进行有效的分配，形成偏集权或者偏分权的方式，使财务控制权的分配能为集团财务控制工作的开展提供有力支撑，促进资产实现高效化和高质量运行的目标，为集团资本的增值和生产经营活动的高效化发展奠定基础。

（二）管理层级四权并立分配模式

集团财务控制工作的开展本身能体现出层次性的特征，并且在分层分配的情况下，中间每一层都存在相应的财务控制主体，必然也存在相应的被控制者。每一个层次中的财务控制主体所拥有的财务控制权存在一定的差异，而每个层级中财务控制主体都配置一个相应的财务控制系统，能有效地促进财务控制工作的贯彻落实。结合财务控制循环系统方面的理论进行研究和分析，财务控制主体所享有的财务控制权主要从决策、考核、监督、奖惩四个方面表现出来，四权支撑是财务控制主体能对财务控制分配工作产生直接影响的主要标志。在集团财务管理工作中，每一个财务管理控制层级只有对四项权力进行合理的分配和使用，才能对此管理层级财务控制工作进行优化，逐步实现预期财务控制工作的目标。

在管理层级中，财务控制权四权并立的情况是在控制过程系统的支撑下形成的，财务决策权的分配能为管理层级开展财务控制工作中主体目标方向的保持提供重要的保障，并且控制者与被控制者之间受到契约关系的影响，在权力运作方面监督权的行使能对被控制者行为进行监督和约束，考核权和奖惩权则能对被控制者做出目标引导，从而形成良好的带动作用，促进企业财务管理工作优化发展，提升综合管理效能。

（三）管理层级层面财务控制权筛选模式

集团财务控制工作中对财务控制权的分配实际上就是在各层次对财务控制权进行有效的筛选。集团母公司财务管理总部通常对财务控制权进行集中把控，以确保集团的财务战略决策得到支持和配合。集团总部在财务控制方面的集中管理有助于确保关键决策的一致性和战略性，同时也能有效地监控整个集团的财务状况，优化资源配置。在第二层级，即子公司或分公司层级，这些单位针对集团财务控制总部下放的财务控制权进行有效筛选。子公司或分公司将次重要的财务控制权保留在自己手中，同时将不重要的财务控制权再次下放给孙公司。这样的分配模式既保证了子公司和分公司在其业务范围内拥有足够的财务自主性，又确保了财务控制的有效性和集团整体利益的最大化。在每个层次，财务控制主体所涉及的财务控制范围不同，财务控制权在实际应用中的影响力也有所差异。一般而言，层次越高，财务控制权的影响力越大。这种层级化的筛选模式有助于确保财务控制权在集团内部合理流转，同时避免过度集中或过度分散所带来的风险。

集团在对财务控制权进行分配的过程中，应综合分析自身财务控制的优势、外部环境的影响变化及企业自身的组织结构等因素。在合理化分配的基础上，实现集权有度、分权有序的目标。这种平衡的分配模式能够使财务控制工作高效化运行，为集团整体战略目标的实施提供强有力的支撑。通过这种方式，企业集团能够在保持财务稳定和效率的同时，实现长期的价值增长。

六、价值增值导向下集团财务控制权分配及监督机制建设

集团要想促使财务控制权发挥其应有的价值和作用，就要对财务控制权进行有效的分配，完善分配机制，并针对财务控制权的行使进行合理化的监督，提高集团财务控制工作的效果，促进集团整体发展战略目标逐步实现，为实现长期价值增长提供坚实基础。

（一）价值增值导向下集团财务控制权分配机制建设

1. 权责对等与合理分配

权责对等与合理分配是财务控制权分配机制建设的基础，确保了财务控制权的有效运用和集团整体战略的一致性。在这个原则下，集团确保财务控制权的分配与相应的责任和利益相匹配，即那些拥有更广泛财务控制权的高层管理者需要对其决策的影响承担更大的责任。这种分配方式意味着高层管理者拥有足够的权力作出重大决策，这些决策可能对整个集团产生深远影响。例如，关于大规模投资、并购或重大战略调整等决策通常由高层管理者决定。同时，下属子公司或部门根据其运营的具体情况被赋予适当的财务自主权，使它们能够更灵活地应对日常运营中的财务问题。这种分权方式不仅提升了子公司或部门的动力和责任感，还有助于加速决策过程，提高适应市场变化的能力。此外，权责对等还能够提升财务透明度和明确责任，有助于避免不当决策和管理失误，从而提升集团财务的整体效率和表现。

2. 策略适应性与灵活性

策略适应性与灵活性强调在不断变化的市场环境中，集团需要灵活地调整财务控制权的分配，以适应其战略目标和市场变化。这种机制认识到财务控制权分配不是一成不变的，而是需要根据集团的具体情况和市场动态进行调整。在市场快速变化或新业务发展阶段，集团可能需要将更多的财务决策权下放到更接近市场的子公司或部门，以便它们能够迅速作出响应。这样的策略适应性和灵活性有助于集团在激烈的市场竞争中保持灵活和敏捷，同时促进新业务的发展。例如，在进入新市场或开发新产品时，赋予当地子公司或相关部门更多的财务自主权能够加速决策过程，提高集团对市场变化的适应能力。此外，策略适应性与灵活性还能够帮助集团更有效地应对外部经济和政治变化，降低潜在风险，保护集团的长期利益。通过这种方式，集团能够确保其财务管理和控制系统始终与当前的市场情况和战略需求保持同步，为实现长期的价值增长和可持续发展奠定坚实基础。

3. 持续优化与动态调整

在快速变化的商业环境和组织发展的过程中，固定不变的财务控制权分配策略可能会变得不再适用。因此，集团需要定期评估现有的财务控制权分配情况，包括审视控制权的运用是否符合集团的战略目标、是否有效地管理风险，以及是否促进了业务单位的效率和创新。通过这种评估，集团可以识别出存在的问题和不足，如决策迟缓、资源配置不合理或风险控制不足等。基于这些评估结果，集团应根据实际情况进行必要的调整。这可能包括重新分配某些财务控制权，以更好地适应市场变化和业务需求，或调整内部财务管理流程，以提高效率和响应速度。例如，对于市场需求迅速变化的业务领域，可能需要增加财务决策的灵活性和速度，而对于风险较高的领域，则可能需要强化集团总部的风险控制和监督力度。

持续优化和动态调整的分配机制有助于集团财务控制权的有效运用，支持集团应对复杂多变的商业环境，确保集团在变化的市场中保持竞争力和灵活性。通过不断地优化和调整，集团能够确保其财务管控体系与时俱进，为实现战略目标和长期成功打下坚实的基础，同时促进长期的价值增长。

（二）价值增值导向下集团财务控制权监督机制建设

在集团的财务控制权分配和实施过程中，有效的监督机制扮演着关键的保障角色，其重要性在于能够深入推进权力监督工作，避免权力滥用的问题，从而确保财务控制权分配和执行工作能够达到理想的发展成果。监督机制的构建在财务控制权分配工作中起到了重要的保护作用，它是决定财务控制权是否能产生显著作用的关键因素之一。有效的监督机制能够保证财务控制权的合理运用，从而促进企业集团财务控制工作的有效开展。然而，需要注意的是，监督工作的实施也意味着可能会增加财务控制工作的成本。因此，选择适当的监督方向和方法至关重要，以便在有效控制成本的同时，为财务控制权的合理行使提供必要的支持和保障。在考虑企业集团财务控制权行使和分配工作的具体要求时，采用声誉监督的方法可以促进监督工作的优化和高效开展。

根据财务经济学研究体系的分析，声誉因素在财务契约的有效执行中扮演着重要的保障角色。虽然财务契约是具有强制性的财务管理约束性手段，但它并不能全面控制财务风险。契约各方对于职责的履行建立在相互信任的基础上，而这种长期信任关系的构建产生了声誉方面的影响力。对于拥有财务控制权的各层管理人员而言，只有拥有良好的职业声誉，才能增强被控制者对其的信任感，从而真正发挥财务控制权的重要作用。在财务控制工作中，控制者本身具有良好的声誉可以对机会主义行为产生一定的约束和限制作用，并且也能对被控制者产生相应的影响，形成有效的激励作用。因此，无论是从职业经理的职业道德层面进行研究，还是从其所从事的财务控制工作的特殊性质角度进行分析，职业声誉对他们产生的激励和约束作用较之于其他监督形式更为有效。这是因为，如果管理人员在参与财务控制工作的过程中因声誉问题被解雇，他们将很难再次获得财务控制方面的职位。声誉监督在集团的财务控制工作中发挥着不可替代的作用。它通过激发管理层和员工的自我约束，提高其在职业生涯中的声誉意识，从而促进他们在财务管理和控制活动中的积极性和责任感。这种监督方式有助于提升财务控制工作的质量和效率，同时降低集团在财务工作中的风险，确保集团的稳定发展和长期价值增长。

在集团财务控制工作中，仅依靠声誉监督并不足以全面满足集团的现实要求。因此，需要配合构建财务监督的次要工作机制，这主要包括以下五个方面。一是对集团内部组织进行有效的财务监督，合理化地在上下级组织之间开展财务监督。有效的财务监督包括对平行内部组织的监督，这有助于确保不同业务单位之间在财务管理方面的一致性和透明度。通过在这些组织之间实施有效的财务监督，可以提高资源配置的效率，减少财务风险，并促进各单位间的良性竞争。上下级组织之间的合理化财务监督同样重要，它有助于保持组织层次间的沟通和协调，确保财务决策的一致性和执行的有效性。二是优化内部审计监督工作。内部审计监督不仅可以发现潜在的财务问题和风险，还可以评估和提升财务管理流程的效率和效果。三是强化民主监督工作的综合影响力。强化民主监督工作能够提高财务管理的透明度和问责制，保证各利益相关方的声音被听取和考虑。四是落实公司治理方面的管理平衡机制和制衡机制。这包括确保不同权利主体之间的相互监督，以及确保管理决策的透明性和合理性。这种制衡机制有助于防止权力过度集中和滥用，同时促进更加公平和有效的决策过程。五是强化独立董事监督的强化。独立董事的角色是监督管理层，确保管理决策不会损害小股东的利益。特别是在财务控制权分配可能侵害小股东利益的情况下，独立董事的监督作用尤为重要。他们可以对财务管理的决策进行独立评估，确保小股东的权益得到妥善保护。

　　总之，集团财务控制权的有效分配和行使需要综合考虑声誉监督和其他财务监督次要工作机制的建设。这些机制的共同作用能够提升集团财务控制权分配的效能，降低财务风险，并确保企业集团的稳定和长期发展，从而实现其整体战略目标。通过这种综合的监督机制，集团能够有效地管理和控制财务活动，实现财务透明度和问责制，从而为实现价值增长和可持续发展打下坚实基础。

第四章 价值增值导向下集团财务管控的实施重点

第一节 价值增值导向下的集团全面预算管控

一、全面预算概述

（一）全面预算的概念

1. 预算

预算是一个实体的营运计划和控制工具，在企业战略目标的指引下，它用来确定一段时间内为合理分配企业的财务、实物及人力等资源，提高企业经济效益，而对企业的生产、销售和财务等各个环节进行的统筹安排。企业可以通过预算来监控战略目标的实施进度，有助于控制开支，并预测企业的现金流量与利润。

2. 全面预算

全面预算是企业对未来一定时期（通常不超过一年或一个经营周期）的全部生产和经营活动进行的财务规划。全面预算不仅是一种财务工具，还是企业实现目标利润的行动蓝图，反映了企业在特定时期内利润预计额的目标。全面预算覆盖了企业的各个方面，包括供应、生产、销售、人力资源安排、成本和利润、资本支出、现金流入流出，以及资产、负债和股东权益等多个维度。

（二）全面预算管控的特征

全面预算管控是市场经济激烈竞争的产物，是预算管理的纵深发展。全面预算管控通过对企业内部各种业务活动进行规划协调，有效地将资源优化配置，从而实现企业最终的战略目标。全面预算管控的特征具有以下特征，如图 4-1 所示。

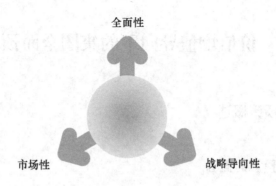

图 4-1　全面预算管控的特征

1. 全面性

全面预算管控的全面性体现在它构建了一个涵盖企业各个层面、贯穿整个经营过程、并且所有员工参与的预算管控体系。无论企业经营的行业范围多么广泛，或是业务遍布不同的区域，全面预算管控都确保了统一的预算指导和管理。在这种体系下，每一位员工都是预算管控的一部分，实现了自上而下的信息流通和协调。通过这样的机制，企业能够有效消除信息不对称，确保不同部门和层级之间能够及时且高效地沟通和协作。全面预算管控不仅局限于财务层面，还将业务、财务和资本三方面的预算紧密联动，实现对整个企业的全覆盖。这种全面性使得预算管控成为一种整合资源、优化配置的强有力工具，不仅提高了企业运作的效率，也增强了对复杂市场环境的适应能力。

2. 市场性

市场性意味着企业在制定和实施预算管控措施时，需密切关注国家政策导向和市场发展趋势，并顺应所处行业的发展规律。企业在制定预算时应从长远目标出发，注重提升自身的价值创造能力。这要求企业不仅要关注当前的财务指标，还要密切监视市场动态和潜在的竞争对手，以便能够及时对市场变化作出预判，并制定相应的应对策略。市场性的特征使得全面预算管控不是一个静态的财务管理工具，而是一个动态的、适应市场变化的管理过程。通过对市场环境的敏感性和适应性，企业能够更好地应对外部挑战，抓住市场机遇，从而在激烈的市场竞争中保持优势，实现可持续发展。

3. 战略导向性

全面预算管控的战略导向性意味着整个预算管控过程都是围绕企业的战略发展目标来进行的，预算的制定和执行都是为了帮助企业合理利用现有资源，从而在未来一定时期内实现更高的利润。战略导向性不仅是预算管控的起点，也贯穿于整个预算管控的制定和执行过程。这种导向性将企业的员工、部门、公司甚至整个集团紧密联系起来，使得大家可以齐心协力为实现共同的战略目标努力。通过将预算管控与企业的长远战略紧密结合，企业能够确保所有的财务规划和决策都服务于其战略目标，从而为企业价值的增长和在行业中的稳固地位提供强大动力。战略导向性使得预算不再是简单的数字游戏，而是成为推动企业向既定目标前进的重要工具。这样的预算管控方式有助于企业更加明确自己的发展方向，合理分配资源，提高决策的效率和有效性。

二、集团全面预算管控中存在的问题

（一）全面预算管控的目标与集团经营目标存在差异

全面预算通常是基于集团的战略目标而编制的，旨在将集团的经营战略和生产计划具体化。这要求在确定全面预算目标后，相应的投资、资金、生产经营等业务活动应围绕这些预算目标展开，并对出现的偏差进行跟踪与评估。然而，集团的终极目标是实现集团价值的最大化，而在不断变化的经营环境中，编制全面预算时所做的假设和环境可能会发生变化。为了实现价值最大化，集团可能会调整其业务活动，使之偏离原先设定的全面预算。这就意味着全面预算管控的目标和实际的经营目标并非完全一致，而是存在一定程度的差异。这种差异可能导致集团在追求短期的经营目标时，超越了预先设定的全面预算管控目标。在实际操作中，这可能表现为资源的过度投入、成本的超支或是对市场变化的过度反应。偏离全面预算目标的行为虽然可能短期内有利于集团经营目标的实现，但从长远来看，可能会影响集团的可持续发展和长期价值创造。因此，解决全面预算管控的目标与集团经营目标之间的差异，确保两者的一致性和协调性，是集团在实施全面预算管控时需要重点关注的问题。

（二）全面预算管控在决策和控制职能上存在矛盾

全面预算作为一种全方位的管理与控制工具，既包括规划、协调、分配等决策职能，也涵盖了跟踪、纠偏、评价等控制职能。这种双重职能在实际操作中可能导致矛盾。这种矛盾表现为全面预算管控一方面需要灵活适应市场变化，另一方面又需要遵循严格的预算控制。从决策职能的角度来看，全面预算管控要求管理者能够根据经营环境的变化，采用灵活简单的机制，不断调整原有的决策方案。这种灵活性是为了更好地适应市场变化，确保集团能够实现预算管控的目标。然而，从控制职能的角度来看，全面预算管控要求所有经营活动都以全面预算为中心。尤其在大型集团中，全面预算的编制周期长、内容复杂、工作量大，一般会持续数月，一旦编制完成，全面预算通常就作为集团业务执行的刚性标准，很少再进行变动。在实际操作中，这可能导致管理者在追求预算目标的灵活性和预算执行的稳定性之间难以取舍。过于刚性的预算控制可能抑制集团对市场变化的快速响应，而过于灵活的调整又可能导致预算失去控制，影响集团的财务稳定性和可预测性。因此，如何在决策的灵活性和控制的稳定性之间找到平衡，是全面预算管控中需要解决的关键问题。

（三）全面预算管控中存在信息交互的障碍

全面预算管控涉及集团的每个部门，并且是一项需要所有员工参与的管理活动。信息交互的畅通与否直接影响到预算管控的效果。然而，在许多集团实施全面预算管控时，常常没有设置专门的机构或人员来负责这一工作，通常由财务部门牵头实施，这在组织架构上缺乏直接有效的管理，导致信息流通和沟通不畅。另外，全面预算的制定和反馈过程大多由业务部门负责。由于各部门人员的专业背景不同，所使用的信息系统也不尽相同，这在数据汇总和分析时容易产生专业壁垒。这种专业壁垒不仅造成信息沟通不畅，还可能导致数据解读的误差，影响预算管控的准确性和有效性。在实际操作中，这种信息交互的障碍可能导致预算决策的延迟，以及对市场变化的响应不够及时。

三、价值增值导向下集团加强全面预算管控的措施

（一）设计持续改进的全面预算管控流程

全面预算管控流程应以战略管理为中心，以目标导向为约束，包含全面规划、组织架构和人力资源整合、反馈与分析、持续改进等过程。这样的流程设计确保了预算管控活动不仅与企业的整体战略紧密相连，而且能够不断地进行自我完善和优化。其中，全面规划是基础，意味着将企业的战略规划、财务预算、营运计划相互整合，形成一个全面的预算架构。这种整合确保了预算不仅仅是财务数字的堆砌，还是一个真正反映企业战略目标和资源配置的计划。全面规划为企业提供了一个清晰的方向和高效配置资源的路径，使得预算成为推动企业战略实现的重要工具。组织架构和人力资源整合既要确保把企业的预算目标有效细分到各具体业务部门，保证预算执行的纵向一致、

横向协同，又要确保组织内的每个人的目标、发展规划与预算目标有效整合，把预算目标最终落实到个体身上，并反映到其日常工作中。反馈与分析即建立全面预算的监控、评估与分析的体系，这样的体系不仅帮助管理层了解预算执行的实时情况，也使得预算过程中的问题和偏差可以被及时发现和纠正。持续改进确保了预算管控流程本身能够不断地进行自我完善和优化。管理层可以利用流程与分析工具及时识别预算编制或执行中的问题，并针对性地提出相应的改进办法。这种持续改进的机制使得预算管控流程能够适应不断变化的外部环境和企业内部的需求，保持其有效性和灵活性。

（二）建立全面预算管控组织

集团董事会或类似机构对集团预算管控工作负总责任，保证预算的有效制定和执行。在实际操作中，董事会或经理办公室可以根据需要成立预算管理委员会或者指派财务管理部门来处理预算管理相关事务。这些委员会或部门直接对集团的法定代表人负责，确保预算管理的过程和结果符合集团的整体目标和法律规定。

预算管理委员会作为一个专门的决策机构，负责审批公司的预算管理制度和政策，同时审议年度预算草案或预算调整草案，并将其提交给董事会等高级机构进行最终审批。此外，预算管理委员会还负责监控和考核集团预算的执行情况，并定期向董事会报告。在预算编制、调整和执行过程中，委员会还负责协调解决相关问题。由于集团实施的是全面预算，涉及所有部门和全体员工，因此，预算管理委员会的组成通常包括代表各个部门的成员。通常由集团负责人担任主任，财务总监或总会计师等担任副主任，并包括主要职能部门的负责人。这样的组成有利于全面考虑集团的各种需要和挑战，确保预算管理的全面性和有效性。

集团总部财务部门具体负责集团预算的跟踪管理，监督预算的执行情况、分析预算与实际执行的差异及原因，提出改进的意见与建议。

集团内部生产、投资、物资、人力资源、市场营销等职能部门具体负责本部门业务涉及的预算编制、执行、分析等工作，并配合预算管理委员会或集团总部财务部门做好集团总预算的综合平衡、协调、分析、控制与考核等工作。各部门主要负责人参与集团预算管理委员会的工作，并对本部门预算执行结果承担责任。

集团所属基层单位是集团预算的基本单位，在集团总部财务部门的指导下，负责本单位现金流量、经营成果和各项成本费用预算的编制、控制、分析工作，接受集团的检查、考核。基层单位的主要负责人对本单位财务预算的执行结果承担责任。

（三）做好全面预算的编制工作

1．全面预算编制的总体思路

集团编制全面预算应以实现目标资本利润为关键起点。资本利润是指集团控股公司作为资本投入者，通过参与子公司的收益分配所获得的收入。这种收入反映了股权资本的投资回报，是集团控股公司作为资本所有者的基本权益。作为资本所有者，控股公司拥有包括资本收益权、重大资本经营决策权和经营控制权等在内的一系列权利。在这些权利中，资本收益权是最为核心的基本权利，其他权利都是围绕着实现资本收益权而设立的。如果资本收益权无法得到有效实现，资本所有者便无法将资本和资产有效地投入到生产经营活动中，从而影响到集团公司整体目标的达成。因此，为了确保集团控股公司的股权资本能够获得应有的收益，集团在进行预算管控时应将子公司所能获得的目标资本利润作为预算编制的出发点。这意味着，集团公司的预算控制应着眼于确保股权资本的收益权得以有效实现，以此作为推动集团公司整体目标实现的重要基础。通过这种方式，集团公司不仅能够保护和增加资本所有者的收益，也能够促进集团整体的价值增值和可持续发展。

对于采取多角化战略的集团而言，由于生产不同产品的子公司之间的业务联系并不密切，控股公司在进行预算管理控制的出发点应当是实现所需的投资回报率。这意味着控股公司在设定子公司或各分部的财务预算时，需要根据对它们的投资额度，并结合其他相关的环境因素，来确定一个合理的财务预算，这个预算应体现投资、风险与收益之间的平衡关系。接着，各子公司需要根据控股公司下达的利润目标，依据其产品所处的发展阶段，采用相应的模式来编制全面预算。这个过程中，子公司编制的预算需要提交给控股公司进行审批，并在获得批准后执行。这种做法确保了集团公司的预算管理既考虑了各个子公司的具体情况，又能够与控股公司的整体战略目标保持一致。通过这种方式，控股公司能够确保其在各个子公司的投资得到合理的回报，同时也促进了整个集团的财务健康和长远发展。

2. 全面预算编制的程序

采取上下结合的预算编制程序是实现有效全面预算管控的关键手段。这种程序旨在通过上下层之间的沟通和协作，确保预算意识的传递和母公司预算目标的全面执行。在这一过程中，母公司和子公司各承担不同的角色和责任，共同参与预算编制的各个阶段。

预算编制的第一步是由母公司提出预算思想和目标。这一阶段，母公司根据自身的战略规划和整体经营目标，制定出相应的预算目标和指导原则。这些目标和原则不仅要体现母公司的战略意图，还应考虑集团整体的财务健康和长远发展。接下来，母公司将预算目标和指导原则下发到各子公司及更低层的执行组织。各子公司和执行组织结合自身的实际情况，根据母公司的预算指导和目标，编制出自己的预算草案。在这一过程中，各子公司需要考虑自身的业务特点、市场环境和运营效率等因素，以确保编制出的预算既符合母公司的要求，又符合自己的实际情况。随后，各子公司将自己的预算草案统一上报给母公司。母公司负责对这些预算草案进行初步的协调和汇总，以确保各子公司的预算与母公司的整体目标保持一致，并在集团层面实现资源的优化配置。接着，母公司的预算管理委员会随后召集各子公司的经营者等进行预算协调会议。在这个阶段，各方就预算方案进行协调和调整，以形成一个最终的预算方案。如果一次协调不能达成一致，还可以将协调后的预算方案再次下发到各子公司，由它们进行再平衡和上报，直到通过协商和谈判达到共同的目标。最终，通过预算管理委员会审批的预算方案将以内部管理法案的形式下达到各子公司，由它们执行。

（四）做好全面预算的调控与考评

1. 全面预算的调控

全面预算的调控是指在全面预算执行过程中，对所有涉及预算责任及其主体间的日常监控，包括预算协调、预算调整、预算监控和预算仲裁等。

（1）预算协调。预算协调是全面预算调控的重要环节，其主要目的是加强各责任中心间的配合，确保母公司与下属各责任中心间目标的一致性。为了有效进行预算协调，首先需要在预算编制阶段确保各责任中心的预算目标与母公司的整体目标保持一致。这要求母公司在制定预算时充分考虑各子公司的实际情况和需求，同时确保这些需求和情况符合集团的整体战略和目标。其次，在预算执行过程中，需要进一步加强子公司间的行为协调。这可以通过定期开展预算审查会议、提供实时的预算执行报告和建立有效的沟通机制来实现。定期的预算审查会议为母公司和各子公司提供了一个平台，使他们能够共同审视预算执行的进度，讨论存在的问题，以及寻找改进措施。在这些会议上，各子公司有机会报告自己的预算执行情况，分享成功经验，同时也可以从其他子公司那里学习。母公司可以利用这些会议来确保各子公司的预算执行与集团的整体战略保持一致，并在必要时进行调整和重定向。实时的预算执行报告则为母公司和子公司提供了及时的反馈机制。通过实时监控预算执行情况，各子公司可以及时了解自己在预算执行方面的表现，同时母公司也能够迅速识别问题所在，并采取相应措施。这种实时报告机制可以大大提高预算执行的透明度，增加各子公司对预算目标的责任感，从而有效地推动预算目标的实现。建立有效的沟通机制对于实现子公司间的行为协调同样重要。通过电子邮件、内部通信平台等沟通渠道，母公司可以及时传达预算相关的信息和指导，各子公司也可以及时反馈自己的进展和挑战。

（2）预算调整。当集团所处的环境发生较大变动时，可能导致原定的预算与实际情况出现较大差异。预算调整就是根据新的环境和情况，对原有预算进行必要的修正，甚至可能是完全推翻原预算，并制定新的预算。预算调整通常被视为预算管理中的非正常事件，它与日常的预算微调有所不同。因此，在预算管理程序上需要明确预算调整的基本体制和流程。具体到实施层面，预算调整的方式和权限取决于调整的范围和影响。对于仅涉及某一特定范围（如某一子公司或分厂）的预算调整，一般可以由该范围内具有预算决策权限的经营者来负责。这意味着，如果预算调整仅影响到一个子公司或分厂，那么该子公司或分厂的管理层可以自主决定如何调整预算，以适应新的经营环境。然而，即便是这种情况，调整后的预算也需要上报给母公司，以便母公司了解整个集团的预算情况。而对于涉及多个主体（如多个子公司或部门）的预算调整，则必须采取更为协调的做法。在这种情况下，所有受影响的主体需要在母公司的协调下共同商议，重新修正预算。这种预算调整不仅需要各方参与和协商，还需要经过母公司的审批，然后才能下达执行。这样的做法确保了预算调整既考虑了各个部分的实际需求，又符合集团公司整体的战略目标。

（3）预算监控。预算监控是指对预算执行情况的日常监督和管理。预算监控的主要目的是确保预算执行按照既定的计划进行，并及时发现和解决执行过程中的问题，从而保证预算目标的实现。在预算监控的实施中，原则上遵循的是层级监控的原则，即下一级的预算执行情况由其上一级的预算管理主体来监控。这种层级监控机制有助于保证监控的有效性，避免出现越级监控的问题。监控的依据主要是实际执行情况与预算执行进度计划表的对比。通过这种对比，预算管理者可以及时了解预算执行的进展情况，识别可能存在的偏差，并采取相应的措施。预算监控的形式可以是定期的常规监控，也可以是非定期的临时监控。定期监控通常在预定的时间间隔进行，如每月或每季度，这种监控有助于持续追踪预算执行的状态。而非定期监控则是在特定情况或需要时进行的监控，如在发现预算执行出现重大偏差时进行。监控所需的资料主要包括预算执行反馈资料和执行进度计划。这些资料提供了预算执行的实际数据和进度信息，是进行有效监控的基础。在选择监控对象时，应结合集团的战略重点进行。对于一些事关集团整体发展的子公司或重大经营预算和财务预算，应进行重点监控，并采用实时跟踪监控制。这种重点监控有助于及时发现并解决可能影响集团整体发展的重大问题。而对于其他预算事项的执行情况，则可以采用定期或非定期监控制。

（4）预算仲裁。预算仲裁是处理内部利益冲突的一种机制，它主要应用于责任主体间出现利益纠纷的情况。在集团中，由于不同子公司之间存在相互关联的利益关系，预算仲裁的目的是解决这些由预算导致的利益冲突，维护集团的整体利益。预算仲裁通常由集团的最高预算管理机构来执行。当各责任主体之间因预算问题发生利益冲突时，如无法通过协商解决，最高预算管理机构将介入，对冲突进行仲裁。这种仲裁是基于对集团整体利益的考虑，旨在公正、合理地解决冲突，确保集团公司的利益不受损害。举例来说，对于一个产业集团，不同的子公司可能分别承担最终产品的不同加工过程。这些子公司间的利益很大程度上取决于预算中所确定的产品转移定价。预算编制时所确定的转移价格可能在当时是合理的，但由于环境的变化，执行过程中原来的定价可能变得不再合理，可能损害某一子公司的利益，从而影响到整个集团的利益最大化。在这种情况下，如果母公司无法通过协调解决子公司间的利益冲突，就需要对转移定价进行仲裁，对冲突进行最终裁定。

2. 全面预算考评

预算考评是一个全面评价和考核预算执行结果的过程，它在集团的全面预算管控中起着至关重要的作用。预算考评主要包括两个方面：预算评价和预算考核。预算评价侧重于通过客观分析来识别预算执行过程中出现的问题和偏差。这个过程旨在通过对比预算目标和实际执行情况，找出差异的原因，为改进未来的预算管理提供依据。评价的重点在于理解问题的本质，而不是简单地责怪执行主体。预算考核则更侧重于对预算执行主体的管理责任的落实。这包括分析预算执行结果的成因，以及如何对执行主体进行奖励或惩罚。预算考核的目的是确认预算执行的成效，以及管理主体在执行过程中的表现和责任。考核结果通常与奖惩措施直接相关，旨在激励责任主体更好地执行预算。为了有效实施预算考评，集团应当成立专门的预算考评小组来组织这一工作。这个小组负责组织预算的评价和考核，确保评价和考核的客观性和公正性。此外，年初制定的预算奖惩承诺应在年终得到兑现，真正地奖励那些表现良好的子公司或部门，惩罚那些未能达到预算目标的责任主体。这样的奖惩机制有助于充分调动各子公司的积极性，为下一年度的预算编制与执行打下良好的基础。

（五）搭建科学合理的全面预算实施平台

全面预算实施平台的核心目的是提供一个高效、透明和可靠的环境，以支持全面预算的编制、执行、监控和评估。通过这样的平台，集团可以更好地实施预算管理，确保预算目标与企业的战略目标一致，同时提升预算管理的效率和效果。

全面预算实施平台首先需要提供强大的数据处理和分析能力。这包括能够处理大量财务和非财务数据的能力，以及能够进行复杂的预算分析和预测的功能。平台应能支持多种预算方法和模型，如滚动预算、零基预算等，以适应不同业务场景和需求。数据处理和分析功能的强大有助于提高预算的准确性和可靠性，同时也支持更为灵活和动态的预算管理。其次，全面预算实施平台还需要具备良好的用户体验和操作界面。这意味着平台应该易于使用，用户能够快速上手并有效地进行预算编制和管理工作。良好的用户体验有助于降低使用门槛，提高预算管理的效率，同时也能够提升员工对预算工作的参与度和满意度。再次，全面预算实施平台还应具备强大的协作和沟通功能。这是因为预算管理通常涉及多个部门和团队，需要各方面的密切协作和信息共享。平台应支持实时的信息更新和共享，使得各个部门和团队能够实时了解预算的最新情况，有效沟通和协作。最后，全面预算实施平台必须具备较强的安全性和可靠性。预算管理涉及大量敏感的财务信息，因此，平台需要具备强大的数据安全和保密功能，确保信息的安全性和可靠性。同时，平台应具备高可用性和灾难恢复能力，以保证在任何情况下都能稳定运行。

四、案例分析：徐州工程机械集团的全面预算管控

（一）徐州工程机械集团简介

徐州工程机械集团有限公司，简称徐工集团，是一家主要从事工程机械领域的公司，成立于 1989 年 3 月，总部设在江苏省徐州市。该公司致力于提供高质量的工程机械产品和服务，并向客户提供全方位的系统化解决方案。徐工集团的产品线涵盖了多种工程机械，包括起重机械、土方运输机械和压实机械等，其中核心产品包括汽车起重机、随车起重机和压路机等。2022 年 3 月 16 日，徐工集团与协鑫能科签署了新能源战略合作协议，依托双方在技术、市场和资源方面的优势，将在换电重卡产品开发和换电站建设等领域展开长期合作。

（二）徐工集团全面预算管控体系的构建

近年来，徐州工程机械集团有限公司的净利润出现下降。在全面预算管控方面，徐工集团主要存在以下不足。一是缺乏有效的预算管理流程，预算编制与实际执行之间存在较大偏差，难以确保预算目标的实现。二是不同部门间存在信息孤岛现象，预算编制和执行过程中沟通不畅，缺乏有效的跨部门协调和合作。三是缺乏有效的预算控制机制和监督流程，预算超支现象频发，无法及时调整和控制成本。四是原有的预算管理体系缺乏适应市场变化的灵活性，难以及时调整预算以应对外部环境的变化。为了应对这一挑战，徐工集团经过长期的管理探索和实践，从六大方面入手，构建了基于经营"魔方"的全面预算管理和控制体系，全面提高企业管理水平和经营效率，实现企业价值最大化。

1. 目标平衡、配置资源

预算目标反映了企业的战略方向，其设定过程是平衡公司内部各利益相

关方，包括股东、董事会、管理层和各职能部门利益的过程。应根据集团战略优化目标，合理确定预算目标值，排好计划优先顺序，分析哪些是瓶颈、短板，确定完成目标需要考虑的因素，需要配置资源，将资源配置到最能够实现企业价值的领域、发挥预算目标价值引领作用。

2. 细化活动、科学预算

将宏观的预算目标细化到每个具体的业务活动，使整个集团的每个成员都能在全面预算管控体系中找到自己的位置，并清楚自己的责任和如何被评估。以研发预算为例，每一个研发项目活动，用完全成本法把与项目有关的费用支出全部分配归集到相关项目，包含人员投入和设备投入。通过细化到具体业务活动的研发项目预算，使得每一个项目的总体投入清晰，同时，将人员和设备预算也纳入研发项目预算体系，可以更好地推动资源的有效平衡。

3. 分析动因、决策支持

全面预算管控体系以实现企业价值为导向，深化产业链预算分析内容、从企业目标分析，到产业链分析、职能分析、业务活动分析，以及资源（如产能、人力资源、资金等）分析，充分体现预算的决策支持能力。

4. 明确责任、协同推进

徐工集团董事会下设预算管理委员会，作为预算制定与管理的最高权力机构，预算管理委员会下设预算管理办公室负责日常的预算监督与协调工作。同时，各事业部和子公司根据集团的预算管理架构，建立相应的预算管理组织，确保预算的全面执行和闭环管理。各部门和子公司在集团的预算体系下负有明确的预算责任，同时预算管理办公室加强了对集团总部不同职能部门如研发、质量管理、生产、人力资源、营销和企业文化等的预算审查和协调。通过建立这样的协同机制，集团可以确保预算的统一性和一致性，促进不同部门间的合作与信息共享。

5. 基础管理、标准统一

全面预算管控体系以"一套预算"为原则建立，"一"即为"统一"，统一基础，统一标准。具体包括：采用统一的预算信息化系统，实现预算过程的标准化，如采用统一的科目分类体系、统一的财务和业绩指标定义及其计算公式，以及产品和地区的统一分类标准。统一标准的实施能够促进不同部门和单位之间的有效沟通与协作，同时确保各个层级和部门在进行分析、比较和业绩评估时的一致性和可比性。这种方法不仅减少了内部管理的复杂性，还增强了业绩评价和考核的公正性和透明度，从而提高了预算管理体系的整体效率和有效性。

6. 固化系统、集成衔接

在现有的企业资源规划（ERP）系统基础上，徐工集团进一步开发并整合了一个专门的预算管理和决策支持系统，旨在满足集团对年度和月度预算编制、监控及分析的需求，确保预算管理的全面性和系统性。通过这样的信息化手段，集团能够有效地实施预算管控，提高财务管理的效率和准确性。

（三）徐工集团全面预算管控体系建设成果

第一，徐工集团的预算管控体系有效地连接了集团与其下属各级单位——从事业部到公司、再到部门和员工，形成了一个统一的战略执行框架。这个体系确保各级预算严格依据集团总体战略制定，为战略的实际执行提供了有力支撑。通过这种方式，预算不仅是财务数字的集合，还是集团战略落地的重要工具，确保各个层级的行动和决策都与总体战略保持一致，从而实现战略目标的有效转化和执行。

第二，徐工集团通过其全面预算管控体系建立了一个从愿景到战略，再到计划和预算，最后到执行、监控、分析和考核的闭环管理流程。这种体系化的管理流程大大提升了企业的管理效率和质量，同时增强了集团对子公司的监督和管控能力。通过闭环管理，徐工集团能够确保各项计划和目标得到有效执行，并对结果进行持续监控和评估，从而及时调整和优化管理策略。

第三，徐工集团的预算管控体系强调预算管理的科学性、规范性和有效性。通过明确的规范和流程，确保了预算编制和执行的严谨性和透明性，提高了预算管理的质量和效果。

第四，徐工集团的全面预算管控体系通过实时决策分析为决策层提供了及时的信息和数据支持，使集团能够根据最新的业务和市场情况动态调整其战略规划和决策。这种灵活性和应变能力对于企业应对竞争激烈的市场环境尤为关键，帮助徐工集团及时识别和弥补战略与执行中的短板，提升了企业整体的战略管理水平和市场适应能力。

第二节　价值增值导向下的集团资金管控

一、价值增值导向下集团资金管控的目标与原则

集团资金管控是指集团控股公司作为子公司权益资本的出资人而对子公司的资金存量和流量的管理和控制。资金是企业的血液，资金管控实际上是影响子公司生存与发展最直接、最关键的财务管控手段。

（一）资金管控的目标

在价值增值导向下，集团资金管控的目标是实现资金的最优配置和高效运用，以最大化集团价值。具体来说，集团资金管控的目标可以从以下几个方面来阐述。

首先，集团资金管控的核心目标是平衡收益与风险。资金管控需要在保证资金安全的前提下，寻求合理的收益。这要求集团在资金分配和运用时，既要考虑资金的成本，也要考虑资金的收益潜力。通过创新融资方式和开拓多元化的融资渠道，集团可以降低资金成本，提高资金使用的灵活性和效率，从而实现收益最大化。其次，资金管控的基本目标是确保资金的安全性和集团在资金管理中应该采取有效的风险管理措施，比如通过风险评估、风险分散、及时监控和应对策略等手段，来减少资金运用中的潜在风险。这有助于保护集团免受重大财务损失，并确保资金的稳定和安全。最后，集团资金管控的重要目标是提高资金使用效率。有效的资金管控应该能够确保资金在集

团内部的高效流动和配置，使得各个业务部门或项目能够及时获取所需的资金支持，同时避免资金的闲置或浪费。通过精细化管理，比如建立有效的资金预算制度、实施动态的资金监控，集团可以优化资金的使用效率，从而支持业务的快速发展和增值。

（二）资金管控的原则

1. 合理配置资金原则

合理配置资金原则强调在资金使用和分配中必须考虑集团整体的战略目标和长期发展需要，确保资金能够在不同项目、部门和业务领域中得到最有效的运用。合理配置资金原则要求集团充分考虑资金的使用效率和收益，避免资金的浪费和低效使用。为了实现这一原则，集团需要建立和完善资金管理的相关制度和流程，比如建立科学合理的资金预算体系、实施动态的资金监控和评估机制。通过对资金流向和使用效果的精确控制，集团可以确保资金在创造最大价值的领域得到有效投入，从而推动集团整体价值的增长。

2. 集中控制与分级管理相结合原则

集中控制与分级管理相结合原则旨在通过集中控制来确保资金管理的统一性和效率，同时通过分级管理来应对复杂多变的业务环境和实际需求。集中控制意味着在集团层面统一制定资金管理的政策和标准，以及对重大资金事项进行决策和审批。这有助于保持资金管理的一致性，避免不同业务单元或子公司之间的资金管理标准和流程出现差异，同时确保集团资金的整体安全和效率。分级管理则是指在集团统一政策的框架下，各业务单元或子公司根据自身的具体情况和需要进行资金管理。这样的管理方式既保证了资金管理的灵活性和适应性，也有利于提高管理效率和响应速度。分级管理允许不同业务单元根据自身特点和市场环境制定更适合自己的资金使用和管理策略，同时确保这些策略符合集团整体的资金管理政策和目标。集中控制与分级管理相结合的原则，使得集团资金管控既具有统一性，又具有灵活性，有助于集团在复杂多变的市场环境中实现有效的资金管理和价值增长。

3. 收益与风险均衡原则

收益与风险均衡原则强调在进行资金管理和决策时，必须同时考虑收益和风险两个方面，并力求达到二者之间的平衡。集团在追求资金使用的高收益时，也需要充分评估和控制相关的风险。这要求集团建立有效的风险评估和管理机制，通过对市场动态、投资项目、融资活动等进行全面的风险分析，确保在追求收益的同时不会因风险控制不当而遭受重大损失。此外，收益与风险均衡原则还意味着集团在资金分配时需要考虑不同业务或项目的风险收益特征，实现资金在高风险高收益和低风险低收益项目之间的合理配置。这种均衡的资金配置有助于集团在保持稳健的同时，实现长期的价值增长。

4. 利益协调原则

利益协调原则指的是在资金管理过程中，集团需要充分考虑并协调不同利益相关者的需求和利益。利益协调原则要求集团在资金决策和管理中，不仅要考虑集团自身的财务目标和业务需求，也要兼顾股东、债权人、员工、客户等各方的利益。通过有效的沟通和协商，集团可以平衡各方利益诉求，避免冲突和矛盾，从而实现共赢。例如，在资金分配时，集团需要权衡对内投资和分红政策，确保既能支持企业的持续发展，又能满足股东的收益预期。此外，利益协调原则还意味着集团在进行外部融资和投资时，需要考虑市场、政策环境等外部因素，确保资金管理的决策和行为符合法律法规和市场规则，维护集团的良好声誉和长期利益。通过实施利益协调原则，集团不仅能够提高资金管理的效率和效果，也能够构建良好的内外部关系，支持集团的持续发展和价值增长。

二、价值增值导向下的集团资金管控模式

为了避免资金管理的失控，确保出资者的利益，集团应坚持把子公司的资金进行集中统一管理。集团母子公司的资金筹措和使用，只有纳入集团统一管理、统一安排，才能使有限的资金发挥最大的使用效果，进而实现集团价值的不断扩大。具体而言，资金管控模式主要有以下几种，如图4-2所示。

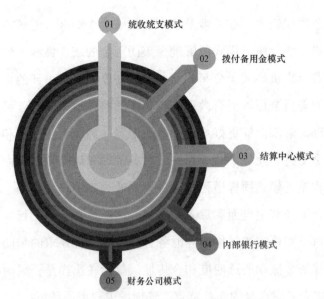

图 4-2 价值增值导向下的集团资金管控模式

（一）统收统支模式

在这种模式下，分支机构或子公司并不设立独立的账户，所有的现金收支活动都由集团的财务部门统一处理，现金收支的批准权高度集中在经营者，或者经营者授权的代表手中。

采用统收统支模式的主要优势在于能够有效地实现资金的集中管理，从而帮助集团更好地控制和监督资金流动。通过集中处理所有的现金收支，集团能够确保收支平衡，提高现金的流转效率，减少资金的沉淀，这有助于提升集团的整体财务健康和稳定性。例如，集团可以更有效地利用现金，避免不必要的资金闲置，减少资金占用成本。此外，统收统支模式还有助于加强对现金流出的控制，从而降低集团的财务风险。

统收统支模式更适合于那些对财务控制有严格要求、追求资金集中管理效率和安全性的集团。特别是对于那些业务相对集中、管理层级较为简化、内部控制需求较高的集团，统收统支模式能够提供更有效的资金监控和管理。

对于那些规模较大、业务涉及多个领域或多个地区，但核心业务相对集中的集团来说，统收统支模式能够确保集团资金的统一性和一致性。在这样的集团中，各分支机构或子公司的业务可能高度依赖于总部的资源和指导，因此，集中管理资金可以更有效地支持集团的整体战略和运营目标。通过统一的资金管理，总部能够更好地进行资源配置，确保重要项目和关键领域得到充足的资金支持。此外，对于那些在财务管理和风险控制方面有严格要求的集团，统收统支模式同样适用。这种模式通过集中资金管理，使得集团总部能够对资金流动有更全面和深入的了解，从而更有效地进行风险评估和控制。例如，对于那些需要严格遵守财务合规性和监管要求的集团，统收统支模式可以确保资金流动的透明度和合规性。集团在选择是否采用统收统支模式时，需要综合考虑自身的业务特点、管理需求和市场环境，权衡其优缺点，以实现最佳的资金管控效果。

（二）拨付备用金模式

拨付备用金是指集团按照一定的期限统拨给所属分支机构和子公司一定数额的现金，供其日常办公开支、小额采购、临时应急等。等各分支机构或子公司发生现金支出后，持有关凭证到企业财务部报销以补足备用金。在拨付备用金模式中，分支机构通常不设立独立的财务部门，所有的现金流入，包括业务收入等，都直接流入集团总部。这种方式使得资金流向更加集中，便于总部进行更有效的资金管理和监督。总部通过对备用金的定期补充和调整，能够保持对分支机构资金使用的实时监控，同时也能够根据分支机构的实际业务需要灵活调配资金。拨付备用金模式的实施使得集团总部能够有效减少业务处理量，特别是在现金管理方面。由于分支机构的现金流入都直接汇集到总部，总部能够更加集中地处理和管理资金，从而提高资金使用的效率。此外，这种模式也有利于总部对集团内部资金流动进行更为精确的控制和规划，支持集团的整体财务健康和长期发展。

拨付备用金模式适用于那些需要集中管理资金但又希望给予分支机构一

定程度财务自主权的集团。通过这种模式，分支机构在总部的监控下，能够根据自身的日常运营需求灵活使用备用金，而总部则通过定期的报销和审计流程保持对资金使用的有效监督。这种模式有助于平衡集团总部的集中管理需求和分支机构的灵活运营需求，实现集团资金管理的效率和效果的最优化。

（三）结算中心模式

1. 结算中心的职能

结算中心是集团公司内部设立的专门机构，负责处理集团内部成员或分公司之间的现金收付和往来结算业务。作为一个独立运行的职能机构，结算中心通常设置在财务部门内，其主要职能包括以下几方面。

（1）集中管理各成员或分公司的现金收入。结算中心要求所有成员企业或分公司收到的现金收入必须转账存入结算中心在银行开立的账户，严禁挪用。这有助于集团总部对内部资金流动进行有效的监控和管理，确保资金的安全和合规使用。通过集中管理现金收入，结算中心能够更好地掌握集团内部的资金状况，为集团的财务规划和决策提供重要的数据支持。

（2）统一拨付各成员或分公司因业务所需的货币资金，并监控货币资金的使用方向。结算中心通过掌握各成员或分公司的资金需求，统一安排和分配资金，旨在提高资金使用的效率和效果。这种统一拨付和监控机制有助于防止资金的浪费和滥用，同时确保各成员或分公司能够及时获得必要的资金支持，支持其业务运营和发展。

（3）统一对外筹资，以确保整个集团的资金需求得到满足。在这一职能下，结算中心负责集团的融资活动，包括与银行和其他金融机构的协调和谈判，为集团筹集所需资金。这种集中筹资的方式有助于提高集团对外融资的效率和效果，同时降低融资成本。

（4）办理各分公司之间的往来结算，计算各分公司在结算中心的现金流入净额和相关的利息成本或利息收入。这一职能有助于集团内部资金的清晰流转和结算，确保集团内部各成员之间的财务往来清晰、公正。

（5）负责核定各分公司日常留用的现金余额。通过设定日常留用现金的标准和限额，结算中心可以有效控制集团内部的现金流动和使用，防止不必要的资金积压和浪费，同时确保各分公司能够应对日常运营中的现金需求。

2. 结算中心模式的特点

（1）各分公司都有自身的财务部门、有独立的账号（通常是一级账号）进行独立核算，拥有现金收支的决策权。

（2）为了减少因分散管理而导致的现金沉淀增加，提高现金的周转效率，节约资金成本，集团公司对各子公司的现金实施统一调控、统一结算。

（3）实行收支两条线，各子公司根据结算中心所核定的最高现金保存额（通常按日常零星支出支付需要确定），将每日超出部分的现金收入转入结算中心设立的专门账户，当各分公司超过核定定额的现金时，必须先向结算中心提出申请。

（4）对各分公司提出的申请有两种管理方式：第一种是逐项审批制度，其中要求子公司在申请资金时明确列出资金的用途、数额和使用时间。这些申请必须得到经营者或其授权人的批准后，才能从结算中心拨付资金。第二种是超权限审批制度，适用于超出分公司经理审批权限的资金申请。这类申请需要提交给更高级别的经营者或其授权人审批。这两种制度既确保了对资金使用的严格监控，又提供了一定的灵活性，以适应不同情况下的资金需求。

（5）由集团公司制定现金管理的规定，包括收入和支出的规定，结算中心根据这些规定监控各分公司的现金缴纳与支用，如不执行，处以重罚。

（6）各分公司不直接对外直接借款，由结算中心统一对外办理。

结算中心方式并不意味着将各分公司的全部现金集中到资金总库，而是关于资金动员、资金流动和投资等决策过程的集中化，各分公司拥有较大的经营权和决策权。

（四）内部银行模式

1. 内部银行的职能

内部银行是一种在集团内部建立的资金管理机构，其目的是将社会银行的基本职能和管理方式引入集团内部，以实现对企业内部资金的高效管理和调配。内部银行的主要职责包括日常往来结算和资金调拨、运筹等。以下是内部银行的主要职能。

（1）设立内部结算账户。内部银行为每个分公司开设账户，使得企业生产经营活动中的实物转让、劳务协作等均通过内部银行进行往来结算，类似于商品交易。

（2）发行支票和货币。内部银行根据相关规定发行自身的支票和货币，并在各分公司之间使用，以便于内部资金流转。

（3）发放内部贷款。内部银行根据集团为各分公司核定的资金和费用定额，结合实际需要，对其发放贷款。管理上采取全额有偿占用方式和差额有偿占用方式，即对贷款实行有偿使用，并计算利息。

（4）筹措资金。内部银行统一对外筹措资金，各分公司无权自行对外筹资。内部银行根据企业经营状况统一运筹资金，合理调度资金使用。

（5）制定结算制度。内部银行统一制定结算方式、时间，并规范结算行为。同时，对结算业务中的资金流向进行监督，确保合理合法性，及时发现和纠正资金使用中的问题。

（6）建立信息反馈系统。内部银行定期或不定期地将资金流通状况以报表形式反馈给各分公司和集团公司，以便及时掌握资金使用状况。

（7）银行化管理。内部银行实行银行化管理，建立贷款责任制，强化资产风险管理，并实行相对独立核算、自负盈亏。

2. 内部银行模式的特点

内部银行模式是一种模拟银行与企业关系的资金管理方式，它在集团内部建立起类似于银行的结构，使得各下属企业与集团之间形成类似于银行与客户的贷款管理关系。内部银行模式的主要特点如下。

（1）统一的现金收付和结算体系。内部银行作为结算中心，所有下属企业的现金收付和结算活动都通过内部银行开立的账户进行。这种方式减少了各公司之间直接进行现金交易的需求，从而增强了集团内部资金管理的效率和安全性。

（2）存贷分户管理。内部银行为各下属企业开立存款账户和贷款账户，实现存贷分户管理。这种管理方式有助于明确各公司的资金状况，便于集团进行整体的财务规划和监督。

（3）有偿存贷制度。内部银行模式下，各下属企业与内部银行之间实行有偿存贷制度，即对存款和贷款均有相应的利息计算。这种制度有助于激励各公司合理管理资金，同时也增加了内部银行的资金使用效率。

（4）财务独立与自主管理。虽然各下属企业在财务上与内部银行有着紧密的联系，但它们仍享有独立的财务权和决策权。这意味着各公司可以根据自己的业务需求和计划自主安排使用贷款。

3. 内部银行模式的具体划分

内部银行模式在实践中根据资金管理的集中程度可分为高度集中模式、相对分散模式和松散模式，每种模式具有其特定的特点和适用条件。

（1）高度集中模式。在这种模式下，内部银行掌握着集团内所有重要的资金使用决策权，如统一进行主要原材料的采购等。这种模式的实施需要有效的信息渠道和严密的控制监督机制，以确保资金使用的效率和正确性。高度集中模式特别适合于地理位置集中、各子公司关系密切、集团领导层决策能力强、管理水平高的集团。这种模式能够实现快速决策和较低的管理成本，同时对集团的财务风险进行有效控制。

（2）相对分散模式。这种模式是对高度集中模式的一种调整，它将重大投资决策权和对外融资及纳税等重要财务事项集中于内部银行，而其他方面的资金使用则相对分散。在这种模式下，各单位在内部银行开设账户，对存入内部银行的流动资产负全责。相对分散模式适用于规模较大、子公司在生产经营内容上存在显著差异的集团。该模式既保证了集团对关键财务事项的控制，又给予各子公司一定的自主权，以适应各自的运营特点和需求。

（3）松散模式。这种模式不强制要求集团下属企业将所有现金资产存入内部银行，各公司仅在内部银行开立结算账户，存放一定的结算准备金，以保证集团内部结算的顺利进行。该模式下，子公司的流动资金管理具有更大的自由度，贷款利率的计算方式也与高度集中模式下的成员不同。松散模式适用于对下属单位的管理相对宽松、允许更大自主性的集团公司。

（五）财务公司模式

1. 财务公司负责的业务类型

财务公司是报经中国银行保险监督管理委员会审查批准。由集团的成员企业出资认股（通常采用母公司控股方式），以及吸收部分金融机构参股而组建，专司集团内部存贷款、往来结算，以及相互资金融通的非银行金融机构，具有独立的法人地位。财务公司作为企业集团的成员，在行政上受集团直接领导；作为非银行金融机构，在金融业务上接受中国银行保险监督管理委员会的监督管理。

财务公司的业务范围主要涵盖负债类业务、资产类业务、中间业务和外汇业务四大类。

（1）负债类业务。负债类业务是财务公司的基础业务和主要资金来源，包括吸收集团成员企业的存款、发行财务公司债券，以及同业拆入资金。这些业务为财务公司提供了稳定的资金来源，支持其开展其他金融服务。

（2）资产类业务。主要包括对集团内部成员企业发放贷款、提供买方信贷、买卖各种债券、办理票据承兑与贴现、融资租赁业务，以及同业资金拆出。这些业务不仅增强了财务公司的盈利能力，还加强了集团内部资金的流动性和灵活性。

（3）中间业务。这类业务不涉及财务公司自有资金的运用，而是通过提供金融中介服务来获取手续费。具体包括办理成员企业间的委托借款和投资、代理债券发行和买卖、内部转账结算，以及提供信用担保、鉴证、资信调查和咨询服务。中间业务有助于提高集团内部资金的运用效率，同时增加财务公司的收入。

（4）外汇业务。财务公司的外汇业务需要经国家外汇管理局批准。这类业务使得财务公司能够在集团内部提供外汇交易和管理服务，满足集团跨境业务的财务需求。

2. 财务公司的职能

（1）融资中心。财务公司作为融资中心，有助于集团公司整合各成员企业的分散、闲置和重复占用的资金，实现集团内资金的横向融通和头寸调剂。这不仅最大限度地发挥了资金聚合的优势，保障了集团的整体战略发展和投资目标的实现，还能引入市场经济原则到融资管理过程中。此外，财务公司通过其社会融资功能，能够拓展集团整体的融资渠道和融资能力，打破传统融资限制。

（2）信贷中心。作为信贷中心，财务公司通过多样的存贷款业务形式，为集团内部提供专业的金融服务。这种服务具有传统银行无法替代的作用，能够更加灵活和精准地满足集团内部成员企业的融资需求。

（3）结算中心。财务公司的内部结算中心功能对集团公司的发展至关重要。通过内部票据结算，财务公司能够用少量投入解决多家公司的资金不足，加速资金周转，减少资金占压和浪费，缓解集团内部资金紧张。此外，这还有助于预防成员企业间的债务拖欠和内部摩擦，为集团战略发展创造良好的内部环境。通过财务公司办理结算，还能减少成员企业资金异地划拨的时间，提高资金运转和使用的整体效率。

（4）投资中心。财务公司作为集团的投资中心，能够有效规避不同行政区域成员企业间资金分配的弊病，实现资金运用的集中管理。财务公司的理财功能和资金运用聚合优势，配合集团总部的统一决策和投资政策，能够形成协调有序的管理系统，从而提高投资效率和总部决策的灵敏性。

三、价值增值导向下加强集团资金管控能力的具体策略

（一）加强对子公司银行账户开户的管制

1. 加强对子公司银行账户开户管制的必要性

加强对子公司银行账户开户的管制是提升集团资金管控能力的重要措施，其必要性主要体现在以下几个方面。

（1）防止资金分散和贷款影响。如果各子公司分别在多家银行开设账户，会导致集团公司的银行存款过于分散，无法形成规模效应。这种分散不仅降低了集团整体的贷款谈判力度和融资效率，还可能影响到集团获得更优惠贷款条件的能力。通过管制子公司银行账户的开立，集团可以更有效地集中资金，增强与银行的谈判力度和贷款能力。

（2）减少财务费用和资金成本。每个子公司与不同银行的独立业务关系会导致财务费用和资金成本的大量增加。这些额外成本可能包括银行手续费、账户管理费用等。集中管理子公司银行账户能够在一定程度上降低这些费用，提高资金使用效率。

（3）加强现金流和子公司控制。控股公司很难全面了解和控制子公司的现金流，如果子公司拥有独立的银行账户。这种情况下，子公司可能进行资金挪用、拆借等不规范操作，甚至可能导致资金管理失控和财务风险的增加。通过对银行账户进行严格的管制，集团可以更有效地监控子公司的现金流动，预防和减少财务风险。

（4）防范不当行为和犯罪风险。如果集团对子公司的银行账户监管不力，可能会诱发下属子公司管理人员的不当行为，如挪用公款、贪污腐败、开设黑账户等犯罪行为。集中管制银行账户有助于提高透明度，减少此类风险，确保集团资金的安全和合规性。

2. 加强对子公司银行账户开户管制的方法

（1）进行银行账户摸底调查。集团本部需要对集团及其下属子公司的银

行账户情况进行全面的摸底调查。这项调查应涵盖所有子公司的银行账户信息，包括账户的数量、所在银行、账户用途、账户余额、近期交易记录等。通过这种调查，集团可以了解各子公司银行账户的具体情况，包括是否存在未经批准开立的账户、账户是否被合理有效使用等。摸底调查的结果将为集团制定更加严格和合理的银行账户管理政策提供依据，有助于识别和解决现存问题，防范潜在的财务风险。

（2）建立银行账户管理制度。集团应建立严格的银行账户管理制度，规范账户的开立、关闭和变更流程。这一制度应明确账户开立的审批流程，规定必须由集团本部批准方可开立新账户。同时，制度中应包括对账户关闭和变更的严格要求，确保任何账户的关闭和变更都需经过集团本部的审批。此外，制度还应规定定期的账户审查机制，以确保所有账户的合理性和合规性。通过这种制度的建立和执行，集团可以有效控制子公司银行账户的数量和使用，减少不必要的财务风险。

（3）签订特别履约责任书。为了确保集团和子公司财务人员严格遵守银行账户管理制度，集团本部应与相关财务人员签订特别履约责任书。这份责任书应明确财务人员对银行账户管理的职责和义务，包括遵守账户开立、关闭和变更的相关规定，定期报告账户情况，以及在发现问题时及时上报。责任书还应规定对违反制度的财务人员的处罚措施。通过签订这样的责任书，集团可以增强财务人员对银行账户管理重要性的认识，提高他们的责任感和合规意识，从而更有效地实施银行账户的管控。

（二）实行财务人员委派制度

财务人员委派制度主要指的是由集团总部直接委派财务管理人员到下属子公司担任关键财务职务，以此来加强对子公司财务活动的监督和控制。这种做法对于提高集团资金管理的透明度和效率，以及确保整个集团财务战略的统一实施具有重要意义。

通过财务人员委派制度，集团总部能够更直接地影响和控制子公司的财务决策。委派的财务人员作为集团总部的代表，不仅具备专业的财务管理知识和经验，而且对集团的整体财务政策和目标有深刻的理解。这样，他们在执行日常财务管理职责时，不仅能够确保子公司财务活动的规范性和合规性，还能够确保这些活动符合集团总体的财务战略和目标。

实行财务人员委派制度有利于加强集团内部的财务信息流通。委派的财务人员可以作为信息的传递者，确保子公司的财务状况和需求能够及时准确地反馈给集团总部。同时，集团总部的指导和决策也能够通过这些人员迅速传达到各子公司。这种双向的信息流通机制有助于提高集团对财务资源的整体规划和调配能力，从而实现资金的最优化使用。

实行财务人员委派制度还有助于加强集团内部的财务控制和风险管理。由总部委派的财务人员在执行职责时，会更加关注风险控制和内部审计工作，以防范和减少财务风险。他们可以对子公司的财务操作进行定期审查和评估，及时发现和纠正潜在的问题，从而保护集团免受财务风险的侵害。

财务人员委派制度还有助于提高集团内部财务人员的专业水平和业务素养。通过在不同子公司和业务环境中工作，委派的财务人员可以积累丰富的经验，提升自己的专业能力。这不仅有利于他们个人的职业发展，也有助于提升整个集团财务团队的整体水平。

（三）注重防范资金管控的风险

集团从资金归集到资金投放，每个环节都应有专业团队进行统筹规划、实施。在人力资源配备合理的前提下，资金管控要从以下几个方面重点防范资金风险。

1. 做好全面资金预算，统筹管理资金运作的各个环节

通过制定详细的资金预算，集团可以预测和规划未来一段时间内的资金需求和使用情况，包括预期的收入、支出、投资和融资活动。这有助于集团对资金的使用进行更为科学和合理的安排，避免因资金短缺或过剩而导致的风险。同时，全面的资金预算还可以作为评估和监控资金使用效率的重要工

具。通过定期对实际资金使用情况与预算进行比较，集团可以及时发现偏差，采取措施调整和优化资金运作。此外，统筹管理资金运作的各个环节，包括收款、付款、融资、投资等，也是防范风险的重要方面。这要求集团建立有效的资金管理流程和控制机制，确保资金运作的每个环节都在控制之内，从而降低风险。

2. 严格监控大额资金的使用，加强审批管理

对于大额资金的使用，应实施更为严格的监控和审批管理，以防范潜在的风险。大额资金往往涉及重要的投资决策、大型采购或其他关键的财务活动，这些活动的风险程度较高，因此需要特别的关注和控制。集团应建立一套严格的大额资金审批流程，确保所有大额资金使用都需经过多层审批，包括财务部门、管理层甚至董事会的审查和批准。这种流程能够有效地防止不合理或不必要的大额资金使用，减少风险发生的可能性。同时，对于已经批准的大额资金使用，集团还应实施持续的监控和后评估，跟踪资金使用的效果和风险情况，及时采取补救措施。通过这种严格的审批和监控机制，集团能够有效地控制大额资金的风险，确保资金的安全和有效使用。

3. 设立资金风险预警机制

为有效预防和减轻资金风险，集团应建立一套资金风险预警机制。这一机制的核心在于通过持续监控和分析财务数据，及时发现可能导致资金问题的风险信号。具体来说，可以包括对现金流量、资金利用率、负债水平、信用状况、市场波动等关键财务指标的监控。通过设置合理的风险阈值，一旦相关指标出现异常或达到预警水平，就能够及时启动预警机制，采取相应的风险管理措施。此外，资金风险预警机制还应包括对外部市场环境的分析，如利率变化、汇率波动、宏观经济政策等，以便于集团及时调整资金管理策略，应对外部风险。通过这种预警机制的建立和实施，集团能够更加主动地识别和应对潜在的资金风险，从而保障资金安全和稳定。

4. 统一融资，多渠道、多方式融资

通过集团总部统一管理和控制所有融资活动，可以确保融资的效率和成

本控制。集团可以利用其整体的规模和信用优势，获得更有利的融资条件，降低融资成本。同时，集团应采用多渠道、多方式的融资策略，以分散融资风险。这包括利用银行贷款、债券发行、股权融资、租赁融资等多种融资途径，同时考虑不同的融资期限、利率和货币类型，以平衡融资成本和风险。多渠道融资不仅能够降低对单一融资来源的依赖，还能够提高集团应对市场波动和不确定性的能力。通过统一和多样化的融资策略，集团能够在保持财务灵活性的同时，有效控制融资风险。

通过以上策略，集团可以更有效地识别、预防和管理资金风险，从而保障资金的安全和稳定，支持集团的长期价值增值和可持续发展。

四、案例分析：武汉钢铁集团的资金管控

（一）武汉钢铁集团简介

武汉钢铁集团公司是在新中国成立后建立的首个超大型钢铁联合企业，建设始于 1955 年，1958 年 9 月 13 日正式投入生产。作为中央和国务院国资委直接管理的国有骨干企业，武汉钢铁集团的主要厂区位于湖北省武汉市东郊、长江南岸，占地约 21.17 平方公里。公司拥有从矿山开采到炼焦、炼铁、炼钢、轧钢，以及物流和相关配套设施的完整高级钢铁生产流程。经过合并重组，武汉钢铁集团发展成为年生产能力近 4 000 万吨的大型企业集团，在全球钢铁行业中排名第四。

（二）武汉钢铁集团的资金管控模式

近年来，随着我国经济进入新常态，钢铁行业同样遭遇了不小的挑战，武汉钢铁集团面临着经营效益下滑的问题。在资金管控方面，武汉钢铁集团存在以下问题：（1）多个银行账户分散管理，这不仅增加了财务管理的复杂性，还可能引发安全风险；（2）缺乏统一资金调度机制，集团内部资金配置不合理，资源不能在内部高效流转，影响了集团的资金使用效率和财务灵活

性；（3）筹资活动效率低、成本高、风险控制不足，不同了公司之间缺乏有效的内部信贷管理和对外融资策略，增加了财务风险和资金成本；（4）缺少对资金流动和使用的全面监控，资金使用效率不高，风险管理和资金调配的及时性和准确性不足，进而影响整个集团的经济效益和市场竞争力。

为了有效应对这一形势，武汉钢铁集团在财务公司模式的基础上，结合自身的特点进行了制度创新，实行了以财务公司为载体的集中式资金管理模式，即集团母公司资金集中管理与子公司自主管理相结合、集团成员单位资金结算与财务公司金融功能相结合、资金有效平衡与资本结构优化相结合、资金占用目标与过程管理相结合、外资高效利用与风险管理相结合、资金信息化管理与业务流程再造相结合，全面提高企业管理水平和经营效率，实现企业价值增值，为集团的可持续发展奠定了坚实基础。

1. 统一银行账户管理，加强货币资金的安全保障

作为企业流动性最强的资产，货币资金的管理是内部控制的核心环节。为了加强对货币资金的前期控制，武汉钢铁集团优化了货币资金管理的基础制度，在取消集团内部单位在外部金融机构的独立账户的基础上，中心化了主要的结算账户到集团的财务公司。这不仅提升了财务公司的金融服务功能，还通过将货币资金结算中心化来代替传统的内部银行结算方式，加强了对资金流动的集中监管。武汉钢铁集团还建立了一套内部货币资金报告体系，要求每天制作由财务负责人审核的资金收支报告，这样做可以确保集团对现金流的即时了解，从而加强了对资金流动的实时控制。

2. 统一资金调度，加强资金运作的监管力度

为满足集团生产经营和建设的需要，武汉钢铁集团统一重大调度资金权，而将日常资金管理下放给各子公司，这样做既保证了资金的灵活性，又加强了对资金流动的监控，有效预防了资金结算中的风险。此外，母公司还出台了《资金支付暂行管理办法》，通过集中支付机制对物资采购和工程项目资金进行管理，这不仅加强了对相关项目的内部控制，还有助于降低工程和采购成本，从而提升了资金使用的效率和经济效益。

3. 统一资金信贷管理，确保筹资活动的效益与安全

通过集中内部信贷管理，利用财务公司对集团内部成员单位执行内部贷款政策，武汉钢铁集团能够有效调节内部资金流、优化信贷结构，并为集团成员提供优质的贷款服务。集团统一了对外筹资活动，根据资金结构优化需求和各单位的发展需要，集中处理与商业银行的贷款事宜，从而集中筹资。在信贷管理方面，集团还强调了统一的对外担保政策，要求未经集团批准，任何成员单位不得独立进行对外担保，通过这种方式降低了筹资成本，减少了潜在的负债风险，并确保了筹资活动的效率和安全。

4. 统一的资金过程管控，提升资金的使用效率

在资金目标管理方面，集团每年制定详细的年度资金使用预算，并将其与经济责任考核指标相结合。通过对预算执行情况的持续监控和评估，集团能够对资金的使用过程——包括物资采购、存货管理、产成品销售等环节进行有效的控制和管理。在利用外资方面，武汉钢铁集团强化了过程管理，重视对国内外贷款政策、利率水平及其变化趋势的分析，确保外资引进决策的科学性，并制定合理的贷款使用方案。此外，集团注重外部资金风险的预防和管理，采取货币和利率互换、提前偿还贷款、远期外汇交易等多种策略来降低外债风险。

通过以上措施，武汉钢铁集团不仅确保了资金的有效和安全使用，还提升了资金使用的收益率，从而直接促进了企业价值的增长。资金管控的优化有助于改善集团的财务状况，增强市场竞争力，最终实现企业价值最大化。

第三节　价值增值导向下的集团会计核算管控

一、会计核算概述

（一）会计核算的概念

会计核算也称会计反映，是会计的基本职能之一，是以货币为主要计量

单位，对会计主体的资金运动进行完整的、连续的、系统的反映。它主要是指对会计主体已经发生或已经完成的经济活动进行的事后核算，也就是会计工作中记账、算账、报账的总称。会计核算是会计其他工作的基础，会计核算必须遵守《中华人民共和国会计法》，符合有关会计准则和制度的要求，做到会计资料真实、正确、完整，保证会计信息的质量，满足会计信息使用者的要求。

（二）会计核算的意义

1. 会计核算是管理活动的基础

在任何企业或组织中，实现经营目标需要有效地管理人力、物力和财力。为了达到这一目标，管理者依赖于精确和及时的数据来制定决策，这些数据大多来源于会计核算。从制定预算和计划，到分析利润和成本，再到评估投资回报率，会计核算提供的财务和非财务数据为整个管理过程提供了坚实的基础。当管理者需要制定经营计划时，会参考历史的财务数据，这些数据通常经由会计核算精确地记录和汇总。在计划执行阶段，实时的财务数据用于监控经营活动，检查是否与预定计划相符。在总结和分析阶段，通过对比实际数据与计划数据，会计核算有助于管理者评估执行情况，进而做出相应的调整或改进。因此，离开会计核算，管理活动将失去方向和依据，无法达到预定目标，更难以持续优化和改进。

2. 会计核算是处理财务关系的依据

会计核算在处理各种财务关系方面具有决定性作用，是为企业内外各方提供可靠、准确信息的关键。在复杂的经济环境中，无论是企业间、公司与公司，还是企业与税务机关、银行、外商、国有资产管理部门，以及企业内部职员和各职能部门，都存在着经济利益的联系。为了明确这些关系，并确保所有交易和操作都能得到合理和公正的处理，依赖会计核算提供的信息成为必要条件。这些信息包括但不限于收入、成本、资产、负债和所有者权益等，它们被用作判断、测量和确认经济事件，进而构成了各方在合同谈判、合作协议、贷款申请、税务申报等方面作决策的基础。准确的会计信息还有助于企业内部在预算分配、人力资源管理、业务发展等方面作出科学的决策。因此，会计核算不仅是各方经济利益关系得以明确和维护的依据，也是推动经济活动更为公平、高效运作的关键因素。

3. 会计核算是经营责任制贯彻的前提

会计核算在经营责任制的实施过程中扮演着至关重要的角色。在经济实体中，每个责任单位或职能部门都有各自的经营目标和责任，这些目标和责任通常体现为财务计划中的各种收入、费用和技术经济指标。这些指标不仅需要在组织内部精确分解和分配，还要作为评价绩效的具体标准。会计核算提供了准确、全面和及时的财务数据，使得组织能够定期对各个责任单位和职能部门的实际操作和经营成果进行客观评估。这些财务数据不仅有助于对成绩优秀的单位或个人给予物质和精神激励，也使得对低效或不合规行为的识别和纠正变得更为简单和直接。只有拥有准确和全面的会计信息，才能确保经营责任制在各级单位和部门中得以有效贯彻，从而实现组织整体目标最优化。因此，会计核算无疑是经营责任制贯彻的基础和前提。

4. 会计核算是衡量和促进社会生产力发展的手段

会计核算在衡量和促进社会生产力发展方面具有不可或缺的作用。面对资源的稀缺性和有限性，如何最大限度地转化这些有限资源为社会财富是一个复杂而又紧迫的问题。会计核算通过定量的方式提供各种关键指标，如费用开支、单位产品成本等，为社会生产力发展提供了一个客观、科学的量化尺度。这些指标不仅可以用于内部管理，以优化资源配置和提高效率，还可以用于与其他企业或行业进行比较，从而识别存在的不足和问题。具体到纵向和横向比较，会计核算能够揭露潜在矛盾，有助于有针对性地采取措施，如推进技术进步、减少资源消耗和费用开支，从而实现社会生产力的持续发展。通过这种方式，会计核算不仅是衡量社会生产力发展水平的工具，还是促进社会生产力持续、健康发展的重要手段。

二、价值增值导向下集团会计核算管控的模式：会计集中核算

（一）会计集中核算的概念

会计集中核算是指在集团公司或大型组织中，将所有或大部分会计核算工作集中到一个中心点（通常是总部或特设的财务中心）来进行的会计管理方式。这种做法与分散核算相对，后者是指各个子公司或部门独立进行自己的会计核算工作。会计集中核算的主要目的是实现对集团内部财务信息的统一管理和控制，确保会计信息的一致性和准确性，提高财务决策的效率。

（二）实施会计集中核算的必要性

1. 提高财务信息的准确性和一致性

会计集中核算有助于统一会计政策和标准，确保整个集团的财务信息准确无误且一致。在分散的会计核算体系中，不同子公司可能采用不同的会计方法和估计，这可能导致财务信息的不一致和误解。通过集中核算，集团总部能够确保所有子公司遵循相同的会计原则和实务，从而提高财务报告的可比性和可靠性。这对于集团管理层作出基于可靠信息的战略决策，以及外部投资者和债权人进行准确评估极为重要。

2. 加强内部控制和风险管理

会计集中核算使得集团总部能够更有效地对子公司的财务活动进行监控，从而加强内部控制和风险管理。在会计集中核算体系中，集团总部可以及时发现和纠正子公司的不规范财务操作，预防和控制财务欺诈或错误。此外，集中核算有助于集团更好地管理财务风险，如信用风险、市场风险和流动性风险，因为风险管理可以在集团层面统一进行，而不是分散在各个子公司。

3. 优化资源配置和提高运营效率

集团会计集中核算有助于优化资源配置，提高整个集团的运营效率。通

过集中核算，集团总部可以更准确地评估各个子公司的财务状况和业绩，从而在集团内部进行更有效的资金分配和资源配置。例如，集团可以将资金从表现不佳的子公司转移到表现更好或有更大增长潜力的子公司。此外，集中核算还有助于降低整个集团的会计和财务成本，因为可以减少重复的会计工作和提高财务处理的效率。

（三）会计集中核算的原则

1. 可靠性原则

可靠性原则要求会计信息必须是真实、准确和完整的，以保证其在决策过程中的有效性。在集团会计集中核算中，应确保所有财务数据和信息来源可靠，反映的是实际的经济活动和交易。这包括使用准确的会计方法和合理的估计，遵守相关的会计准则和法律法规。可靠性原则还要求会计信息的生成过程应具有透明度和审计性，以便于内外部利益相关者进行验证和监督。通过实施可靠性原则，集团能够建立起外部投资者和其他利益相关者的信任，增强财务报告的可信度。

2. 可理解性原则

可理解性原则强调会计信息应当是清晰明了的，以便于各种用户容易理解和使用。在集团会计集中核算中，应确保财务报告的内容和表述方式既专业又易于理解，避免使用复杂或模糊的术语和表达。这意味着财务报告应该组织得有条理、清晰，信息要分类呈现，重要事项要突出显示。此外，应对关键的会计政策和估计方法进行适当的披露，以帮助用户更好地理解和分析报告中的信息。可理解性原则的实施有助于提高集团财务报告的透明度和可用性，促进内外部利益相关者的有效沟通。

3. 谨慎性原则

谨慎性原则要求在处理会计信息时应持有谨慎态度，特别是在面对估计和判断时应避免过分乐观。在集团会计集中核算中，谨慎性原则意味着对于收入和利润的确认要保守，只有在收入确实实现时才予以确认；对于费用和损失则要及时反映，即使有些损失尚未确凿，但若有合理的可能性发生，也应提前进行预计。谨慎性原则有助于防止财务报告过度乐观，确保资产和利润不被高估，负债和损失不被低估，从而提高财务信息的真实性和公正性。

4. 及时性原则

及时性原则强调会计信息的提供应当是及时的，以保证其对决策的时效性和相关性。在集团会计集中核算中，应及时处理和记录经济活动，确保财务数据的更新和报告能够迅速反映最新的经营状况。这包括定期编制财务报表，并在规定的时限内对外发布。及时性原则对于集团管理层来说尤为重要，因为它能够帮助管理者及时获得经营绩效和财务状况的信息，以便于迅速做出应对市场变化和经营挑战的决策。同时，及时的财务信息也是投资者和债权人进行评估和决策的重要依据。

（四）会计集中核算的具体模式

根据会计信息集中的层级的不同，可以将会计集中核算模式进一步划分为大集中模式和分散集中模式。

1. 大集中模式

大集中模式是指在一个集团或大型组织中，所有的会计核算工作都由集团总部的财务部门统一负责。这包括原始凭证的审核、记账凭证的编制、账簿的登记、财务报表的编制等所有会计处理过程。在这种模式下，所有的财务信息和数据都集中到一个中心点，由总部财务团队统一处理和管理。大集中模式的主要优势在于能够确保整个集团财务信息的一致性和准确性、强化财务控制和监督、减少会计误差和舞弊的可能性。此外，它还有助于优化资源配置、提高决策效率、降低财务运营成本。然而，这种模式的缺点在于对总部的依赖性较高，可能影响到子公司的财务灵活性和响应速度。

2. 分散集中模式

分散集中模式是一种介于完全集中和完全分散之间的会计核算模式。它允许一定程度的财务活动在子公司进行，同时保持对关键财务流程的集中控制。分散集中模式又可以分为以下两种。

一是分账集中模式。在分账集中模式下，各个子公司负责自己的日常会计核算工作，如处理原始凭证和记账凭证，但所有的财务数据和信息最终会汇总到总部进行整合和统一报告。这种模式既保留了子公司在会计处理方面的灵活性和独立性，又确保了财务信息的整合和一致性。分账集中模式适用于那些需要较高独立性和灵活性的子公司，同时也需要总部对财务数据进行有效监控和分析的情况。

二是并账集中模式。并账集中模式是指各个子公司的会计核算仍由各自独立完成，但在编制财务报表时，所有的财务数据和信息都会被汇总到总部，由总部财务团队统一进行财务报表的编制和发布。这种模式的优势在于它能够确保财务报告的一致性和集团层面的财务控制，同时保留了各子公司在日常会计处理中的独立性。并账集中模式适用于那些结构较为复杂、业务分布广泛的大型集团公司，其中各个子公司有自己的独立运营和财务管理需求。

三、价值增值导向下集团加强会计集中核算管控的措施

（一）统一会计核算标准体系

1. 统一会计科目

在制定统一会计科目体系时，集团公司采用分级负责机制，确保会计科目体系既全面覆盖主业各个业务类型，又能适应不同层级的具体核算需求。具体来说，集团公司负责发布一级、二级和部分重要的三级会计科目，这些科目是对经济业务核算内容的深化和细化。这样的安排确保了核心财务信息的统一性和集团内部财务管理的高度集中。二级会计核算中心在集团公司设定的一级会计科目框架下，可以增设下级科目以进行更为细致的核算。这使得二级会计核算中心能够根据自身业务的特点和需要，进行更加精细化的财务管理，同时仍然保持与集团整体会计标准的一致性。基层单位在执行会计核算时，不得自行调整会计科目。如果有增设明细科目的需求，需向二级核

算中心提出申请，并由二级核算中心在集团公司发布的会计科目体系框架下进行统一审核和办理。这样的做法既保证了基层单位核算活动的灵活性，又保持了集团会计核算的整体一致性和标准化。

2. 统一会计核算标准

集团公司按照《企业会计准则》等行业规范，结合实际经营情况定期修订和更新会计核算办法，制定统一的会计政策，对每一项经济业务的会计政策、会计科目选择，会计科目的核算内容、口径、范围都进行清晰界定，确保集团范围内同一经济业务的会计科目使用相同，会计处理方法相同，会计核算结果相同，实现集团范围内会计核算的统一规范和管控。

（二）建立二级会计集中核算体系

1. 建立二级会计核算数据中心

通过在集团公司和二级会计核算中心层级部署二级会计核算数据中心（如图4-3所示），集团范围内的所有核算主体都通过安全的网络连接（如VPN、全球网国内汇聚节点、财务内部专网等）接入相应层级的二级会计核算数据中心。这种集中化的数据处理方式不仅加强了对财务数据的控制，还提高了数据处理的效率和准确性。日常的财务核算和报表编制都在二级会计核算数

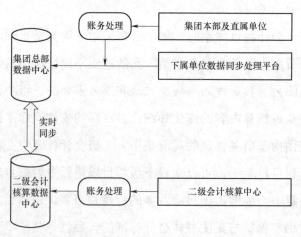

图 4-3 二级会计核算数据中心

据中心内完成，从而确保了会计信息的全面集中统一和高度共享。在二级核算数据中心，各基层单位的财务数据得到集中处理。通过设定同步规则和建立数据通道，二级会计核算数据中心的数据能够实时同步到集团总部。这样的安排使得集团总部能够在线实时调阅任何基层单位的凭证、账簿、资产卡片等财务信息。这种即时、全面的信息访问能力对集团管理层进行决策和监控提供了极大的便利，同时也增强了集团对财务活动的透明度和可控性。

2. 完善数据共享机制

数据共享机制的目标在于确保数据安全可靠的同时，实现有效的信息流通和共享。为了达到这一目标，集团需要建立一套细致的权限控制机制，确保数据的安全性和正确的访问权限。

权限管理的实施采用分级次和分类别的方式进行。在分级次管理方面，集团可采取一种上下级的权限分配体系。具体来说，上级单位拥有分配下级权限的能力，可以访问下级单位的数据，但不允许对这些数据进行操作。这种安排使得上级管理层能够有效地监控和审查下级单位的财务活动，而不干涉其日常的业务处理。同时，下级单位则无法访问上级单位的数据，确保了数据的层级安全性。在分类别管理方面，权限可分为功能权限和数据权限两种。功能权限，即操作权限，主要赋予那些直接参与业务处理的人员，如会计和财务人员。这些人员需要具备操作数据的权限，以便于执行日常的会计核算和财务管理工作。而数据权限，则是一种共享权限，可以赋予本级和上级相关部门的管理人员。这类权限允许管理人员访问相关的财务数据，以便于进行监控、分析和决策支持，但不涉及直接的数据操作。通过这样的数据共享机制，集团能够在确保数据安全的同时，促进信息在不同层级和部门间的有效流通。这对于提高集团的整体管理效率、支持战略决策、增强财务透明度和提升风险管理能力至关重要。同时，合理的权限控制也保障了数据的保密性和安全性，防止了数据泄露和滥用的风险。

（三）推进集团会计报表的一体化建设

1. 开发在线对账功能，规范合并抵销业务

集团公司和股份公司层面需要制定统一的合并抵消规则，并统一编制合并底稿的格式和规范合并抵消的流程。这样的标准化做法有助于统一和简化合并报表的编制流程。此外，支持自动抵消、合并规则抵消及手工输入抵消等不同方式的实施，使得合并报表的编制更加灵活和高效。

对于已经在集团内部协同业务平台上处理的关联交易，如资金往来、商品购销及工程结算等，这些交易双方已确认并生成会计凭证的业务可以直接在线上对账平台与合并底稿链接。这样的自动化处理有助于在编制合并报表时自动汇总抵销，提高数据处理的准确性和效率。

对于协同业务平台未覆盖的关联交易，例如，母公司对子公司的长期股权投资及投资收益的抵销、成本法与权益法的调整及转换等事项，则可以在对账平台统一设置合并抵销规则。期末时，将相关的合并抵销基础数据导入，以辅助抵销生成合并报表。

对于集团公司的历史遗留问题和特殊业务，可以通过规定的程序和权限审批后进行手工输入抵消，并保留操作日志供核查。这为处理复杂和特殊情况提供了灵活性，同时确保了操作的透明性和可追溯性。

2. 开发"一键式"报表功能，实现账表一体化

通过整合会计信息系统的信息交换平台和会计报表系统的财务数据引擎功能，开发数据直连接口，确保会计报表系统能够实时提取会计信息系统中的账务信息。为了保证数据提取的准确性和完整性，要合理设定数据匹配、交换规则及映射关系，确保取数定位的精准性。

在会计报表系统内，集团公司要统一设置报表取数公式、运算勾稽关系及合并抵消规则，并在报表格式中进行固化。这一做法覆盖会计科目、科目重分类、辅助核算科目、现金流量、应收应付款账龄、资产卡片等多种核算项目。取数关系涵盖了资产负债表、损益表、现金流量表及所有者权益变动

表等会计主表，以及其他主要的财务管理报表的所有核算项目。这一措施取消了手工输入操作，杜绝了人为调整报表数据的行为。通过这种取数功能，各核算主体可以直接从两级数据中心实时提取账务数据，自动生成本单位的单户会计报表及合并会计报表。这种做法大大提高了报表编制的效率，确保了数据的准确性和一致性，实现了集团范围内各级、各类会计报表由账到表的"一键式"生成。

四、案例分析：中国联通集团的会计核算管控

（一）中国联通集团简介

中国联合网络通信集团有限公司（简称中国联通）是由原中国网通和原中国联通于 2009 年合并重组建成的，主要涉足五大核心业务：大联接、大计算、大数据、大应用和大安全。集团在我国 31 个省（自治区、直辖市）设有分支机构，并在多个国家和地区设有海外机构，拥有一套覆盖全国、连接全球的数字信息基础设施和全球客户服务体系。作为国家在数字信息基础设施运营服务领域的主力，中国联通在推进网络强国、数字中国和智慧社会建设方面发挥着重要作用。它被视为数字技术融合创新的领军企业，在国家经济中具有基础性、支柱性、战略性和先导性的作用。

（二）中国联通集团的会计核算管控体系构建

在集团发展初期，中国联通主要关注业务的快速扩张，并没有充分重视会计核算管控，在其所属的几百家分公司中，存在使用来自用友、金算盘和甲骨文三个不同软件供应商的各种版本产品的现象。当这些分公司需要编制和报送财务报表时，通常从自己的会计系统中导出所需数据，手动输入到Excel 电子表格中。完成报表编制后，以电子表格的形式逐级上报，先是从地市级公司到省级公司，然后上报至总部。在总部，财务部门需要汇总各省级公司提交的数据进行合并报表。由于不同分公司对相同财务指标的理解和解

释存在差异，这使得合并报表的过程异常复杂。因此，集团开始着手于会计核算管控体系建设。

1. 优化会计信息流程

为了确保财务信息的及时性和准确性，中国联通集团基于财务报告生成流程的特点，对其会计信息流程进行了优化。这一流程被形象地划分为类似于产品制造的三个阶段。

（1）原材料阶段：这个阶段涉及经营活动产生的财务报告基础信息，主要发生在地市和省分公司的业务层面。

（2）半成品阶段：在这个阶段，财务部门基于会计准则对原始数据进行确认、计量和分类，形成更加规范和标准化的会计信息。这一过程主要在地市和省分公司的财务层面进行。

（3）产成品阶段：最后阶段是在总部财务层面，财务部门根据不同资本市场、政府监管机构和管理层的要求，进一步加工省分公司层面形成的会计信息，并最终披露集团的财务报告。

通过会计信息流程优化，中国联通实现了集团总部对下属分公司会计信息的有效垂直管理，不仅有助于规范会计核算流程、简化管理层次、强化过程控制，还为提前介入财务管理控制点和风险防控奠定了坚实的基础。

2. 合并报表系统的建立

中国联通集团建立了合并报表系统，这是为了构建一个全面的财务管理平台，支持预算管理、绩效考核和战略决策。选择合并报表系统时，联通集团特别强调了软件的先进性和其与公司管理需求的匹配度。这个系统相当于一个"总装工厂"，能够整合各分公司提供的标准化财务数据，形成集团层面的合并财务报告。这样不仅提升了报告的准确性和时效性，也为高层管理提供了重要的决策支持信息。

3. 统一会计核算软件版本

过去，由于使用不同版本的会计软件，各分公司在会计处理和数据报送方面存在不一致性，这不仅增加了财务管理的复杂性，也影响了数据的准确性和可比性。为了解决这些问题，中国联通对会计软件的版本进行了统一，所有分公司都使用相同版本的软件，这样有助于标准化会计处理流程，确保会计数据的一致性和准确性。统一会计核算软件版本也便于集团总部对下属各分公司的财务状况进行监控和分析，因为数据格式统一，可以直接进行汇总和比较，无须进行烦琐的转换和调整。此外会计核算软件版本的统一还有利于提升财务人员的工作效率，因为所有分公司的财务人员都在使用同一软件，可以更方便地进行经验分享和问题解决，加强了整个集团的财务管理能力和内部控制水平。

4. 统一业务处理系统

由于各分公司以往对经济业务指标的解释不同，业务信息表单和内容格式也不统一，业务处理系统与会计核算系统之间无法进行信息的自动传递。为此，中国联通对经济业务指标解释、业务处理规则、信息表单内容和格式、业务信息进入会计核算系统的审核公式都进行了详细规范，实现了业务处理的统一、业务信息传递的准确、高效。这样，确保了各分公司业务处理系统产出的原材料标准的一致性。

中国联通的会计核算管控体系不仅优化了内部管理流程，提高了财务信息质量，还为集团的战略决策和持续增长提供了强有力的支持，从而实现了集团价值的有效增值。

第四节　价值增值导向下的集团内部审计管控

一、内部审计概述

（一）内部审计的概念

内部审计是公司内部经济监督的一种形式，是公司审计部在董事会、审计委员会的领导下，依照国家有关法规和公司相关规章制度，独立、客观地

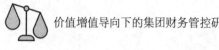

监督、评价公司及其下属单位的财务收支及其经济活动的真实性、合法性和效益性，以达到查错防弊、防范和降低经营风险、改善经营管理、提高经济效益的目的。

真实性是指企业的财务会计、统计等记录必须如实反映企业的实际经营管理成果，必须按照国家相关的经济法规、政策和公司董事会的有关规定，记录和反映企业的经营管理活动。

合法性是指企业的一切经营管理活动必须符合国家相应的法规、政策条例，必须符合公司董事会决议及公司的有关规章制度。

效益性是指企业的一切经营管理活动都必须围绕如何产生更大的经济效益来进行。

（二）内部审计的职能

内部审计的职能如图 4-4 所示。

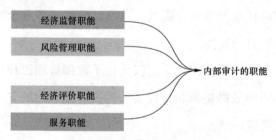

图 4-4　内部审计的职能

1. **经济监督职能**

内部审计的经济监督职能是其最基本的职能，是指对企业经济活动的全面审查，确保组织的资源得到高效、合理的使用，并符合法律法规及内部政策。该职能重点关注财务和操作的准确性、完整性，有助于发现和预防欺诈、浪费和滥用现象。经济监督职能要求内部审计员具备敏锐的洞察力和判断力，能够深入分析企业的财务报表、记录和交易，确保其真实、公正地反映了企业的经济状况和运营成果。在此基础上，审计员还需评估内部控制系统的有效性，确定其是否足以防止错误和不当行为，保证资产的安全和完整，促进业务目标的实现。

2. 风险管理职能

内部审计的风险管理职能主要涉及识别、评估和管理组织面临的各种风险。审计员在这一过程中扮演着重要角色，他们通过系统分析和评估企业的操作、财务和合规情况，揭示可能威胁组织目标和战略实现的风险因素。风险管理职能不仅包括评估现有的内部控制系统和风险缓解策略的有效性，也涵盖提出针对识别出的风险进行管理和控制的建议和方案。

在实施风险管理职能时，内部审计员需深入了解组织的业务流程、操作环境及外部市场动态，以准确判定各类风险（如运营风险、财务风险、市场风险、信用风险等）及其可能带来的影响。在识别和评估风险的基础上，内部审计员将提出针对性的风险应对策略，帮助组织建立和完善风险管理框架，确保企业目标的顺利实现。此外，内部审计通过定期的审计和监控，不断更新风险评估，确保风险管理措施与组织的变化和外部环境的动态保持一致，从而提升组织的风险适应能力和业务韧性，支持其在不断变化的市场环境中实现可持续发展。

3. 经济评价职能

内部审计的经济评价职能主要是通过对企业的经济活动进行综合评价，以确保资源的高效利用和企业价值的最大化。在这一过程中，内部审计员需要综合运用其专业知识、技能和经验，采用定量和定性的方法，为管理层提供全面、准确和及时的评价结果和建议，支持其作出明智的决策，推动组织的持续改进和发展。内部审计的评价职能主要包括内部控制制度的评价、经济效益的评价、经济责任的评价。

（1）内部控制制度的评价。内部控制制度的评价是通过检查企业生产经营活动中的各项控制制度是否健全、各项管理制度在实际工作中的执行情况和适用情况、管理制度中的关键控制点是否取得了应有的管理和制约效果，从而对企业内部控制制度的健全性和有效性进行评价。针对检查中发现的问题，提出有针对性、有建设性的意见和建议，协助高层管理人员不断改善经营管理活动，帮助企业提高竞争实力。

（2）经济效益的评价。此职能关注组织的经济性能和效果。内部审计员通过分析财务报告、成本数据、投资回报等信息，评估企业的经济效益。这有助于识别效率和效果不足的领域，推动组织优化资源配置、提升运营效率、增加经济效益。也涉及对特定项目、投资或策略的经济效果的评价，确保它们符合组织的利益和长期目标。

（3）经济责任的评价。内部审计还涵盖了对管理层和员工经济责任的评价。这包括审查其决策和行动是否符合企业的经济利益、是否达到了既定的目标和标准。

4. 服务职能

内审人员在日常工作中能够深入了解企业各部门的内部控制程序和生产经营活动，同时，内部审计的工作性质也要求内审人员具有法律、税务、工程、财务、投资等方面的专业知识，这就使得内审部门可以向管理层提供企业运行过程中的合法性、舞弊行为，以及内部控制制度是否有效的信息，并提出改进建议，为领导决策提供咨询、服务，成为高层领导的参谋和助手，协助管理层对外披露企业内部控制信息，对内评估各项经营活动和内部控制，提高企业管理水平。另外，内部审计接触面广、综合性强，能在企业上下之间信息沟通和道德文化建设的过程中发挥巨大作用。

（1）信息沟通。内部审计员通常需要与企业的各个部门和层级进行交流，这使他们成为组织内部信息流通的关键桥梁。他们可以协助不同部门和层级之间建立更有效的沟通和协作机制。通过定期审计和评估，内部审计有助于提高企业的信息透明度，使管理层、员工和利益相关者更好地了解企业的经营状况和风险。

（2）道德文化建设。价值观传递：内部审计不仅关注财务和操作的合规性，也关注企业的道德和伦理标准。他们通过审计活动传递和强化企业的价值观和文化。行为规范：内部审计通过评估和推动企业的道德和伦理实践，有助于建立和维护一个公正、负责、透明的企业环境。信任和声誉：一个强有力的内部审计机制能增强内外部利益相关者对企业的信任，有助于提升企业的声誉和品牌形象。

（三）内部审计的特征

1. 审计服务的内向性

审计服务的内向性是指内部审计服务主要面向公司内部，目的在于促进公司经营管理和经济效益的提高。因而内部审计工作者既是公司的审计监督者，也是根据公司管理要求提供专门咨询的服务者。他们通过深入评估组织的风险管理、内部控制和治理过程，为管理层提供有关如何改进这些过程的建议和意见。这样的服务具有明确的目标和方向，所有的审计活动和咨询都是为了满足公司内部的具体需求，推动组织实现其战略目标，提升运营效率和合规性。服务的内向性是内部审计的基本特征。

2. 审计工作的相对独立性

内部审计同外部审计一样，都必须具有独立性，在审计过程中必须根据国家法律法规及有关财务会计制度，独立地检查、评价公司及所属公司的财务收支及与此相关的经营管理活动。由于内部审计机构是内设的机构，内部审计人员是公司的职工，这就使内部审计的独立性受到很大的制约，特别是在遇到国家利益与公司利益冲突的情况下，内部审计机构的独立决策可能会受到公司利益的限制。因此，内部审计的独立是相对的独立。

3. 审查范围的广泛性

内部审计主要是为公司经营管理服务的，这就决定了内部审计的范围必然要涉及公司经济活动的方方面面。内部审计既可进行内部财务审计和内部经济效益审计，又可进行事后审计和事前审计；既可进行防护性审计，又可进行建设性审计。内部财务审计用于评估财务报告的准确性和完整性，内部经济效益审计旨在分析经营活动的成本效益，评估资源的配置和利用效率，探究经营活动的有效性和效率。事后审计关注历史数据和已发生事件的评估，事后审计则侧重于未来的计划和预测，为决策提供支持。防护性审计旨在识别和缓解风险，确保组织资产的安全和完整，而建设性审计则更注重提出创新和改进的建议，推动组织的持续发展。

4. 审计实施的及时性

内部审计机构是公司的一个部门，内部审计人员是公司的职工，因而可根据需要随时对公司的问题进行审查。一是可以根据需要，简化审计程序，及时开展审计；二是可以通过日常了解，及时发现管理中存在的问题或问题的苗头，迅速与有关职能部门沟通或向公司最高管理者反映，以便采取措施，纠正已经出现和可能出现的问题。

（四）集团内部审计的方式

1. 专项审计

专项审计主要针对集团内特定的业务活动或管理领域进行。这种审计方式通常是为了评估特定业务或项目的运作效率、合规性及风险管理情况。专项审计可能涉及财务报表的准确性、合同履行的合规性、成本控制的有效性、项目管理的效率等多个方面。通过对特定领域的深入审计，专项审计有助于发现和解决具体业务环节中的问题，提出改进建议，从而优化集团的运营管理和提高整体效率。此外，专项审计还可以用于评估新业务或新市场的进入策略，为集团的战略决策提供支持。

2. 专项调查

专项调查是针对集团内部特定的问题或异常情况进行的深入调查。这种方式通常是在发现潜在的风险点或已知问题后采取的。专项调查的目的在于查明问题的原因、影响范围和后果，并提出解决方案。这种调查可能涉及财务舞弊、操作失误、管理缺陷等多种情形。专项调查需要具备高度的专业性和严格的保密性，以确保调查的准确性和有效性。专项调查的结果对于防范和控制集团内部风险、维护集团声誉和业务连续性具有重要意义。

3. 内部审计的评审

内部审计的评审是对集团内部审计工作本身的质量和效果进行评估。这种方式的目的在于检验内部审计活动的合规性、专业性和有效性，确保审计工作能够达到预期的目标。评审内容可能包括审计计划的制定、审计执行的过程、审计报告的质量及审计建议的实施情况等。通过对内部审计工作的评审，可以不断提升审计团队的工作质量和专业能力，促进审计活动的持续改进和优化。

（五）集团内部审计的作用

内部审计的作用是随着内部审计的内容、范围、职能的发展而逐渐扩大的。在社会主义市场经济条件下，内部审计具有双重任务：一方面要对部门、单位的经营活动进行监督，促使其合法、合规；另一方面要对部门、单位的领导负责，促进经营管理状况的改善、经济效益的提高。具体地说，内部审计的作用主要包括以下几个方面。

1. 监督各项制度、计划的贯彻情况，为本部门、本单位领导经营决策提供依据

内部审计已经从一般的查错防弊，发展到对内部控制和经营管理情况的审计，涉及生产、经营和管理的各个环节。内部审计不仅可以确定本部门、本单位的活动是否符合国家的经济方针、政策和有关法令，还可以确定部门内部的各项制度、计划是否得到落实，是否已达到预期的目标和要求。通过内部审计搜集到的信息，如生产规模、产品品种、质量、销售市场等，或发现的某些具有倾向性、苗头性、普遍性的问题，都是领导作出经营决策的重要依据。

2. 揭示集团经营管理薄弱环节，促进部门、单位健全自我约束机制

在社会主义市场经济条件下，各部门、单位的活动不仅要受到国家财经政策、财政制度和法令的制约，还要遵守本部门、本单位内部控制制度的规定。内部审计机构可以相对独立地对本部门、单位内部控制情况进行监督、检查，客观地反映实际情况，并通过这种自我约束性的检查，促进本部门、本单位建立和健全内部控制制度。

3. 促进本部门、本单位改进工作或生产，提高经济效益内部审计

通过对经济活动全过程的审查和对有关经济指标的对比分析，揭示差异并分析差异形成的因素，评价经营业绩，总结经济活动的规律，从中揭示未被充分利用的人、财、物的内部潜力，并提出改进措施，可以极大地促进经济效益的提高。

4. 监督受托经济责任的履行情况，以维护本部门、本单位的合法经济权益

同外部审计一样，所有权与经营权的分离是内部审计产生的前提，确定各个受托责任者经济责任履行情况也是内部审计的主要任务。内部审计通过查明各责任者是否完成了应负经济责任的各项指标（如利润、产值、品种、质量等），这些指标是否真实可靠、有无不利于国家经济建设和集团发展的长远利益的短期行为等，既可以对责任者的工作进行正确评价，也能够揭示责任人与整个部门、单位的正当权益，有利于维护有关各方的合法经济权益。

5. 监控财产的安全，促进部门、单位财产物资的保值增值

财产物资是部门、单位进行各种活动的基础。内部审计通过对财产物资的经常性监督、检查，可以有效及时地发现问题，指出财产物资管理中的漏洞，并提出意见和建议，以促进或提醒有关部门加强对财产物资的管理，努力保证财产物资的安全、完整并实现其保值增值。

二、价值增值导向下集团加强内部审计管控的策略

内部审计工作应在集团全局战略目标的基础上，将风险管理、内部控制与集团治理相结合，识别、评估风险，将审计模式提前为预先控制风险的事前审计，从传统的合规性审计向增值型审计发展，这样才能够发挥内部审计的价值。

（一）设置集团内部审计机构

为了加强集团对子公司内部审计的管控，确保集团内部资源的有效配置

和风险管理，设置内部审计机构变得尤为重要。内部审计机构的建立不仅可以对子公司的财务和业务运作进行监督和评价，还能提出改进意见和建议，促进子公司的持续改进和发展，从而实现集团整体价值的增长。

1. 内部审计机构设置的原则

（1）独立性原则。独立性原则是内部审计机构设置的核心原则之一，它要求内部审计机构在组织结构上独立于被审计单位，以确保审计工作的客观性和公正性。独立性原则意味着内部审计人员应避免任何可能影响其独立性的情形，包括但不限于人事关系、利益冲突等。为了保障独立性，内部审计机构通常直接向董事会或最高管理层汇报工作，而不是向被审计的业务部门汇报。这种设置有助于内部审计人员在执行职责时，能够毫无顾虑地提出真实的审计意见，对存在的问题进行客观分析和评价。独立性原则的实施，保证了内部审计工作的质量和效率，使审计成果能够真实反映被审计单位的运营状态，为集团的决策提供可靠依据。

（2）权威性原则。权威性原则体现在内部审计机构在集团中的地位及其设置的层次。当内部审计机构的组织地位和设置层次较高时，其所具有的权威性自然增强，从而能够更加有效地促进内审工作的全面展开和深入进行。这种高层次的设置确保了内部审计机构能够直接向董事会或最高管理层报告，从而在组织内部形成一种对内审工作高度重视和支持的氛围。高权威性还有助于内部审计机构在进行审计活动时，能够无障碍地获取必要的信息，更容易促使被审计单位采纳其提出的建议和改进措施。这样的机构设置有利于提升内审工作的质量和效果，使内审能够在风险控制、管理改进和价值增加等方面发挥更加充分的作用。

（3）系统性原则。系统性原则要求在规划内部审计机构的结构和职能时，不仅要考虑各成员企业的特点和需求，还需要考虑如何通过内部审计活动促进整个集团的管理协调和业务协同。系统性原则倡导从整体出发，对内部审计机构进行系统化规划，以确保审计活动能够在集团内形成整体效应，有效地支持集团的风险管理、内部控制和治理改进。通过实施系统性原则，可以确保内部审计机构在提升集团单位管理效率和促进集团整体战略实施方面发挥出最大的效用，从而增强集团的竞争力和持续发展能力。

（4）经济性原则。经济性原则要求在建立和维持内部审计机构的过程中，必须对所需投入的人力、物力，以及其他成本费用进行仔细评估，确保这些成本的投入能够带来超出其本身的价值增值。换言之，内部审计机构为集团创造的价值，应当大于其运作所需的总成本。因此，集团在设置内部审计机构时，需要精心设计其结构和运作模式，以最小的成本实现最大的审计效益。通过实施经济性原则，集团内部审计机构不仅能够有效地提升其自身的价值贡献，同时也为集团整体的价值最大化提供支持。

2. 内部审计机构的组织模式

不同规模和复杂度的集团选择适合自身特点的内部审计机构组织模式，是实现内部审计功能最大化、促进集团价值增长的重要策略。

对于规模大、经济业务复杂的集团，应同时设置审计委员会和审计部，如图 4-5 所示。审计委员会通常由董事会成员组成，负责制定审计政策、指导和监督审计部的工作，确保审计活动的独立性和客观性。审计部则是执行内部审计活动的专业部门，负责具体的审计计划实施、审计工作的执行，以及审计结果的报告。这种设置能够保证内部审计工作的专业性和系统性，有助于及时发现和解决集团运营和管理中的问题，提高集团的风险管理能力和决策质量。

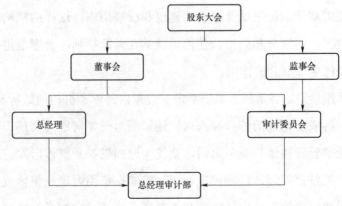

图 4-5　大规模集团内部审计机构的组织模式

对于规模不太大、业务不太复杂的集团，可以只设立审计部而不设审计委员会，如图4-6所示。在这种情况下，审计部直接向董事会或者最高管理层汇报工作，依然可以有效地执行内部审计职能。这种结构简化了管理层级，有助于提高审计工作的灵活性和响应速度。审计部依然需要保持其独立性和客观性，以确保审计活动能够有效地支持集团的风险管理和内部控制。

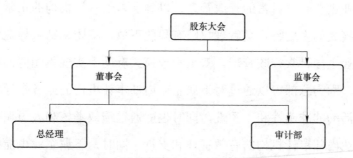

图4-6　中小规模集团内部审计机构的组织模式

3. 内部审计机构的管理模式

（1）分级管理。分级管理是一种适用于具有多个子公司或分支机构的集团内部审计的管理模式。在分级管理模式下，集团总部和下属企业分别设置内部审计机构，根据各自的实际情况开展内部审计工作。各内部审计机构的人员由所在单位管理，只对本单位负责，并向本单位报告，而总部仅在审计业务方面提供指导。这种模式的主要特点是管理权限的下放，使得下属企业能够自主安排和管理内部审计工作，适应各自的业务特点和风险环境。分级管理模式有助于提高审计的效率和针对性，因为各单位的内部审计机构能够根据本单位的实际情况制订和执行审计计划，更好地识别和应对本单位的风险和问题。同时，这种模式也有助于激励下属企业的内部审计人员，因为他们能够直接参与本单位的审计决策和管理，更好地理解和应对本单位的审计需求。然而，分级管理模式也可能导致审计标准和质量的不一致，因为各单位的内部审计机构可能会有不同的审计准则和程序，且总部对下属企业的审计业务只能提供有限的指导和支持。为了克服这些挑战，可能需要在总部设立一个审计协调和监督机制，以确保集团内部审计的统一和协调。

（2）双重管理。双重管理模式是一种在集团总部和下属企业之间实现内部审计管理协调和监督的模式。在此模式下，集团总部和下属企业分别设立内部审计机构，而下属企业的内部审计机构受到总部和所在单位的双重管理。总部主要负责审计业务的指导和监督，包括委托下属企业开展内部审计业务、对下属企业内部审计机构进行绩效考核，以及对其人员有一定的调配权限。而下属企业主要负责日常的行政管理，以确保内部审计机构的正常运行和支持。这种模式的主要特点是管理权限有限的下放，集团总部主导业务管理，而下属企业主导日常行政管理。双重管理模式有助于实现集团内部审计的统一和协调，因为总部可以通过对下属企业内部审计机构的业务指导和监督，确保审计活动的准确性和一致性，同时也能通过绩效考核和人员调配，实现对下属企业内部审计机构的有效管理和支持。同时，下属企业也能根据自身的实际情况和需求，自主管理内部审计机构的日常运行和行政事务。通过这种双重管理模式，企业可以在确保内部审计的统一和协调的同时，也满足下属企业的实际需求和特点，实现内部审计管理的效率和效果。

（3）派驻管理。派驻管理模式是一种集中和垂直的内部审计管理模式，它以总部的直接管理和监督为原则。在这种模式下，总部设置内部审计机构，并向下属企业派驻内部审计分支机构。这些分支机构按照总部的要求执行审计计划，并向总部报告审计结果。分支机构的人员直接隶属于总部管理，而驻地公司只提供必要的行政和后勤服务。派驻管理模式的主要特点是，派驻机构主要为驻地公司提供审计服务，但是由集团总部直接管理和监督。这种模式有助于确保审计活动的统一和标准化，因为所有的审计计划、程序和报告都需要按照总部的要求来执行和编制。同时，总部对派驻机构的人员有直接的管辖权，可以确保审计人员的专业性和独立性，防止受到驻地公司的影响或干扰。此外，派驻管理模式也有助于加强对下属企业的审计监督，因为总部可以通过派驻机构了解和控制下属企业的风险和问题，及时发现和处理潜在的风险。然而，这种模式可能会增加管理的复杂度和成本，因为总部需要对多个派驻机构进行管理和协调，同时也可能影响到派驻机构与驻地公司的沟通和合作。为了克服这些挑战，可能需要在总部和派驻机构之间建立有效的沟通和协调机制，以确保审计活动的顺利进行和效果实现。

（4）集中管理。集中管理模式是一种高度标准化和集约化的内部审计管理模式，其中内部审计机构和人员由集团总部集中管理。在此模式下，集团总部负责组织实施整个集团公司的内部审计业务，包括审计计划的制定、审计程序的执行、审计报告的编写和审计建议的提供等。这种模式主要体现了对内部审计活动及内部审计人员的高度标准化和集约化管理，以确保审计的准确性、一致性和效率。集中管理模式有助于实现集团内部审计的统一和协调，因为总部可以通过集中管理和指导，确保所有的审计活动都按照统一的审计准则和程序来执行。同时，集中管理模式也有助于提高审计的效率和质量，因为总部可以通过集中的资源和专业的团队，实现审计活动的专业化和标准化。此外，集中管理模式也有助于加强对下属企业的审计监督，因为总部可以通过集中的审计机构，对下属企业的风险和控制进行全面的评估和监控。然而，集中管理模式也可能导致管理的烦琐和沟通的困难，因为总部需要对多个下属企业进行统一的审计管理和协调，同时也可能影响到审计机构对下属企业的了解和适应。为了克服这些挑战，可能需要在总部和下属企业之间建立有效的沟通和协调机制，以确保审计活动的顺利进行和效果实现。

（二）加强内部审计流程管控

集团内部审计流程管控强调在审计准备、审计实施、审计终结等环节中，要确保审计活动的合规性和有效性，进而促进下属企业的业务增长和价值提升。

1. 审计准备阶段

在审计准备阶段，集团审计部负责执行以下关键步骤，以确保审计工作的顺利进行和高效完成。

（1）审计事项的确定。基于年度审计计划及集团领导的特别指派，集团审计部对二级子公司进行审计事项的选择和确认。这一步骤确保审计活动符合集团的战略需求和管理重点。

（2）审计组的组建。在明确审计事项之后，集团审计部负责组织并抽调各二级子公司的财务人员，形成一个特定的临时审计团队，并指定一名组长负责领导审计工作。为保证审计的公正性，与审计事项存在直接利害关系的审计人员需进行回避。

（3）资料收集。审计组需要在制订审计计划前，全面了解与审计事项相关的法律、法规、规章和政策。此外，审计组还需从被审计的二级子公司及相关部门收集必要的审计资料，要求提供的资料必须真实完整，被审单位不得拒绝提供。

（4）审计工作方案的制定。在进行实地审计前，审计组应根据审计项目的具体要求和被审计二级子公司的实际情况，明确审计目标和重点，制订出一份综合的总体审计方案和具体的审计计划。总体审计方案包括审计启动、团队组建、审计报告出具的整个过程的主要工作内容，而具体审计计划则详细规定了执行总体方案所需的审计程序的性质、时间安排和范围。

（5）审批总体审计方案。在审计工作方案完成后，必须提交给集团审计部负责人进行审核和批准。对于重要的审计事项，还需要进一步提交给集团的主管领导审批后方可执行。这一过程确保了审计方案的合理性和可行性，以及审计活动的正式性和权威性。

（6）发放审计通知书。审计实施前 3 天，集团审计部应向被审计的二级子公司发放审计通知书，并抄送给相关部门。在特殊情况下，审计通知书可以在审计组到达被审计单位时交付。审计通知书的发放旨在正式通知被审单位即将进行的审计工作，并明确审计的时间、范围和要求。如果需要被审计单位进行自查，审计通知书中会详细说明自查的内容、要求和截止期限。同时，集团审计部在发送审计通知书时，应要求被审计二级子公司的法定代表人（或行政负责人）及财务负责人就所提供的与审计事项相关的会计资料的真实性、合法性、完整性做出书面承诺。这一书面承诺将作为审计证据，编入审计工作底稿中。

2. 审计实施阶段

（1）听取情况介绍。审计组进驻后，首先与被审计二级子公司的领导进行沟通，阐明审计目的和要求，并听取关于公司的管理架构、业务规模、财务管理及内部控制制度的情况介绍。

（2）资料调取与登记。审计组根据需要调取相关资料，并在《资料登记表》上记录，确保资料的接收和归还流程规范化。

（3）检查实施。采用多种审计技术和方法，如详细检查、内控评估、抽样审计等，对被审计单位的财务记录和内部控制进行审查，重点关注资产的真实性、完整性和价值保增值。

（4）证据收集与确认。审计人员收集的现场证据需经审计组长复核，并由被审计单位相关人员签名确认。对于拒签的情况，应记录拒绝的原因和日期。

（5）异议证据核实。对于存在异议的证据，审计人员应进行核实，必要时重新取证，以确保证据的准确性。

（6）专家鉴定。如遇专业问题，可聘请专业机构或人员进行鉴定，其结论作为审计证据。

（7）盘点和取证。对现金、有价证券进行盘点监督，取证违反国家规定的财务行为，应由至少两名审计人员执行。

（8）身份证明。审计人员在进行调查时，需出示工作证件和审计通知书副本，确保调查的正式性和合法性。

（9）证据整理与分析。收集的审计证据需根据审计目标进行整理、分类、分析和评价，为形成审计结论打下基础。

（10）审计报告准备。在编写审计报告前，审计组需对收集的证据进行客观性、相关性、充分性和合法性的评估，如发现证据不足或手续不完备，应及时补充取证或完善手续。

3. 编制审计工作底稿阶段

审计人员在执行审计任务时，必须详细记录审计过程并编制审计工作底稿。底稿中应包含审计过程中获得的所有证明材料的名称、来源、时间，并附上相应的证明文件。编制底稿时，审计人员需对其内容的真实性负责。审计工作底稿的编制需要注意以下事项。

（1）底稿的编制应遵循审计方案中确定的各审计项目内容，确保每一项审计活动都有对应的底稿记录，实现"一项一稿"或"一事一稿"的原则。

（2）审计工作底稿应完整、真实反映被审计单位的经营和财务状况，重点明确，不得擅自删减或修改。所有记录的事项、时间、地点等信息必须准确无误，若存在矛盾的证明材料应进行鉴别和说明。

（3）底稿必须使用钢笔书写，以确保内容的持久保存。

（4）每份工作底稿应有明确的索引号和顺序编号，以便于管理和查询。

（5）底稿之间应保持清晰的勾稽关系，相互引用时需交叉注明索引编号，确保信息的一致性和可追溯性。

（6）审计组组长需对工作底稿进行复核并签名，对于需要补充或修改的底稿，应指导审计人员进行相应的调整。

（7）未经集团审计部负责人批准，审计工作底稿不得对外提供。

（8）审计结束后，审计人员应汇总审计证据，编制审计取证材料清单，并由审计组长及编制人员签名确认。所有工作底稿必须归类整理并纳入项目审计档案中。

4. 审计终结阶段

（1）编制审计报告。审计组在完成审计工作后，需对发现的问题进行汇总整理，并与被审计二级子公司的负责人及相关人员进行口头交流。基于这些讨论，审计组应在规定时间内（通常是交流意见后的 15 天内）提交审计报告，特殊情况下，提交时间可以适当延长。

审计报告应包括对被审计单位实际运营和财务状况的评价、违规行为的定性与处理建议，并明确署名和日期。报告应语言简练，内容准确，观点鲜明。

（2）审核审计报告。审核审计报告是确保审计结果的准确性、完整性和公正性的关键措施。为了确保报告的质量和可靠性，通常实施三级复核过程。

审计组成员的交叉审核。这是第一层的审核阶段，目的在于鼓励团队成员相互监督和检查。通过这种交叉审核机制，每个团队成员可以从不同的视角审视报告内容，确保数据准确、逻辑严密并消除可能存在的错误或遗漏。此外，由于每个成员都对某些审计领域或细节有特定的专长，这种互相复核的方法可以确保报告的深度和广度，并消除个别成员可能存在的盲点。

审计组长的审核。作为第二层审核，审计组长会对报告进行更宏观和全面的评估。组长不仅会检查报告的详细内容，还会对整体结构、逻辑流程和审计结论进行评价。他们会确保报告满足了审计目标，逻辑清晰，并且结论是基于充分、准确的审计证据。此外，组长还会评估报告是否满足了客户和其他利益相关者的需求。

审计机构负责人或其他被指定人员的审核。这是对审计报告质量把控的最后一道防线。在报告正式发布之前，审计机构的负责人或其他被指定的高级审计人员会进行最终的审核和批准。这一阶段的审核旨在确保报告满足了所有的专业标准和要求，包括相关的法律法规、审计准则，以及机构自身的质量控制要求。此外，这也是一个确保报告内容、结论和建议都是公正、客观和中立的关键步骤。

（3）审计报告的报送。审计报告的报送是指将内部审计的发现和建议正确、及时地传达给相关决策者。报送的首要任务是确定审计报告的主要接收方，这通常包括公司的高级管理层、董事会、审计委员会或其他相关部门。为确保审计内容的实时性和相关性，报告应在审计工作完成后尽速传递。同时，根据接收方的偏好和需求，选择报告的合适形式，例如，电子版、纸质版或通过会议汇报。鉴于报告可能涉及敏感信息，其传递过程应确保数据的安全和保密。此外，报告报送后，审计团队还需跟进接收方的反馈，确保他们理解了审计发现并考虑采纳建议。

（4）建立审计档案。随着审计工作的终结，整理、归档及妥善保管审计文件成为必要环节。这些文件包括审计报告、底稿、相关的决定性文件，以及可能的后续审计资料。审计底稿，作为记录审计程序、测试和发现的文档，为审计报告提供了直接支持，因此，其完整性和真实性对审计质量至关重要。同时，相关资料如通讯、会议记录、与被审计单位的相关交流内容等，都应得到恰当的归档。这样的归档系统不仅使得审计团队在日后需要回顾或进一步审计时能够轻松查阅相关材料，还保证了审计活动在面临可能的质疑或评估时具备充足、有力的证据支持。此外，妥善的存储和保护措施也确保敏感信息不会泄露，维护了被审计单位和审计方的权益。

（三）建立动态内部审计预警机制

动态内部审计预警机制的核心在于通过有效的监控和分析，及时发现潜在的风险和问题，从而预防可能的损失或不利影响，确保集团资产的安全和业务的持续增长。

动态内部审计预警机制涵盖对集团运营中所有重要领域的持续监控，包括财务状况、合规性、业务流程、风险管理等方面。通过实时数据分析和趋势预测，该机制能够提前识别风险信号和异常情况，为决策者提供及时的信息和建议，帮助他们采取预防措施，避免或减轻潜在的损失。

建立动态内部审计机制需要集团内部审计部门与信息技术部门的紧密合作，利用先进的信息技术和数据分析工具，如大数据分析、云计算和人工智能等，对大量的运营数据进行实时监控和深入分析。这样不仅可以提高监控的效率和覆盖面，还可以增强预警的准确性和及时性。此外，还需要建立有效的沟通和反馈机制，确保一旦发现潜在的风险和问题，相关信息能够迅速传达给相关的管理层和决策者。这要求审计部门不仅要具备专业的审计能力，还需要具备良好的沟通和协调能力，能够以适当的方式向不同层级的管理人员提供审计发现和建议。同时，为了确保动态内部审计预警机制的有效性和持续性，集团还需要定期对内部审计预警机制进行评估和调整。这包括评估预警机制在识别风险和问题方面的有效性，以及其在支持决策过程中的作用，根据评估结果调整预警指标和监控流程，以确保预警机制能够适应集团发展和外部环境的变化。

（四）从关注经营审计转变为关注战略管理审计

这种转变是对内部审计职能的深化和扩展，强调内部审计不仅要关注日常的经营活动和财务管理，更要深入集团的战略层面，参与和评估集团战略制定和执行的过程。通过这种转变，内部审计能够为集团的长期发展和战略目标的实现提供更加有效的支持。

战略管理审计的核心是对集团的战略规划、战略决策和战略执行进行全面的评估和监督。这包括评估集团战略的合理性和可行性，监控战略执行过程中的风险和问题，以及评价战略实施效果。这种审计关注的不仅仅是集团的财务指标，还包括市场竞争力、核心竞争优势、创新能力、风险控制和集团文化等多方面因素，这些因素对集团的长期成功和持续增长至关重要。

为了有效实施战略管理审计，内部审计人员需要具备更广泛的知识和技能，包括对集团战略、市场环境、行业发展趋势的深入理解，以及相关的分析和评估能力。此外，内部审计人员还需要与集团的战略规划部门、市场研究部门和高层管理团队进行紧密的沟通和合作，以确保审计活动能够全面了解和准确评估集团的战略状况。战略管理审计还要求审计过程更加灵活和具有前瞻性，不仅要关注当前的问题和风险，更要预测未来的发展趋势和潜在的挑战。这要求审计活动能够及时响应市场和行业的变化，不断调整审计重点和方法，以确保审计活动始终与集团的战略目标和外部环境保持一致。通过关注战略管理审计，内部审计能够为集团的高层管理提供更有价值的洞察和建议，帮助集团在复杂多变的市场环境中作出正确的战略决策。这种审计不仅有助于提升集团的风险管理和内部控制水平，还能促进集团战略的有效实施和持续优化，从而为集团的长期成功和价值增值提供坚实的支撑。

三、案例分析：神华集团内部审计管控

（一）神华集团有限责任公司简介

神华集团有限责任公司，也称中国神华，是中国最大的煤炭生产公司之

一，同时也是世界上最大的煤炭分销和电力生产公司之 。神华集团成立于1995 年，总部位于北京。公司通过整合煤炭产业链的上下游业务，形成了煤炭生产、电力生产、铁路、港口和船舶运输等多元化的业务结构。神华集团还致力于新能源和清洁能源的开发，包括风能、太阳能，以及液化天然气等，力求实现能源产业的可持续发展。

（二）神华集团内部控制与风险管理体系的建设与改进融合

随着集团业务的扩展和复杂性增加，原有的审计和管控机制不再完全适应当前的业务需求，风险评估模型和审计方法也稍显落后，需要进一步的更新和优化。为此，神华集团采取了以下措施。

1. 内部控制与风险管理体系建设

（1）内部控制体系建设。神华集团积极开展以风险管理为导向的内部控制体系建设工作。一是明确体系建设的目标，即培育风险管理理念，将国际先进的风险分析和识别方法引入企业日常的内控及风险管理，分析企业内外部的环境、机会和威胁，力求使风险的影响程度降到最低，实现不确定环境中的企业价值最大化。二是确定体系建设的基本原则，即满足香港联交所和上海证交所监管的要求，兼顾《中央企业全面风险管理指引》的精神，以 COSO《企业风险管理一整合框架》为指导，紧密结合公司实际情况和管理习惯，力求先进性与实用性的统一。

在上述目标与基本原则的指导下，神华集团构建起由组织架构和制度架构两个部分组成的内部控制体系。在组织架构方面，神华集团确立了一个清晰的内控和风险管理的组织体系，该体系详细界定了董事会、监事会、高级管理层、各部门及各分支机构在内控和风险管理中的具体角色和职责。这种明确的分工和协作机制为内控和风险管理的有效执行提供了有力的组织保障。内控结构与公司治理紧密相连，确保了内控工作在审计委员会的监督下进行，同时在高级管理层的领导下实施日常活动。

在制度架构方面，神华集团制定了《内部控制手册》和《自我评估手册》，为内控和风险管理活动提供了坚实的制度基础。《内部控制手册》作为指导内控和风险管理体系有效运作的核心文件，概述了各项内控政策和程序，确保了各项内控措施的规范性和系统性。《自我评估手册》则详细规定了各业务单元必须遵守的内控标准和自我评估方法，是对内控和风险管理体系进行持续监控和评估的关键工具。

（2）全面风险管理体系建设。在总结以风险管理为导向的内部控制体系建设经验的基础上，神华集团结合国务院国资委、财政部等监管要求，并借鉴其他央企的风险管理制度，启动全面风险管理体系建设工作，编制完成《神华集团公司全面风险管理办法》，并正式下发，标志着神华集团全面风险管理体系的初步构建。

2. 内部控制与风险管理体系的持续改进

（1）重大风险动态评估。一是在全集团范围内进行风险评估。神华集团鼓励集团总部、子公司采用风险自查、现场调研访谈和向集团公司领导汇报等方式进行风险评估，二是要求总部各部门、子公司编制并提交本单位的年度风险管理报告。在此基础上，对集团公司党组成员及管理层进行当面或书面访谈，经董事会全面风险管理委员会审议后，确定集团面临的重大风险。三是进一步要求各子公司上报本单位重大风险专项报告，重大风险的确定更有针对性，主要表现在：保留属于固有风险或与战略目标紧密相关的风险，同时突出公司以煤炭为基础的产业特点；选择能够使风险管控更具体、更有操作性的风险；风险管控措施的确定更为具体。

（2）采用了"集约化管理、专业化运营、一体化协同"的管控模式，以增强其业务运作的效率和效果。在集约化管理方面，神华集团将关键经营管理职能，如业务规划、投资决策、经营策略、市场营销、产权管理，以及业务流程标准化等，集中于集团的高层管理，同时让各个业务管理部门负责这些职能的具体执行。这些部门充当集团高层决策的咨询机构，负责对下属生产单位的计划执行情况进行监督和协调。专业化运营指的是将各产业领域的运营管理委托给相应的专业生产管理部门，而具体的生产活动则由各个产业的生产单位负责，确保了管理的专业性和生产的高效性。一体化协同则体现在集团内部各个部门和单位之间的紧密合作，通过建立如生产服务中心、开拓准备中心，以及救援基地等共享资源，神华集团能够为全集团提供高效、低成本的专业服务，有效地降低了生产成本并提升了整体的生产效率。

（3）定期不定期缺陷整改。一是在全集团范围内开展年度内控检查评价工作，工作范围涵盖集团公司总部所有部门和所有子公司，工作内容基本覆盖了神华集团所有重要业务经营活动流程。在集团公司总部层面，所有部门均应编报内控自我评价报告。董事会办公室等各部门应填报内控自我评价工作底稿，其中法律事务部门应配合完成重点流程的测试工作；在子公司层面，子公司填报自我评价工作底稿、编报内控自我评价报告。二是确立了满足监管要求和结合公司实际，突出公司特色的内部控制评价原则。评价工作范围覆盖集团公司总部及子公司的主要业务和事项，评价内容包括财政部等五部委应用指引的全部内容，并补充公司特有业务，基本涵盖了公司生产经营的主要方面。

（4）开展煤炭行业风险预警指标与标准研究。神华集团采用平衡计分卡理论从四个方面进行风险识别。在财务方面关注财务风险，在客户方面关注市场风险，在学习与成长方面关注人力资源风险，在内部流程方面则关注资源管理、环境管理和技术保障等多项风险。通过分析大量数据并运用详细模型，神华集团为这些风险定义了具体的预警指标，并据此设立了相应的预警标准。主要核心思路为每个单独的风险定义明确的预警指标判别标准；制定综合的指标标准或预警模型的评判标准，帮助确定在所有相关预警指标中哪些是关键指标。这些指标一般被分为三个区间：安全区间（绿色）、警戒区间（黄色）和危险区间（红色），以此为企业提供直观的风险评估参考。

（三）神华集团内部审计管控的成效

通过建立和完善内部控制机制，神华集团有效地识别、评估和应对了各种潜在风险，从而减少了损失和错误的发生，保障了企业资产的安全和完整。

加强内部审计和风险管理使得神华集团能够更加透明和合规地进行运营，增强了投资者和市场的信心，从而提高了企业的市场形象和品牌价值。同时，有效的风险管理和内部控制也为神华集团带来了更加稳定的财务表现和投资回报，促进了企业价值的持续增长。内部控制和风险管理体系的改进促进了神华集团内部管理的专业化和标准化，提高了运营效率，优化了资源分配，有助于企业长期稳定发展，实现了企业价值的最大化。

第五章 价值增值导向下集团财务管控的保障体系建设

第一节 集团财务管控的组织保障

为了强化对集团公司的财务管控，集团需要在组织结构层面进行规划，确立集团总部与下属各业务单位在财务管理方面的权责划分。通过有效的组织保障，集团将能够加强财务风险管理，优化资源配置，提升财务决策的质量，从而为实现集团的可持续发展和价值最大化提供坚实的支撑。

一、集团财务管控组织概述

（一）集团财务管控组织的概念

组织是为实现一定目标，由两个或两个以上的人组成的，有意识、有目的地加以协调活动的系统。集团财务管控组织是由集团财务控制活动的相关实施部门构成的一个整体，这些部门在财务管控活动中有着明确的分工，同时也有着千丝万缕的关系，以此形成一个复杂的财务控制网络。

（二）集团财务管控组织的特点

集团是由众多法人企业构成的具有层次结构的企业联合组织，这决定了集团财务管控组织具有以下几方面的特点。

1. 财务管理对象的多元性

由于集团通常由多个法人企业组成，每个法人企业都作为一个独立的财务主体，拥有各自的财务管理活动。这种结构导致集团内部存在多个财务管理对象，每个对象都有其独特的财务需求和特点。例如，不同子公司可能在不同的市场运营，面临不同的市场风险、竞争环境和监管要求，因此其财务管理策略和做法也会有所不同。这种多元性要求集团财务管控组织在制定财务政策和管理策略时，必须考虑各个子公司的特殊性和差异性。财务管控组织需要能够灵活适应这些差异，确保能够有效地管理集团整体的财务状况，同时满足各个子公司的特定财务需求。

2. 财务管理权责的差异性

集团内部通常包含众多财务主体及相应的财务管理组织，但这些组织所享有的财务管理权限和所承担的责任是不同的。例如，集团公司及其财务总部通常拥有较高级别的财务管理权限，负责制定和实施集团层面的财务战略、政策和规范。集团公司和财务总部也承担着相应的责任，包括确保集团整体财务稳定、合规和透明。相比之下，下属子公司或业务单位则可能拥有更多的财务自主权，以便能够灵活应对其特定的市场和业务需求。这种差异性要求集团财务管控组织能够在保持集团整体财务一致性和控制的同时，也赋予子公司适当的财务自主权，以便更好地适应其特定的运营环境。这种差异化的财务管理权责分配是实现集团价值最大化的关键。

3. 财务管控组织结构的多层次性

财务管控组织结构通常包括集团的财务总部、事业部的财务机构、子公司财务部等多个层级，形成了复杂的财务管理网络。这种多层次的财务管控组织结构体现了集团内部不同层级财务管理主体的分布和功能差异。

多层次财务管控组织结构中的关系性质可分为两种类型。一是上下级关系，这种关系体现在集团公司的财务总部与下属分公司或集团事业部之间的财务关系。在这种关系中，集团财务总部通常扮演领导角色，制定集团层面的财务政策和战略，对下属分公司和事业部的财务活动进行指导和监督。这种上下级关系强调了财务决策和管理的统一性和协调性，确保整个集团的财务活动符合总体战略目标。二是非上下级关系，特别是在集团财务总部与控股子公司的财务部门之间的关系。从法律意义上来说，这两者之间并非严格的上下级关系，财务总部对控股子公司的财务管理不是通过行政命令，而是通过设定治理规则、制定规章制度、外派财务人员等多种方式实现的。这种关系强调了对子公司财务活动的间接控制和影响，同时给予子公司一定的财务自主性，以适应其特定的市场和运营需求。

二、集团财务管控组织的构建原则

根据集团财务管控组织的特点，在进行集团财务管控组织构建的时候，要注意以下两个原则。

（一）集分权适度原则

集团财务管控组织构建的关键之一是集分权适度原则，这涉及集团公司财务总部与子公司之间财务控制权的合理分配。如果集团财务总部过度集中财务决策权，可能导致子公司在财务管理方面的积极性受损，因为过度的中央控制可能限制子公司对市场变化的快速响应能力和业务发展的灵活性。然而，如果分权过多，可能导致财务管理的失控和策略方向的分散，从而影响集团的整体利益和财务稳定。理想的做法是集团财务总部保留重大财务决策权，比如关于资本支出、大规模投资和战略规划的决定，而将日常的财务管理和操作决策适度下放给子公司。这种平衡的集分权结构能够确保集团在保持整体策略一致性和风险控制的同时，也赋予子公司一定的自主性和灵活性，以适应其特定市场和运营环境的需要。通过这种适度的集分权原则，集团财务管控组织能够在统一性和效率之间找到合适的平衡点，实现集团价值最大化。

（二）权责匹配原则

权责匹配原则要求集团总部给予子公司的财务管理权限与其所承担的责任相匹配。如果子公司被授予较大的财务管理权限，但承担的责任较小，则可能导致滥用权力的现象，因为缺乏足够的监督和问责机制。相反，如果子公司的财务管理权限有限，但却承担较大的责任，则可能会打压其积极性和创新能力，因为它们可能感到在资源受限的情况下难以实现既定目标。因此，权责匹配原则要求在赋予子公司财务管理权限时，同时确定相应的责任和问责机制。这种匹配可以通过明确的财务管理政策、规章制度，以及有效的监督和评估体系来实现。通过这种方式，子公司在享有一定的财务自主权的同时，也清楚自己的责任和预期结果，从而能够在追求自身业务目标的同时，也为集团整体利益作出贡献。权责匹配原则有助于激发子公司的积极性和责任感，同时确保集团财务管理的有效性和透明度。

（三）成本效益原则

财务管控组织体系的建立应该考虑管理效益与成本的问题，尽量减少不必要的机构设置。如果财务管控组织体系按照控制的内容进行构建，集团各个层次都按照控制内容进行机构设置，那势必会造成机构庞大，管理费用增大，而管理的效率却并没有提高。机构的庞大，并不能提高管理的效率，相反会因为人员的众多，造成人浮于事的局面而降低管理效率。集团财务管控组织体系的构建应依据控制层次进行，使各个层次的财务控制机构设置能够根据该层次的财务控制特点来确定。例如，对于那些联系紧密的财务控制内容，可以将它们纳入一个机构进行控制，这样做可以集中资源和注意力，提高效率，而不是试图涵盖所有可能的控制内容。这种方式有助于实现财务控制的专业化和集中化，同时减少不必要的重复工作和资源浪费。

三、集团财务管控组织体系的具体构建

集团财务管控组织体系如图 5-1 所示。该体系有以下几个特点。

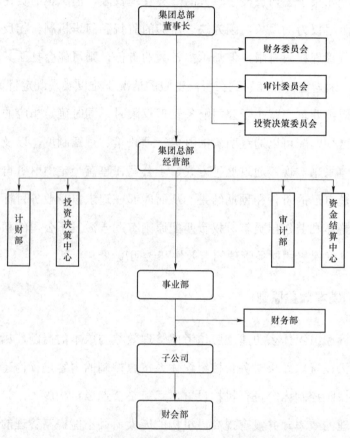

图 5-1　集团财务组织体系

第一，财务管控组织体系的建立以集团财务管控的整体性和系统性为出发点，构建了覆盖整个集团的财务管控框架。这种设计使得集团的财务控制活动能够在整体层面上进行统筹和协调，从而实现资源的有效整合和优化利用。通过这种系统性的财务管控，集团能够更好地管理和监督其内部财务活动，确保财务决策和管理与集团的整体战略和目标相一致。此外，这种整体性的财务控制有助于发挥集团内部的协同效应、优化资本配置、提高财务效

率。集团作为一个整体，其财务管控的系统性不仅有助于提升财务管理的质量和效果，还有助于提高集团对外部市场变化的响应能力和风险管理能力。总体来说，这种整体性和系统性的财务控制活动有助于提升集团的竞争优势和价值创造能力。

第二，以财务控制层次为依据架构集团财务管控组织体系，这种架构有利于明确集团各个管理层次的财务控制内容和特点，从而更好地实现各个层次的财务控制目标。通过根据不同层次的特点和需求来设置财务控制机构和流程，集团能够确保各层次的财务控制活动既符合其特定需求，又与集团整体财务战略保持一致。例如，高层管理可能专注于重大财务决策和长期战略规划，而下属子公司可能更多地关注日常的财务运营和市场适应性。此外，这种以层次为基础的架构还考虑成本问题，在财务管控组织的设置上做到既有效又经济。这种方法避免了不必要的资源浪费，确保财务管控组织既高效又经济，有助于提升整个集团的财务管理效能和绩效。通过这种层次化的财务控制架构，集团能够在保持财务控制的有效性的同时，也实现成本的合理控制，为集团的持续发展和价值最大化提供支撑。

第三，结合集团治理的特点，增加了集团总部董事会这一关键的财务管控层次，并突出了董事会在整个集团财务管控组织中的领导地位。这一变化反映了董事会在集团财务决策和监督中的核心作用。为了更有效地执行财务控制职能，董事会下应设立专门的财务控制委员会，如财务委员会、审计委员会和投资决策委员会。这些委员会负责具体执行集团董事会的财务控制职能，包括审查和监督集团的财务报告、确保财务活动的合规性、制定和评估投资决策等。通过这样的设置，集团公司能够确保在董事会层面有有效的财务监督和决策机制，同时强化了集团治理结构的完整性和有效性，从而更好地支持集团的财务稳定和长期价值增长。

第四，根据各个层次的财务控制目标与特点来确定具体的财务管控内容，并相应地设置财务管控组织。这种方法的核心在于识别和区分不同管理层次在财务控制方面的侧重点，并据此构建相应的财务控制机构。例如，高层管理层可能专注于制定集团的财务战略和长期目标，而中层管理层可能更关注日常的财务运营和预算控制。通过这种区分，集团可以在各个层次上设置符合其特点和需求的财务控制机构，从而有效地提升管理效率和降低成本。这样的分层财务控制结构使得集团能够在确保整体财务目标一致性的同时，也能够满足各层次的特定财务需求，从而实现集团财务管理的高效和有效。通过这种方式，集团财务管控组织能够更好地适应不同层次的财务控制需求，实现财务资源的合理配置和集团整体价值的最大化。

（一）集团总部董事会层次财务管控组织的构建

集团总部董事会是集团的对内掌管集团事务、对外代表集团经营决策的机构。它的决策直接影响到集团的财务管控工作。集团总部董事会在集团财务管控方面的主要职能包括以下几方面。制定企业集团的财务战略规划和财务政策，拥有财务战略规划和财务政策的调整变更权、解释权和监督实施权。选择、设置、调整财务管控体制和财务管控组织机构。聘任、委派、解职集团总部和子公司高层财务管控人员。拥有对重大财务活动特别是关乎集团战略目标与股权结构等活动的决策权力。拥有对例外财务事项的处置权。

为了确保集团总部董事会财务管控决策的准确性和科学性，通常需要设立专门委员会，隶属于集团公司董事会，以为其决策提供事前充分的研究和咨询意见。

1. 财务委员会

（1）财务委员会的人员构成。财务委员会通常由具有丰富财务管理和行业经验的专业人员组成，如高级财务管理人员、会计师和其他财务专家。在某些情况下，财务委员会还可能包括来自集团公司董事会的成员，如独立董事，他们能提供独立的视角和建议，增强委员会的决策质量。此外，财务委员会可能邀请外部顾问或专家参与，以便获得特定领域的专业知识和市场洞察。财务委员会成员的选任通常考虑其专业背景、经验、知识和个人声誉，以确保他们能够有效地处理复杂的财务问题，并为集团提供有价值的指导。

（2）财务委员会的工作内容。财务委员会的工作内容主要包括预算管理、业绩评价和财务制度的制定。

预算管理是对集团整体预算的编制、审核和监控。在预算管理过程中，财务委员会负责确保预算的制定与集团的战略目标和运营计划相一致，同时考虑市场环境和潜在的风险因素。预算管理还包括分析预算执行过程中的偏差，提出改进建议，并对未来预算的调整提供指导。通过有效的预算管理，财务委员会能够帮助集团优化资源分配，控制成本，提高财务效率，从而支持集团的可持续发展和长期价值增长。

业绩评价是在预算执行情况的基础上，依据财务和非财务指标对集团总部及各子公司的经营者业绩和经营者所进行的内部管理业绩进行评价的活动。业绩评价是财务管控体系中的重要内容，为集团各个层次人员的薪酬制定提供依据，是薪酬管理的基础。财务委员会在业绩评价方面的职责主要包括：根据集团公司的特点制定业绩评价的基本原则，并将其提交给集团董事会以获得批准；审阅由集团总部计财部拟定的财务业绩评价指标体系，并提交董事会审议；依据整个集团的预算执行情况对集团总部的总经理及管理层进行财务因素的业绩评价，并将评价结果送交董事会，作为薪酬制定的依据之一；对集团内部各成员企业的业绩评价工作进行指导和协调的职责；委员会需确保各成员企业的业绩评价工作符合集团的基本原则和指标体系，并在必要时对违反原则的情况给予纠正和处罚。

财务委员会还负责财务制度的制定，这包括制定和维护集团的财务政策、程序和标准。这些财务制度旨在确保集团的财务活动遵循最佳实践和合规要求，同时支持有效的风险管理和内部控制。财务制度的制定还包括确保财务报告的准确性和可靠性，以及对内外部审计活动的支持。通过这些制度，财务委员会能够为集团提供一个稳固的财务管理框架，确保财务信息的透明性，提高集团治理的质量，从而为集团的长期成功奠定坚实基础。

2. 审计委员会

（1）审计委员会的人员构成。审计委员会在集团财务管控中的作用至关重要，特别是在多层次、分权管理的环境下。随着管理的复杂化，内部审计成为了集团公司对下属企业管理的关键。内部审计由集团自身的职工中具有经营管理知识和能力的特殊人员构成，他们从集团自身利益出发，对各个下属企业的管理责任进行经常性监督。这种内部审计的目的在于衡量和评定其他工作的效率，是管理控制的一种重要形式。审计委员会作为董事会下设的机构，是统领整个集团内部审计工作的最高权力机构。在许多跨国集团中，审计委员会的成员大多为外部董事，且通常是财务、审计方面的专家学者。这样的人员组成有助于增强整个集团内部审计的独立性与专业性，从而提高审计工作的效率和效果。

（2）审计委员会的工作内容。负责评估独立审计公司的专业能力和资格，确保其能够有效地执行审计任务。这包括对审计公司的经验、专业知识、市场声誉和合规性进行全面考察。委员会还参与选择合适的独立审计公司，以确保审计工作的独立性和客观性。与独立审计公司就审计的具体范围、程序和关键事项进行沟通和协商，确保审计工作能够全面覆盖集团的关键财务领域，同时适应集团的特定需求和状况。审查独立审计公司提交的审计报告，评估其发现和结论的准确性和合理性；基于这些审计结果提出改进建议，以提高集团的财务管理和控制效率。监督和审查集团内部的财务活动，包括日常的财务运作和特定的财务事项；组织针对集团总部和下属企业的分类定期审计和不定期的专项审计，以确保财务活动的合规性和透明性。审计委员会负责选定内部审计员，并将候选人名单及其资料提交给董事会。负责制定内部审计工作的业绩评价标准体系，以确保审计员的工作符合集团的要求和预期效果。会对内部审计员的工作进行定期考察，评估其效率和效果，并将考核结果报告给董事会和股东大会。

3. 投资决策委员会

（1）投资决策委员会的人员构成。投资决策通常由集团董事会成员组成，以确保投资决策的一致性和对集团战略目标的贯彻。此外，为了提高投资策略和方案制定的专业性，委员会中还应包括一些投资专家。这些专家能够提供深入的市场洞察、投资分析和风险评估，从而增强投资决策的质量和有效性。通过引入具有丰富经验和专业知识的成员，投资决策委员会能够更好地评估和管理集团的投资活动，确保这些活动与集团的长期战略目标一致，并促进集团的价值增长和竞争优势。

（2）投资决策委员会的工作内容。负责制定与集团战略目标一致的投资政策，并向董事会和股东会提出。负责明确集团内各级成员企业的投资权限，确保投资活动符合集团的管理规定和风险控制标准。同时，委员会还需制定集团的投资管理政策，为各成员企业提供投资活动的具体指导。对那些可能对集团总部战略目标和控股结构产生重大影响的投资决策进行评估，并提出建议。这些决策涉及集团的核心竞争力和未来发展，因此需要经过严格的审查和评估。负责确保各下属企业的投资活动符合集团的投资管理政策，为其提供必要的指导和监督。这有助于保持集团投资活动的统一性和协调性。负责对正在进行的投资项目进行持续监控，评估其进展和效果，并根据需要进行调整。这种监控和评价机制有助于及时识别和解决投资项目中的问题，确保投资效果与预期一致。

（二）集团总部经营层财务管控组织的构建

集团总部的财务管控部门是集团日常财务管控的直接发动者组织领导者与最高负责者。但集团财务管控部门本身并不具有法人地位，而是集团总部的职能部门，其既对集团总部董事会下属的财务控制专门委员会负责，又要向集团总部的经营管理层汇报工作。也就是说，集团总部的财务管控部门在业务上由相应的财务管控专门委员会领导，但在行政隶属关系上，又属于集团总部经营管理的职能部门，为集团总部经营管理人员提供决策支持。

集团总部财务管控部门的职能与权限主要有以下几方面。为集团总部董事会提供财务战略、财务政策、基本财务制度的信息支持和咨询，并在授权情况下参与决策过程。负责组织和实施董事会确定的财务战略和政策，对实施效果负责。协助总经理从财务角度高效完成受托责任目标，实施财务预算控制，处于预算控制体系的核心位置。负责战略预算的编制、实施与监控，确保总经理受托责任目标的顺利完成。协调集团内外部各利益相关者间的财务关系。建立现金控制组织，对集团的现金资源进行控制，实现对集团财务资源的整合。检查和监督各级财务机构对财务战略、政策、制度、预算的贯彻实施情况，并建立标准化的绩效衡量制度和实施业绩考核。在董事会审计委员会的领导下，对各成员企业提交的财务报告进行定期审计，对各种例外事项进行不定期的专项审计。

在不同集团中，集团总部财务管控部门的组织方式各具特色，有的集团采用单一的财务部来统筹所有财务职能，有的集团则根据财务控制的具体内容设立了多个专门部门，还有一些集团根据财务控制内容之间的关联性，将相关性较高的控制内容整合到一个部门中管理。由此可见，集团总部财务管控部门的设置并非遵循统一模式，而应基于集团本身的生产经营特征和财务管控需求来定制。同时，部门设置应当兼顾成本与收益的考量。考虑机构设置的成本，将集团总部财务管控部门分为四个主要部分：计财部、审计部、投资决策中心和资金结算中心。

集团总部财务管控部门在执行业务时，受到集团总部董事会下属的各个财务管控专门委员会的指导和监督。具体而言，计财部直接受到财务委员会的领导，同时负责向集团总部的经营管理层提供必要的财务管控信息。审计部则因其工作性质的特殊要求，在业务和行政上都直接受审计委员会的管控，以确保其工作的独立性和内部审计的有效性。投资决策中心在业务上直接由投资决策委员会领导，而在行政上则归属于集团总部的经营管理职能部门。资金结算中心作为集团现金控制的主要机构，在财务管控体系中占有相对独立的职能地位。其运作制度由财务委员会制定，并经董事会审议批准。资金结算中心的业务运作受到财务委员会的监督和指导，同时在行政上隶属于集团总部经营管理层。这样的组织架构旨在确保集团财务控制部门能够高效地执行其职能，同时维护其操作的独立性和客观性，以支持集团的整体财务稳定和战略目标的实现。

1. 计财部

计财部作为集团总部日常财务会计活动的执行机构，承担着多项重要职能，特别是在预算管理、业绩评价和财务制度方面。

在预算管理方面，计财部的职能包括根据集团总部董事会确定的发展战略编制财务预算方案。这要求计财部充分理解集团的长期战略目标，并将这些目标转化为具体的财务计划。计财部还需向财务委员会提交财务预算方案，为董事会的审议工作提供信息支持。此外，计财部负责根据总部的预算方案，为各个事业部下达预算目标，并在日常运营中监督指导各事业部的预算执行。计财部还承担着协调预算执行过程中出现的纠纷和问题的职责，并根据各事业部的预算执行情况进行业绩评估。

在业绩评价方面，计财部的职能包括在业绩评价基本原则的基础上制定具有操作性的财务业绩评价指标体系。计财部负责根据预算执行结果和指标体系对下属各事业部的工作进行考核和评价，并向财务委员会报告考核评价结果。此外，计财部还指导下属企业的业绩评价工作，制定适用于集团总部的业绩评价实施办法，并对集团总部各管理部门进行业绩评价，将结果上报集团总部经理。

在财务制度方面，计财部的主要职责是严格执行集团的基本财务制度，并接受财务委员会的监督与指导。计财部组织下级财务机构的相关负责人学习集团基本财务制度，确保在财务工作中的正确执行。计财部负责检查和监督各下级财务机构对基本财务制度的贯彻实施情况，对违反规定的情况进行纠正和处罚。计财部还负责根据外部环境和内部管理的变化，向财务委员会提出修改基本财务制度的建议，并对事业部具体财务制度进行备案。通过这些职能，计财部确保了集团财务管理的规范性和有效性，为集团的稳定运营和长期发展提供了坚实的财务支持。

2. 审计部

集团总部的审计部作为审计委员会直接领导下的内部审计执行机构，扮演着至关重要的角色。审计部的人员构成主要由专业的审计员组成，这些审计员通过专业训练并经过考核获得资格。他们的任免权归股东大会所有,薪酬也由股东大会决定。审计员负责对公司的财务会计账目和年度报告进行审核,确保它们符合法律程序和要求。

审计部的主要职能包括:定期审核集团总部及其各成员企业的财务报告资料,确保其真实性和正确性。这一职能涉及对所有财务报告进行详细的审查,以确认其反映了公司的真实财务状况。在审核过程中,如果发现不实或错误的财务报告资料,审计部负责责成相关的财务机构进行纠正。这一职责确保了公司财务报告的准确性和合规性。对集团总部及其各下属企业的高级管理人员在调离时开展领导离任专项审计工作。这种审计旨在评估即将离职的高级管理人员的业绩和财务行为,确保其遵守了公司的财务政策和程序。对集团总部及其成员企业财务机构执行集团财务制度的情况进行财务制度执行情况的专项审计。这有助于确保集团的财务制度得到正确执行,并识别可能的改进领域。积极配合独立审计公司的工作,为其独立审计工作提供协助。这一职能涉及与外部审计公司合作,确保独立审计的顺利进行,以及提供必要的信息和支持。通过这些职能,审计部确保了集团财务活动的透明性、合规性和有效性,为集团的稳定运营和长期发展提供了重要的保障。

3. 投资决策中心

投资决策中心主要是作为投资决策委员会的执行机构,负责实现与集团发展战略一致的投资活动。它在董事会财务委员会的领导下运作,确保投资活动能够支持集团的整体目标和战略方向。在集团体系中,通常的定位是集团总部作为投资中心,事业部为利润中心,下属成员企业为成本中心。然而,由于实践中的复杂性,尤其是在独立法人企业和子公司的情况下,这种定位并不能完全执行。集团总部的投资决策中心主要针对控股性子公司进行投资控制。

投资决策中心的职能包括:依据集团的发展战略和外部投资环境的变化,拟定相关投资方案,并通过投资决策委员会提交集团总部董事会审议。这要求投资决策中心对市场和行业趋势有深入的理解,能够提出符合集团战略的投资计划。对各事业部提交的可能对集团总部战略目标和控股结构产生直接或潜在重大影响的投资方案进行可行性论证，并通过投资决策委员会提交集团总部董事会审议。这一职能确保了集团对重要投资项目的审慎评估和决策。依据集团总部董事会制定的投资管理办法，检查集团各级投资机构的执行情况。这项工作有助于确保集团内部的投资活动遵循统一的标准和流程，增强投资活动的透明性和效率。通过这些职能，投资决策中心在集团内部发挥着核心作用，确保集团的投资活动与其长期战略目标保持一致，从而推动集团的整体发展和增长。

4. 资金结算中心

随着集团内部企业数量的增加和业务的多样化，对资金流的管理和控制变得越发重要。资金结算中心的设置目的在于强化集团总部对现金和资金流的控制，从而实现财务资源的有效聚合和协同效应。

资金结算中心的职能主要包括以下几方面。负责对集团总部及旗下企业的现金收入进行集中管理。所有现金收入必须及时存入结算中心指定的银行账户，并严禁任何形式的挪用。这一职能有助于集团对资金流的统一管理和监控，确保资金的安全性和合规性。基于集团的整体预算安排，负责向集团总部和所有成员企业分配必要的业务资金，以满足它们的运营需求。这一职能确保资金的有效配置，使得各成员企业能够得到必要的资金支持以开展业务活动。根据集团的整体预算状况，计算当前财务周期内预算资金的不足额，并负责统筹筹集资金，保障集团整体资金的充足。资金结算中心的这一职能有助于集团在面临资金缺口时，能够高效统筹和筹措所需资金，确保集团的资金需求得到满足。按照集团总部和各成员企业的资本预算，统一安排向其发放所需贷款，以支持其资本运作和扩展需求。这一职能有助于集团内部的资金流动，同时也控制了贷款的分配和使用，确保资金用于最有效的途径。负责处理集团总部与下属企业之间的财务往来结算，包括核算每个单位在结算中心的现金流入净额，及其对应的存款利息收入或贷款利息支出。这项职能有助于集团内部资金流动的清晰记录和管理，同时也是资金结算中心重要的财务管理功能。按照集团统一的财务制度标准，核定集团总部及其下属企业应保留的日常现金余额，以确保业务运作的流动性和应急备用资金的需求。

在实践中，有的集团采用的是财务公司的形式进行资金管理控制。财务公司是一种特殊的非银行金融机构，主要经营部分银行业务。与传统银行相比，财务公司的经营范围通常包括抵押放款、外汇业务、联合贷款、包销债券、不动产抵押、财务及投资咨询等多种金融服务。在我国，财务公司大多是在集团公司发展到一定规模后，由人民银行批准设立，作为集团公司的子公司运营。财务公司与资金结算中心之间存在以下几个明显的区别。

第一，财务公司具有独立的法人地位，并常作为集团公司的一个子公司存在。这意味着在处理与集团总部之间的权责利关系时，需要遵循民法的基本通则。而资金结算中心通常是集团内部的一个部门，没有独立法人地位。

第二，财务公司不仅具有资金结算中心的基本职能，还可以进行对外融资和投资活动（在法律没有特别限制的前提下）。这使得财务公司在金融操作方面拥有更大的灵活性和范围。

第三，在集权财务体制下，财务公司在行政与业务上接受集团总部财务部门的领导，但二者之间并非隶属关系。在分权财务体制下，集团总部财务部门对财务公司主要发挥制度规范与业务指导的作用。

集团公司在选择设立资金结算中心还是财务公司进行资金管理时，应根据其资金管理控制水平来决定。如果资金管理控制水平较高，可以考虑采用财务公司的形式，以便于更广泛地进行金融操作和服务。相反，如果资金管理控制水平较低，则更适合采用资金结算中心的形式，以便于更加集中和规范地管理资金。

（三）事业部与子公司层次财务管控组织的构建

1. 事业部层次的财务管控组织构建

事业部是集团中的一种中间管理机构，主要负责管理集团在特定产业或市场区域的业务。它下设有一些业务关联的子公司。虽然事业部本身不具备法人资格，但在财务上常常被视为一个独立的利润中心，进行独立核算并自负盈亏。事业部的设置使得集团能够将行业规模和战略管理的权责下放至中间层级，从而显著减轻总部的管理负担。

事业部层次的财务管控内容包括：负责根据其业务特点和市场需求，制定适合的预算方案，并确保预算的有效执行。执行集团设定的财务政策和战略，确保财务活动的一致性和协调性。对其下属子公司的财务活动进行监督和管理，以确保财务操作的规范性和有效性。对下属子公司的业绩进行评估和考核，以激励和提高子公司的业绩表现。合理安排内部资金流动，确保各子公司资金需求得到满足，同时实现资金的高效利用。

一般在事业部层次设置的财务管控部门为财务部，主要负责预算管理、业绩评价和财务制度方面的工作。

在预算管理方面，财务部的主要职能包括：根据所处的市场环境和自身的运营状况，负责制订适应事业部需求的战略性预算计划。向集团总部的计财部递交事业部制定的战略预算，确保集团总部对事业部的财务规划有全面的了解和认可。按照从集团总部接收到的预算指导，将预算指标具体分配给事业部下属的各个子公司，确保各单位的资金需求得到妥善安排。对下属子公司的预算执行过程进行定期的检查和监控，并提供必要的指导和支持，确保预算的有效实施。将各子公司的预算执行情况作为评估其业绩的重要标准，并根据此进行业绩评价。评价结果需上报事业部领导，以便于后续的决策和管理。在事业部内部，财务部还需要规划和调控各子公司之间的资金平衡和分配，以优化资源配置并提升整体的财务效率。通过履行这些职能，财务部确保了事业部的财务计划与集团总体战略保持一致，同时也促进了事业部内部资源的有效利用和财务管理的规范化。

在业绩评价方面，财务部的主要职能包括：根据集团的整体业绩评价指导原则和标准，制订出符合本事业部特点的业绩评价方案，并将该方案提交给集团总部计财部进行审查和备案。根据预算执行情况，对事业部旗下各企业的运营成果及其高层管理人员的管理表现进行综合评估，并将评估结果汇报给事业部领导和集团总部，以供参考和决策。对下属各公司的业绩评价工作进行全面的监督和指导，确保评价过程的公正性和准确性。对事业部内的各部门进行业绩考核，将评估结果提交事业部领导，为后续的管理和改进提供依据。

在财务制度方面，财务部的主要职能包括：在集团设定的财务制度框架内，制定符合本事业部所在行业或地域特性的具体财务制度，并将这些制度提交至集团总部计财部进行审批和备案。对本事业部制定的财务制度进行修改和调整，以适应业务发展和环境变化的需要。对下属子公司在执行具体财务制度的情况进行定期的检查和监督，确保制度的严格执行。对于在日常财务活动中违反制度的行为，财务部应及时进行纠正，并对相关责任单位或个人给予适当的处罚，以维护财务管理的规范性和有效性。通过这些职能的履行，事业部财务部确保了事业部财务管控的有效性和合规性，从而支持了事业部的战略目标和运营需求。

2. 子公司层次的财务管控组织构建

在 M 型与 H 型相结合的集团公司体系中，子公司作为独立的法人实体，不仅是一个成本中心，还承担着利润中心的功能。这种组织结构中的子公司财务管控的主要目标是确保子公司在追求自身利益最大化的过程中，能够高效且有序地符合集团的整体战略和利益最大化目标。

在构建子公司层次的财务管控组织时，需要考虑以下几个关键因素。一是集团的规模。对于规模较大的集团公司，子公司可能需要独立的财务管控部门，以应对更复杂的财务管理需求和保持高效的运营。较大规模的集团通常涵盖多个业务领域，具有更为复杂的财务流程和更多的资金运作，因此，需要专门的团队来进行财务管理和控制。二是业务的复杂程度。如果子公司的业务相对复杂，涉及多种产品或服务，或者需要进行跨国运营和交易，这通常需要单独设立财务管控部门，以确保对这些复杂业务的有效管理。三是总部与子公司之间的地理距离。如果子公司分布广泛，特别是跨国或跨地区运营，单独设置财务管控部门可以帮助更好地适应不同市场的财务管理需求和法规要求。但无论子公司财务管控部门是否单独设置，都需要注意以下两点：第一，必须保证子公司作为法人的权力和地位不受侵害，尤其是在财务方面的合法权益；第二，必须遵守集团的财务战略、政策和基本财务制度，确保其财务活动与集团的整体财务一体化相符合。

如果子公司需要设置单独的财务管控部门，通常可设置财会部。子公司财会部在预算控制、业绩评价和财务制度管理方面发挥着重要的职能。

预算控制方面，子公司财会部的职能主要包括以下几方面。基于公司的财务状况和运营需求，制订公司级别的财务预算，以支持和补充集团总体预算的制定过程。在接收到事业部制定的预算目标后，组织和实施具体的预算执行方案，确保财务资源的合理分配和使用。对预算的实际执行过程进行持续的财务监控，以确保预算目标的达成和资源的有效利用。

业绩评价方面，子公司财会部的主要职能包括：对公司整体的财务表现和预算执行情况进行评估，从而进行全面的业绩评价。根据各部门在预算执行方面的表现，以预定的预算指标为基准进行业绩考核。针对各部门人员的职责分工，进行单独的业绩评估，并将评估结果汇报给公司管理层，以作为管理和激励的依据。

财务制度方面，子公司财会部的主要职责为：严格遵守并执行集团总部设定的基本财务制度和事业部制定的具体财务制度。当发现具体的财务制度有违背集团总部基本财务制度时，应及时向事业部或直接向集团总部的财务部门报告，并提出改善建议。对于不适应子公司实际运营情况的财务制度条款，应向事业部或集团总部提出修改意见，以确保财务制度的有效性和适用性。通过履行这些职能，子公司财会部不仅确保了子公司财务活动的规范性和有效性，还保障了子公司的财务管理与集团整体战略的一致性。

第二节　集团财务管控的制度保障

一、集团财务管控制度体系建设的意义

（一）增强风险管理能力

在集团公司运营中，面对的财务风险种类繁多，涉及市场波动、信用问题、流动性挑战等多个方面。有效的财务管控制度体系能够极大地提升集团应对这些风险的能力。财务管控制度体系可以为集团提供一个清晰的框架，用于系统地识别和评估潜在的财务风险。如通过实时的财务数据分析、市场趋势监测和信用评估等手段来提前发现风险信号。财务管控制度体系还包括设定相应的风险应对策略和措施。例如，可以制定多元化投资策略以降低市场风险、建立严格的信用管理流程以控制信用风险，以及保持一定的流动性储备以应对资金紧缺等情况。财务管控制度还可以规定定期的风险审查和评估流程，确保集团对风险的认识始终是及时和准确的。这样的风险管理能力不仅可以防范和减少潜在的损失，也是保障集团稳健发展的基石。

（二）提升运营效率和效益

在集团公司中，高效的财务运营对于实现成本节约和价值最大化至关重要。财务管控制度体系的建设有助于提升整个集团的财务运营效率和效益。第一，制度体系中，明确财务流程能够减少处理时间和降低出错率，特别是在财务报告、预算编制和资金管理等关键领域。这不仅提高了工作效率，还降低了因错误或延误导致的成本。第二，明确的制度和规范可以提高财务透明度和可追溯性，使集团管理层能够更好地监控和控制财务资源的分配和使用。例如，通过制度规定的预算控制和审批流程，可以确保资金被有效地用

于支持集团的核心业务和战略目标。第三，规范化的财务管控还有助于集团对外部机会和挑战做出快速反应，如灵活调整资金配置以抓住市场机会或应对突发事件。综上所述，财务管控制度的建设不仅提高了集团的内部运营效率，也增强了其在复杂多变的商业环境中的竞争力。

（三）促进战略目标实现

在任何企业的发展过程中，财务管控都扮演着关键角色，特别是对于大型集团公司而言，有效的财务管控制度更是实现长期战略目标的重要保障。这样的制度确保了财务决策和实践活动与集团的整体战略目标保持一致性，从而支持集团的长期发展方向和战略实施。例如，如果集团的战略目标是扩大市场份额或进入新的业务领域，相应的财务管控制度将确保资金得到合理分配，用于支持这些具体的战略活动。此外，通过设定与战略目标相匹配的财务指标和性能基准，集团可以持续监控和评估战略实施的效果，从而及时调整策略或采取措施以应对市场变化或内部挑战。这不仅促进了战略的有效执行，也为集团提供了必要的灵活性和适应性，以面对不断变化的商业环境。

（四）增强法规遵从性

在当今高度规范化和全球化的商业世界中，遵守相关法律法规对于集团公司来说十分重要。建立一套全面的财务管控制度体系可以帮助集团在财务管控和报告方面遵循各种国内外的法律法规，从而减少法律风险和避免潜在的合规性问题。例如，制度体系可以确保集团的会计实践符合国际会计标准或当地的法规要求，从而在全球范围内维护集团的声誉和合法性。此外，随着反洗钱、反腐败和税务透明度等法规的日益严格，有一个健全的财务管控制度体系对于确保集团的财务行为合法、透明和可审计至关重要。这不仅有助于建立和维护与政府机构和监管机构的良好关系，也是维护投资者、客户和公众信任的关键。通过遵守法规，集团能够避免因违规行为导致的罚款、诉讼和声誉损失，从而保护集团的长期利益和持续发展。

二、集团财务管控制度体系建设的原则

构建集团财务管控制度体系是要遵循以下原则，具体如图 5-2 所示。

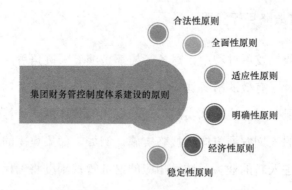

图 5-2　集团财务管控制度体系建设的原则

（一）合法性原则

在制定集团财务管控制度时，遵循合法性原则是至关重要的。这一原则要求集团在构建和实施财务管控制度的过程中，必须严格遵守国家的法律、法规和行业标准。这意味着，集团的财务管控措施、政策和流程都应符合相关的会计准则、税法规定、证券法律和公司治理规则等。合法性原则的遵循对于保证集团的财务活动合规性、维护投资者和其他利益相关者的权益，以及提升集团的整体信誉和市场竞争力至关重要。此外，遵循合法性原则还有助于避免法律风险和潜在的经济损失，确保集团的稳定发展和可持续经营。因此，集团在制定财务管控制度时，应确保其内容和实施都严格符合法律法规的要求，及时跟进法律法规的变化，并在此基础上进行合理的制度设计和调整。

（二）全面性原则

全面性原则要求集团在制定财务管控制度时，应全面考虑公司的经营活

动、管理需求和战略目标。这意味着，财务管控制度不仅要覆盖集团财务管理的所有关键方面，如资金管理、预算编制、成本控制、内部审计、财务报告等，还要考虑集团的长期发展规划和战略方向。全面性原则确保财务管控制度能够综合反映并适应集团的整体业务结构和市场环境，有效支持集团的战略实施和业务决策。此外，全面性原则还意味着在制定财务管控制度时，集团需要考虑不同子公司、业务单元和地区的特点和需求，确保制度既有统一性又有灵活性，能够适应不同场景和条件的需求。通过全面性原则的指导，集团能够建立一个既坚固又灵活的财务管控体系，有助于提升整个集团的财务管理效率和效果。

（三）适应性原则

适应性原则强调集团财务管控制度必须具备足够的灵活性，以适应集团总部、各子公司的变化和发展。随着市场环境、技术进步和企业战略的调整，集团各企业的业务和信息需求也会发生变化。适应性原则要求财务管控制度不仅要满足当前的需要，还要能够适应未来的变革。为实现这一原则，集团在制定财务管控制度时应采用模块化和可配置的设计思路，确保制度可以随着时间和环境的变化进行适当的调整和优化。此外，定期的制度评估和修订也是实现适应性的关键，它可以帮助企业及时发现和解决制度中的不足，确保制度始终与企业的实际情况和目标保持一致。

（四）明确性原则

明确性原则强调集团财务管控制度在内容和要求上应当具有清晰、明确的表述，避免模糊和歧义。这意味着制度的每一个部分都应该表达得简洁明了，使得所有的财务人员和相关的利益方都能清晰地理解其内容和目的。明确性有助于确保所有涉及财务操作的员工都能够按照预期的方式执行其职责，从而避免因误解或不明确的指导而产生的错误。同时，明确的制度还为集团提供了一种有力的管理工具，可以确保财务信息的准确性、完整性和及时性。为实现明确性，制度制定者应用专业的语言和格式进行表述，避免使用复杂的术语和过于技术性的描述，并定期对制度进行审查和更新，确保其保持与时俱进。

（五）经济性原则

在建设集团财务管控制度体系时，遵循经济性原则至关重要。这意味着制度的设计和实施应致力于有效降低集团的总体财务成本，同时提升财务管理的水平和经济效益。建设集团财务管控制度体系时要考虑成本与效益的平衡，避免过度复杂或烦琐的流程和规定，这样可以减少不必要的行政开支和时间成本。要通过制度优化资金使用和配置效率，比如通过有效的资金管理和内部资金调配，减少外部融资需求和相关成本。要对财务活动进行持续优化，例如定期审视和改进预算编制流程、成本控制措施和投资决策标准。这不仅可以提高资金的使用效率，还能增强集团对市场变化的适应能力和竞争力。

（六）稳定性原则

稳定性原则指出，为了保证财务管控的有效性和可靠性，制度应保持一定的连续性和前后一致性。稳定性原则要求制度不应频繁变动，因为频繁的改变可能导致管理混乱、员工混淆和执行效率下降。即使在必要时进行制度的更新或调整，也应确保变更过程是透明和有序的，给予员工足够的时间和资源适应新的制度要求。该原则还强调制度的持续性，意味着制度应该能够适应长期的业务发展和市场变化，从而确保长期的财务稳定和可持续发展。为此，制度设计时应考虑未来的可能变化和挑战，以便能够在必要时灵活调整。通过保持财务管控制度的稳定性，集团能够建立起一套可持续的财务管控框架，为集团长期的稳健发展提供坚实的基础。

三、集团财务管控制度体系建设的方式与流程

（一）集团财务管控制度体系建设的方式

1. 集团内部自行建立

集团选择内部自行建立是指集团依赖于自身的管理团队和财务专家来制定财务管控规范和程序。这种方式的优点在于能够确保制度体系与集团的具体业务需求、组织结构和文化完全吻合。通过内部建立，集团能够更深入地理解和反映自身的运营特点和战略目标，从而设计出更加适合的财务管控策略和流程。内部自行建立的方式也有利于增强员工对制度的认同感和归属感，因为这些制度是由集团内部人员共同参与和塑造的。然而，这种方式也面临着一些挑战。自行建立制度体系需要集团具备足够的财务和管理专业知识，以及相应的资源投入，包括时间、人力和财力。如果内部缺乏足够的专业经验和外部视角，可能导致制度设计出现偏差或无法有效应对外部环境的变化。因此，集团在自行建立过程中需不断进行市场调研和参考行业最佳实践，确保制度的有效性和前瞻性。

2. 委托中介机构建立

在这种方式下，集团会委托外部专业机构，如财务咨询公司、审计机构或法律顾问，来协助建立和优化其财务管控制度体系。这种方法的优势在于能够利用外部专家的专业知识和经验，为集团提供更广泛的视角和深入的分析。这些中介机构通常具备最新的行业知识、财务管理趋势和法规变化信息，能够帮助集团设计出更符合国际标准和最佳实践的制度。此外，通过委托中介机构，集团能够节省内部资源，尤其是在制度设计和实施初期。这些外部顾问可以提供即插即用的解决方案和工具，加速制度建立的过程。同时，外部机构提供的第三方客观视角也能够帮助集团识别和改进内部潜在的偏见和不足。然而，委托外部机构也存在一些局限性。可能存在成本较高的问题，特别是对于一些高端咨询服务。外部顾问可能缺乏对集团特定业务的深入理

解，因此集团需在整个过程中保持积极参与，确保外部建议与内部实际情况相结合。为保持制度的连续性和适应性，集团在委托建立之后还需要持续进行内部培训和制度维护。

3. 联合建立

联合建立方式是指集团公司与外部专业机构或者其他企业合作，共同建立财务管控制度体系。这种方法融合了内部资源和外部专业知识，旨在结合集团的具体需求和最佳行业实践来构建更加全面和有效的财务管控体系。

在联合建立的过程中，集团公司可以与外部专业咨询公司、行业协会、标准制定机构或其他有经验的企业合作。这样的合作使集团能够利用外部机构的专业知识、技术能力和行业经验，同时结合集团内部对自身业务和文化的深刻理解。通过这种方式，集团不仅能够获得关于财务管控的最新见解和实践方法，还能确保所建立的制度体系既具有前瞻性，又切实适用于集团的实际运营情况。联合建立还促进了知识和经验的共享，这对于集团公司理解复杂的财务规范、应对市场变化，以及采用创新财务管理方法都具有重要意义。同时，这种合作方式有助于提升集团员工的专业技能和知识水平，因为他们将有机会直接与外部专家交流和学习。此外，联合建立方式具有更大的灵活性，因为集团在制度建设过程中可以根据自身的变化和外部环境的变化，与合作伙伴一起调整和优化管控策略。但同时，这种方式也需要集团公司具备良好的合作和沟通能力，以确保所有参与方的目标和期望得到有效的协调和满足。

（二）集团财务管控制度体系建设的流程

1. 确定建立方式

集团财务管控制度体系建设的首要步骤是确定合适的建立方式。这个决策过程对于后续的所有工作至关重要，因为它将直接影响制度建设的效率、效果和适应性。在确定建立方式时，集团公司需要考虑以下因素。集团公司应评估自身的内部资源和能力，包括财务和管理专业知识、人力资源以及可用的时间和资金。如果集团内部具备强大的专业团队和丰富的行业经验，可能更倾向于选择内部自行建立的方式。这样不仅能够确保制度更贴合集团的具体需求和文化，还可以增强员工对新制度的认同感。集团应考虑外部环境和最佳行业实践。如果集团所在行业存在复杂的法规要求或快速变化的市场条件，可能需要借助外部专业机构的知识和经验。这时，委托中介机构建立或者与外部机构联合建立的方式更为合适。这些方式能够提供专业的视角，帮助集团有效应对外部挑战，同时保持制度的前瞻性和国际标准的一致性。集团需要考虑成本和效益。不同的建立方式在成本和资源投入方面有所不同。内部自行建立可能需要较大的初期投入和持续的维护成本，而委托中介机构或联合建立可能涉及更高的外部咨询费用。集团应根据自身的财务状况和预算制定合理的决策。综合考虑这些因素后，集团可以确定最符合自身实际情况的建立方式，为后续的财务管控制度体系建设奠定坚实基础。正确的选择不仅有助于提升后续工作的效率和质量，还能确保新制度能够有效地支持集团的长期战略目标和持续发展。

2. 开展调查研究

开展调查研究是建立财务管控制度过程中的重要环节，其目的是深入了解集团当前的财务管控状况、存在的问题及未来的发展需求。通过调查研究，集团可以准确把握现有的财务流程，识别潜在的瓶颈或不足之处，从而为制度的优化提供明确的方向。具体地说，调查内容涵盖了集团的财务流程、数据处理方式、报表生成机制及与其他部门的信息交流模式等。在这一过程中，调查团队会与各部门进行深入交流，以获取第一手的实际操作经验和需求信息。这种交流不仅有助于发现隐含的问题和需求，还能增强各部门对制度建立的参与感和认同感。更重要的是，调查研究还为制度的推广和实施铺设了基础。了解员工的态度和期望有助于集团制定更为有效的培训和宣传策略，确保新制度得到广泛的接受和有效的执行。因此，深入、细致地调查研究对于集团财务管控制度的成功建立与运行至关重要。

开展调查研究的方法主要有以下三种。

（1）问卷调查。问卷调查是一种高效且范围广泛的调查方式，用于收集集团内部不同层级和部门对现有财务管控系统的看法和建议。通过设计包含多项选择题和开放性问题的问卷，可以迅速获得大量员工的意见和反馈。这种方法可以帮助集团了解员工对当前财务流程、政策和工具的满意度，以及他们对可能的改进点的看法。由于问卷调查可以匿名进行，员工更有可能提供坦率和真实的反馈，从而帮助集团准确识别存在的问题和改进的机会。此外，问卷调查的数据易于量化分析，便于集团对收集到的信息进行系统的统计和评估。

（2）深度访谈。深度访谈是一种更加个性化和详细的调查方式，通常由调查团队成员对集团内的关键人员进行一对一的访谈。这包括高层管理人员、财务部门负责人、业务部门负责人等。深度访谈可以提供更深入的洞见，让调查团队能够更好地理解财务管控的具体实践、遇到的挑战和特定需求。通过与这些关键人员的面对面沟通，调查团队可以获得更全面和深入的信息，从而帮助制定更符合集团实际情况的财务管控策略。此外，深度访谈还有助于建立更紧密的沟通和信任，确保制度改革得到关键利益相关者的支持。

（3）工作坊。工作坊是一种集体讨论和共同创新的调查方式，通常在集团内部组织，邀请不同部门的代表参加。工作坊可以作为一个平台，让参与者共同讨论当前的财务管控问题，探讨可能的解决方案，并就新制度的设计提出建议。在工作坊中，通过小组讨论、案例分析、角色扮演等互动形式，参与者可以深入交流各自的观点和经验，从而激发创新思维和新想法。工作坊还有助于增强团队协作和跨部门沟通，为制度的顺利实施和长期维护打下良好的基础。通过这种方式，集团不仅能够得到关于财务管控的具体建议，还能增进员工对改革的接受度和参与度。

3. 完成制度编写

完成制度编写是财务管控制度建立的核心环节，它包括总体设计和具体建立两个步骤。总体设计涉及对集团财务管控的整体架构、目标和原则的设定。在这一阶段，集团需要确定财务管控制度的核心目标，比如提高财务效率、增强风险管理能力、确保合规性等。这些目标应与集团的整体战略和运营目标紧密结合，以确保新制度能够支持集团的长期发展。总体设计还包括对财务管控体系的基本框架进行设计，确定制度的各个组成部分及其之间的关系。这可能包括内部控制制度、财务报告体系、预算管理流程、资金管理机制等多个方面。在设计这些组件时，集团需要考虑到业务的特点、组织结构、管理层级，以及员工的能力和需求。同时，总体设计还应包括制度的监督和评估机制，以确保新制度能够持续有效地运行并适应未来的变化。

具体建立则是根据总体设计，详细制定各项财务管控规定和程序。在这一阶段，集团需要将总体设计中的框架和原则转化为具体的政策、标准和操作指南。这包括编写详细的财务管理手册、内部控制程序、报告准则等文档，并确保这些文档能够清晰、准确地指导实际操作。在具体建立过程中，集团还需要考虑制度的实施和推广。这意味着需要制订实施计划，明确责任分配，设置时间表，并准备相应的培训和沟通计划。通过有效的培训和沟通，可以确保所有员工都能理解新制度的要求和目的，并且能够正确地执行。

完成制度编写不仅是制定规范和程序的过程，也是一个涉及沟通、培训和变革管理的复杂过程。为了确保新制度能够得到有效实施并产生预期的效果，集团在这一阶段需要密切关注员工的反馈和参与，确保制度能够得到广泛的理解和接受。

四、集团财务管控制度的具体内容

（一）基本财务会计制度

1. 有关会计核算方面的制度

（1）集团应采用统一的会计核算体制，确保所有成员公司遵循相同的会计准则和规范。对财务事项的确认、计量和报告方法的应统一。会计核算体制应符合国际财务报告标准或当地适用的会计准则，以保障财务信息的准确性和可比性。

（2）集团应制定明确的会计政策，指导成员公司在特定的会计处理方面作出一致决策。这包括但不限于固定资产的折旧方法、存货的计价方法、收入确认的原则等。会计政策应定期评估并根据行业动态和法规变化进行调整。

（3）集团应建立统一的会计科目体系，包括科目名称、编码和使用说明。这有助于标准化财务记录，提高数据整合的效率。每个会计科目应有明确的定义和使用范围，以避免在核算过程中的混淆和错误。

（4）为了实现更为细致的财务管理，集团应设立辅助核算项目，每个辅助核算项目应有清晰的定义和使用说明，确保财务信息能够按不同维度进行准确分类和分析。

（5）集团应制定统一的会计报表标准，包括报表的种类（如资产负债表、利润表、现金流量表等）、格式和编制方法。报表编制说明应详细阐述报表的编制原则、公式和步骤，确保财务报告的一致性和透明度。此外，报表格式应符合相关财务报告标准，便于内外部利益相关者的理解和使用。

2. 有关财务管理方面的制度

（1）集团应建立一套完整的内部财务管理体制，明确各级管理人员的财务职责和权限。制度中应包含具体的财务决策流程、审批权限等级，以及财务信息的报告和通信机制。此外，管理办法应涵盖财务控制的关键环节，如资金使用审批、预算编制和执行监控、风险评估等。

（2）制定具体的货币资金管理政策，包括现金管理、银行存款管理和短期投资管理。规定应确保货币资金的安全、流动性和收益最大化，包括现金流量预测、现金保持量标准、投资限额和风险控制等。

（3）明确集团的结算政策，包括客户和供应商的结算条款、结算方式、信用政策和坏账处理等。制度中应规定结算流程的操作指南，确保结算活动的准确性和及时性。

（4）制定存货管理制度，包括存货的采购、存储、使用和盘点等流程。制度中应包含存货的分类、安全库存水平、存货周转率目标、存货损耗处理等内容。

（5）制定集团的投资政策和程序，确保投资决策的合理性和效率。投资管理制度应包括投资项目的评估标准、审批流程、风险控制、后续的投资效果监控等。

（6）建立资产管理制度，涵盖固定资产、无形资产和长期投资等各类资产的购置、使用、维护、折旧和处置等方面。制度应规定资产管理的职责、程序和记录要求。

（7）制定收入确认和管理的制度，确保收入的准确性和及时性。包括销售合同的管理、收入确认的标准和流程、应收账款管理等。

（8）明确成本的计算方法和成本控制的策略。制度应包括成本的分类、成本核算、成本控制目标、成本削减计划等。

（9）制定利润分配政策和程序，包括盈余留存、股东分红、利润再投资等方面的决策流程和标准。

（10）规定财务报告的编制和发布流程，包括报告的种类、格式、时间安排等。财务评价管理部分应涉及对财务数据的分析方法和评价标准，以及对财务绩效的定期评估。

（二）成本费用管理制度

（1）设定明确的费用报销标准和程序，包括可报销费用的种类、报销单据的要求、报销流程及审批权限。规定报销单据必须附有相应的原始凭证和批准文件，且费用报销应在规定的时间内完成。

（2）制定成本核算的标准和方法，明确直接成本和间接成本的界定及分配原则。规定不同类型的成本（如材料成本、人工成本、制造费用等）的计算方法，确保成本信息的准确性和一致性。

（3）规定成本预算的编制流程，包括成本预测、成本目标设定和成本控制措施。明确各部门在成本控制中的职责，并实施定期的成本监控，对超出预算的成本进行分析和处理。

（4）制定成本分析的框架和标准，包括成本结构分析、成本变动分析和成本效益分析等。利用成本分析结果进行成本优化和决策支持。

（5）设定成本费用考核指标和标准，明确考核周期和评价方法。考核结果应用于业绩评价和激励机制，鼓励员工和部门有效控制成本和费用。

（三）收支审批报告制度

（1）明确财务收支审批的权限和流程，规定不同金额和性质的收支需经过的审批层级。设立紧急支出的特殊审批流程，并确保所有财务收支均符合预算和财务政策。

（2）对重大项目的支出设置特别的审批流程和标准。规定重大项目支出的定义、审批权限、审批流程和必要的文件要求。对审批过程中的责任人进行授权，并明确授权范围和条件。

（3）要求对影响集团重大财务状况的事项进行及时报告。包括但不限于大额资金流动、异常财务波动、重大投资决策等。制度中应明确报告的内容、格式、时间要求和报告对象，确保集团高层管理人员及时掌握重要的财务信息。

（四）综合性财务管理制度

（1）制定统一的账务处理流程，包括记账凭证的制作、审核、记账、结账等环节。明确不同类型业务的账务处理规则，确保财务数据的准确性和及时性。

（2）规定预算的编制、审批、执行及调整流程。制度中应包括预算编制的原则、预算控制的方法，以及预算执行的监控和评价机制。

（3）设立会计稽查机制，定期对会计记录和财务报告进行审查，确保财务信息的准确性和合规性。稽查过程应包括对账户余额、会计凭证、财务报表等的检查。

（4）建立全面的内部控制体系，包括风险评估、控制活动、信息沟通和监控机制。内部控制制度应针对防止和发现错误、欺诈行为，确保财务报告的可靠性和合规性。

（5）规定定期进行资产清查的程序和方法，包括固定资产、库存物资和现金等。清查结果应用于核实账面记录的准确性，并对发现的问题进行相应处理。

（6）建立财务分析框架，定期进行财务状况、盈利能力、资本结构和现金流量等方面的分析。财务分析结果应用于管理决策和策略调整。

（7）制定会计档案的收集、整理、保存和利用规程，确保会计资料的完整性和安全性。规定档案的分类、保管期限和查阅权限。

（8）制定会计信息系统的管理政策，包括系统的选型、维护、数据安全和用户权限管理等。确保会计电算化系统的稳定运行和数据的准确性。

（9）明确财务人员工作交接的程序和要求，包括交接的内容、时间安排和责任确认。确保财务信息的连续性和工作的顺利过渡。

（10）制定针对下属业务单元的财务会计管理政策，包括财务报告的编制、审批流程和财务监控机制，以保证下属单位的财务管理与集团总部保持一致。

（五）财务机构和人员管理制度

（1）建立明确的财务管理层级结构，规定各级财务机构的职责范围和权限。高层财务机构负责制定集团财务政策和监督实施，中层机构负责日常财务管理和控制，基层机构执行具体的财务操作。

（2）根据集团结构和业务需要，确定会计核算的组织形式。这可以是集中式核算，即所有会计处理集中在总部进行；分散式核算，即各下属单位各自进行会计处理，但须遵循统一的会计政策和标准。

（3）为每个财会岗位制定明确的职责描述，包括工作任务、职责范围和职位要求。确保每位财会人员都清楚自己的岗位职责和工作标准。

（4）定期安排财会人员岗位轮换，以增强工作经验和防止职务滥用。制定岗位轮换的计划、程序和条件，确保轮换工作的顺利实施。

（5）明确委派财会人员的条件、程序和责任。委派的人员应具备相应的专业能力和经验，能够胜任委派岗位的工作要求。

（6）建立财会人员的业务考核体系，包括考核的标准、方法、频率和结果应用。考核内容应涵盖工作绩效、专业知识、职业操守等方面，以促进人员的业务能力提升和职业成长。

（六）经济责任考核制度

（1）确立集团内部各级管理人员的经济责任，包括财务决策、资源分配和成本控制等方面的职责。规定管理人员应对其经济决策的结果负责，尤其是对可能影响集团财务稳定和发展的重大决策。

（2）制定经济责任考核的标准和程序，涵盖财务目标的达成情况、资源利用效率、成本控制效果等方面。考核结果应与绩效考评、奖惩机制相结合，确保管理人员积极履行经济责任。

（3）规定领导干部离任前必须接受经济责任审计，以评估其任职期间的财务管理和决策效果。审计结果应作为其离任条件之一，确保财务责任的连续性和清晰性。

（4）明确违反经济责任制度的行为及其后果。规定对于造成集团损失或其他负面影响的行为，应根据情节轻重进行责任追究，包括警告、罚款、降职或解聘等处罚措施。制度应确保处罚的公正性和透明性。

第三节　集团财务管控的技术保障

一、网络技术

网络技术在集团财务管控中扮演着至关重要的角色，它为集团内部及其与外界的财务信息流动提供了快速、安全和高效的通道。通过网络技术，集团能够实现财务数据的实时收集、处理和分析，支持远程访问和协作，从而大幅提高财务管理的效率和效果。此外，网络技术还使得财务报告和决策支持系统能够及时向管理层提供准确的财务洞察和分析，帮助他们作出更加明智的决策。同时，网络技术支持的安全措施，如加密和防火墙，保证了财务信息的安全性，防止了数据泄露和未授权访问，确保了集团财务管控的完整性和合规性。网络技术主要分为互联网、内联网和外联网。

（一）互联网

1. 互联网的概念

互联网是由众多计算机和服务器组成的巨大网络，它们通过各种传输媒介连接在一起。这些连接通过一套标准的互联网协议（IP）实现，使得数据可以在全球范围内流动和交换。

2. 互联网的特点

互联网之所以发展如此迅速，被称为 20 世纪末最伟大的发明，是因为互联网从一开始就具有开放、共享、平等、交互的特征，如图 5-3 所示。

图 5-3　互联网的特点

（1）开放性。互联网的开放性是其最为核心和显著的特点。自诞生之日起，互联网便打破了地域、时间和空间的限制，为用户提供了一个无界限的信息空间。这种开放性首先体现在信息的获取与发布上。传统的信息传播需要经过各种中介和审核，而互联网赋予了每一个终端用户直接获取和发布信息的能力，从而大大加快了信息的流通速度。此外，互联网的开放性还表现在技术与平台上。开放的互联网协议和标准使得任何组织和个人都能开发、部署和使用网络应用，这为技术创新和应用推广创造了广阔的空间。正因为这种开放性，互联网技术得以迅速普及，各种应用如雨后春笋般涌现。对于集团财务管控而言，互联网的开放性使得企业不仅能够更方便地获取外部经济数据，还能实现与外部组织的无缝连接和数据交互。同时，开放的技术环境为集团提供了更多的技术选择和应用实践的可能性。

（2）共享性。共享性意味着信息资源在互联网上可以被众多用户同时访问和利用，不受物理位置的限制。从技术的角度看，服务器、数据中心和云计算技术使得数据和应用程序可以被远程存取，为实时信息交流和协同工作提供了技术支撑。此外，各种开放源代码和共享软件的兴起，使得软件资源和技术解决方案可以被广大用户自由地使用和改进。

对于集团财务管控，共享性具有深远的意义。集团可以利用互联网共享的特性，进行跨地域、跨部门的实时协作，确保财务信息的实时性和准确性。供应链、客户关系管理，以及其他业务流程得以更加流畅地运作，因为所有相关方都可以即时访问到所需的财务数据。此外，通过共享数据分析工具和应用，集团能够更好地进行决策支持和业务预测。

（3）平等性。互联网的平等性是其根本特性之一，它意味着所有用户在访问和使用网络资源时都享有平等的权利。不同于传统的中央集权式的信息传播，互联网赋予每一个终端用户平等的参与权和发声权。这种特性确保了信息的自由流通，不受到任何特定组织或个体的单一控制。

在集团财务管控中，平等性带来了一系列的积极效果。例如，各级管理人员和员工都可以依赖同样的系统和工具来获取信息，不再受到传统的信息壁垒的限制。这促进了决策的民主化，因为决策者可以获取到来自不同部门、不同层级的反馈，形成更全面、更客观的决策依据。同样地，供应商、客户和其他外部合作伙伴也能在与企业的交互中享有平等的信息访问权，从而建立更紧密、更透明的合作关系。然而，平等性也可能带来某些挑战。因为信息的流通更为自由，可能会有不实或误导的信息进入决策流程，导致不良的结果。此外，不同的用户可能对相同的数据有不同的解读，造成沟通和理解的障碍。因此，集团在享受互联网平等性所带来的便利时，也应对信息的质量和解读作出妥善的管理和指导。

（4）交互性。互联网的交互性为信息的传播和沟通提供了全新的维度。与传统的单向信息传输不同，互联网允许信息的接收者成为信息的发送者，从而实现多方之间的双向或多向交互。这种动态的信息交换模式极大地增强了信息的丰富性和即时性，使得信息的传递和反馈变得更为流畅。

在集团财务管控的过程中，交互性展现出其独特的价值。例如，财务报表的编制和发布不在仅是单向的信息推送。通过互联网技术，管理层、股东、投资者等各方可以对财务数据进行实时查询、分析和反馈，这使得财务信息的透明度和准确性得到提升。此外，集团可以通过在线平台与供应商、客户进行交互，实现订单处理、付款、发票处理等业务流程的在线化和自动化，降低了成本，提高了效率。但互联网的交互性也带来了一些新的挑战。高度的交互可能导致信息过载，即集团面临大量的数据和信息，难以分辨哪些是关键和有价值的。此外，由于任何人都可以成为信息的发布者，这可能增加了误导信息的风险，对集团的信誉和业务决策造成潜在威胁。因此，高效的信息管理和质量控制变得尤为重要。

（二）内联网

1. 内联网的概念

内联网，又称为集团内部网络或集团局域网，是一个内部封闭、为特定组织或集团所使用的网络系统。它通常构建在标准的互联网技术之上，如TCP/IP 协议，但其访问受到严格的限制，只有组织内部的成员或特定授权的人员才能访问。内联网的出现主要是为了满足集团对于信息的快速共享、资源的统一管理及安全性的高度要求。不同于全球性的互联网，内联网更注重为集团提供一个安全、可控的信息交换和通信平台，确保敏感数据在组织内部安全传输和存储。同时，它也提供了一个集中的平台，方便集团内部的各种应用和服务的部署。简而言之，内联网是为集团量身定制的专属网络，旨在提供一个高效、安全、可控的信息交流和资源共享环境。

2. 内联网的基本结构

内联网的基本结构包括计算机网络、物理服务器、客户机、软件服务器和防火墙，这些组成部分共同构成了集团内部网的骨架，确保了信息传输的安全、高效。

计算机网络是内联网的基础，它通过网络设备（如路由器、交换机）和传输媒介（如光纤、无线技术）连接集团内部的所有计算机和设备。计算机网络支持数据在内联网中的传输和共享，使得集团内部信息资源可以在不同地点、不同部门之间流通，为集团的日常运营和管理提供支撑。

物理服务器是内联网中负责提供数据存储、处理和应用服务的核心设备。它通常具有高性能的处理器、大容量的存储空间和高速的网络接口，能够承载集团内部网的各种服务，如文件共享、数据库管理、邮件系统等，确保这些服务的稳定运行。

客户机是指连接到内联网中的个人计算机或终端设备，它可以是员工的桌面电脑、笔记本电脑或移动设备。客户机通过网络与服务器通信，访问内联网中的各种资源和服务，完成日常的工作任务，如信息查询、文档编辑和沟通协作。

软件服务器是运行在物理服务器上的软件系统，它提供了内联网的各项应用服务。软件服务器可以是 Web 服务器、应用服务器或数据库服务器等，它们分别负责处理 HTTP 请求、运行集团应用程序或管理数据库信息，为内联网用户提供丰富的服务和应用。

防火墙是内联网的重要安全设施，位于内联网与外部互联网之间，负责监控和控制进出内联网的网络流量。防火墙通过设置安全策略来阻止未授权的访问和数据泄露，保护内联网免受外部攻击和威胁，确保集团信息资源安全。

3. 内联网的功能

内联网在集团财务管控中发挥着至关重要的作用，其功能可以从以下四个方面进行论述。

（1）信息共享与传播。内联网为集团内部提供了一个平台，使得财务信息和报告能够快速、有效地在不同部门和层级之间共享。这种即时的信息流通加强了透明度，使得管理层和员工都能够及时获取到财务数据和相关的管理信息，如预算报告、财务表现分析等。这不仅提高了决策的质量，还促进了财务管理流程的透明化和标准化，为集团的战略规划和日常运营提供支持。

（2）流程自动化与效率提升。通过内联网部署的财务管理系统，如 ERP 系统，可以自动化执行许多财务管理任务，包括账目处理、发票处理、预算控制等。这些系统通过减少手工操作，降低了错误率，提高了工作效率。同时，自动化流程也使得财务报告的生成更加快捷和准确，为管理层提供了实时的财务分析和决策支持，极大地提升了集团的财务管控能力。

（3）风险管理与合规性监控。内联网支持的财务管理系统能够实时监控和分析财务活动，帮助识别和预防潜在的财务风险。通过设置内部控制和合规性检查点，这些系统能够确保财务操作遵守相关法律法规和集团政策，及时发现异常交易和潜在的欺诈行为。此外，内联网还可以作为培训和宣传合规性政策的平台，提高员工的合规意识和风险管理能力。

（4）决策支持与战略规划。内联网使得财务数据分析和报告工具更加易于访问，为管理层提供了深入的财务洞察和预测。这些工具可以分析财务绩效、市场趋势、成本效益等多方面的数据，支持管理层进行战略规划和决策制定。通过内联网，管理层可以更容易地进行财务规划、资金分配和投资决策，确保集团资源的有效利用，推动长期的价值增长。

4. 内联网的特点

（1）开放。内联网的开放特性意味着它为集团内部的所有授权用户提供了一个可以轻松访问和共享信息的平台。与传统的、基于纸质的信息共享方式相比，内联网的开放性使得信息流通得更加迅速和广泛。任何授权的员工，不论他们身处何地，只要有网络连接，就能够访问到集团的内部资源和信息。这种即时的、无障碍的信息获取方式极大地加强了团队之间的沟通合作，确保了决策过程的迅速和高效。

（2）安全。尽管内联网是开放的，但它仍然是一个相对封闭的系统，只允许集团内部的授权用户访问。这意味着，与完全开放的互联网相比，内联网在安全性方面有着显著的优势。通过使用各种安全措施，如用户身份验证、数据加密和防火墙，内联网确保了信息的安全和完整性。这些安全措施不仅保护了集团的敏感信息免受外部威胁，还确保了员工之间的通信是私密和安全的。

（3）操作简单。内联网的用户界面通常都是基于浏览器的，这意味着员工无须安装任何特殊的软件或进行复杂的设置就可以访问和使用内联网。大多数人都熟悉基于浏览器的操作，这使得内联网变得非常用户友好，几乎没有学习曲线。此外，由于内联网的设计往往考虑了用户的需求和习惯，它的功能和操作流程都非常直观，员工可以很快地熟悉并开始使用内联网，无须经过长时间的培训。

（4）开发简单。与开发传统的、基于客户端的应用相比，内联网的开发通常更为简单和快速。由于它是基于标准的 Web 技术，如 HTML、CSS 和 JavaScript，开发者可以使用已经非常成熟的工具和框架来开发内联网应用。这意味着，集团可以更快速地部署新的功能和服务，以满足业务的变化和员工的需求。此外，由于内联网的结构和技术都相对简单，维护和更新也变得更加容易，大大降低了长期的运营成本。

（三）外联网

1. 外联网的内涵

内联网的普及改变了工业时代延续下来的生产和消费模式，使得集团与集团之间、集团与用户之间的交流互动变得更加频繁与直接。于是越来越多的已经成功应用内联网的集团迫切希望将网络服务延伸至集团外部的客户、伙伴及供应商。但此时集团却发现，所有这些对于集团的生存与发展有着重要意义的业务伙伴却无一例外地被内联网的安全机制阻挡在"墙外"。尽管很多交流互动可以通过互联网实现，但这样，内联网最大的优点——安全性就会被破坏。为了解决这一矛盾，一个新的概念出现了——外联网。

一般认为，外联网是内联网的集团外特定用户的安全延伸，即它是利用互联网技术和公共通信系统，使指定并通过认证的用户（供应商、销售商、合作者、顾客、在外地的公司员工等）分享公司内部网部分信息和部分应用的半开放的专用网。

2. 外联网的功能

（1）外联网的兼容性降低了集团间沟通的成本。在全球化的商业背景下，集团之间的互动与沟通成为成功的关键。但是，由于技术和信息系统的不同，集团经常面临着信息交换和沟通的障碍。特别是当涉及多个不同的专用系统、软硬件配置和各种文件格式时，这种情况更为明显。这种不兼容性不仅增加了沟通的难度，还加大了时间和资源的消耗，使得简单的信息交流都变得复杂和昂贵。外联网的出现，正是为了解决这些挑战。外联网技术具有低成本、标准化和通用性等特点，从而为集团间的沟通创造了一个更加开放、灵活和兼容的环境。其中最引人瞩目的特点之一就是文件格式的统一，无论是文本、图片、视频还是其他多媒体内容，都可以通过外联网轻松地共享和传输。另外，外联网的跨平台特性也是其优势所在。无论集团使用的是什么操作系统、数据库或应用程序，外联网都能实现与之的无缝对接，这大大减少了因系统不兼容导致的信息损失和误解。

（2）外联网的安全性和半开放性推动了集团各企业间的及时交流。与传统的完全开放的互联网相比，外联网为集团提供了一个更加安全和受控的环境来与其商业伙伴和客户进行沟通和合作。尽管外联网设有严格的防火墙机制来保护其内部资源，但它依然允许特定的外部用户如商业伙伴和客户进入集团内部信息网络。这种结合了安全性和半开放性的设计，为集团间各企业的交流创造了一个良好的商业环境，使各方都能更加高效地进行沟通、合作和交易。这种结构的直接利益是显而易见的。集团不再需要为外部合作伙伴设置单独的系统或平台，而是可以通过外联网为他们提供所需的信息和资源。这不仅简化了信息共享的过程，而且确保了信息的安全性和完整性。外联网的所有参与者，无论是集团、供应商还是客户，都能节省大量的时间和金钱。

（3）外联网技术的采用促进了项目协作与外部团队管理。外联网作为集团与外部合作伙伴、顾问和远程团队的连接纽带，起到了至关重要的作用。在复杂的商业环境中，各方的高效合作往往是成功的关键。传统的沟通方式，如电话、邮件或会议，虽然依然有效，但在处理大型、跨区域的项目时可能会遇到困难，如信息更新延迟、文件版本不统一等问题。

外联网通过提供一个中心化的平台，解决了这些问题。在此平台上，所有合作方都可以实时上传、下载、编辑和评论项目相关文档，确保每个成员都在同一进度和理解上。这种中心化的信息共享方式也大大减少了因版本冲突或信息不一致而产生的混淆和误解。此外，外联网的实时通知功能确保了每当有新的更改时，所有相关方都会及时收到通知。这种实时性极大地加快了项目进度，减少了等待和确认的时间。同时，外联网还配备了任务分配和跟踪功能，使得项目管理者可以轻松地为团队分配任务、监控进度并给予反馈。

二、财务自动化软件

财务自动化软件在集团财务管控中发挥了核心作用，极大地提高了财务管理的效率和准确性。通过引入财务自动化软件，集团能够实现财务流程的标准化和自动化，包括但不限于账目处理、发票管理、财务报告生成和预算监控。这些自动化流程减少了人工操作的需求，降低了错误率，加快了财务信息处理的速度，从而使得管理层能够快速获取关键财务数据和洞察，支持及时和有效的决策制定。此外，财务自动化软件还增强了财务数据的透明度和一致性，有助于集团加强内部控制和合规性监督，确保财务活动的规范性和合法性。下面介绍几种典型的财务自动化软件。

（一）财务机器人：RPA

1. RPA 概述

RPA，全称 Robotic Process Automation，是一种自动化技术，它使用软件机器人模拟人类在计算机上执行的重复任务。这些机器人能够快速、准确地完成各种业务流程，而不需要人为干预。它们通常用于高度重复、大量的任务，例如，数据输入、文件转移和简单决策制定。使用 RPA 可以减少错误率，提高工作效率，同时释放人力资源去处理更复杂、需要高度认知能力的工作。

RPA 的工作原理基于两个主要技术：用户界面（UI）捕捉和工作流自动化。软件机器人通过捕捉用户在界面上的操作，如点击、键入、拖拽等，学习并复制这些操作。一旦机器人被训练完成，它就可以独立完成这些操作，且通常速度比人快得多。在工作流自动化方面，RPA 不仅可以执行单一的任务，还能按照预定的逻辑在多个应用间进行切换，实现完整的业务流程自动化。

从功能上来讲，RPA 是一种处理重复性工作和模拟手工操作的程序，可以实现以下功能。

（1）数据检索与记录。在数据检索与记录方面，RPA 能够跨多个系统进行数据检索、数据迁移，以及数据录入，确保信息的高效流动和存储。这种跨系统的能力使得集团可以快速响应数据需求，提高了业务流程的连贯性和速度。

（2）图像识别与处理。RPA 采用了光学字符识别（Optical Character Recognition，OCR）技术来识别信息。这种技术能够识别出图像中的文字，将之转化为可处理的数据，并在此基础上进行审查和分析。这种功能为文档自动化提供了强大的支持，特别是在需要从纸质文档中提取数据的场景中。

（3）平台上传与下载。RPA 能够按照预先设计的路径，上传和下载数据，从而完成数据流的自动接收与输出。这确保了数据传输的准确性和及时性，同时也大大降低了人工错误的可能性。

（4）数据加工与分析。RPA 能够自动进行数据检查、数据筛选、数据计算、数据整理、数据校验等操作，这使得数据分析更为精确、高效。借助此功能，集团可以更好地理解其业务数据，从而作出明智的决策。

（5）信息监控与产出。这项功能使 RPA 在工作流管理中发挥关键作用。RPA 可以模拟人类的判断，实现工作流的分配、标准报告的自动生成、基于明确规则的决策制定及自动信息通知。这不仅提高了工作效率，还确保了业务流程的规范化和标准化。

2. RPA 在集团财务管控中的具体应用场景

（1）发票处理和账款管理。在财务部门，处理发票和账款管理任务往往涉及大量的手工操作，不仅效率低下，而且容易出错。利用 RPA 技术自动化这一流程，可以显著提高效率和准确性。RPA 机器人能够自动扫描和识别发票上的关键信息，如供应商名称、金额、发票编号和发票日期等，并将这些信息准确无误地输入到企业的财务系统中。这一过程减少了人工输入的需要，降低了因手工操作引起的错误率。此外，RPA 还能够自动将发票与相应的采购订单进行匹配，验证所提供信息的一致性和准确性，确保支付的正确性。在账款支付方面，RPA 可以根据预设的规则自动执行支付流程，包括生成支付凭证、执行电子支付操作等，进一步提升了支付效率和准确性。通过自动化这些重复性高且容易出错的任务，集团不仅能够节省大量的人力资源，还能够提高财务管理的整体效率和准确性，从而更好地控制财务风险。

（2）财务报告的自动生成。在传统的财务报告生成过程中，财务人员需要手动从各种财务系统和数据库中收集数据，然后进行烦琐的数据整理和分析，最后按照报告模板编制财务报告。这一过程不仅耗时耗力，而且容易因人为因素导致数据处理错误。引入 RPA 技术后，可以自动化整个报告生成流程。RPA 机器人能够自动从不同来源抽取所需的财务数据，包括收入、成本、资产和负债等信息，然后根据预设的逻辑对数据进行处理和分析，最终自动按照既定模板生成各类财务报告。这种自动化流程不仅提高了报告生成的效率，还保证了报告内容的一致性和准确性。通过实时生成准确的财务报告，企业管理层能够及时获得财务状况的全面视图，为决策提供可靠的数据支持，同时也有助于提高集团的财务透明度和合规性。

（3）预算跟踪和控制。预算跟踪和控制对于集团来说是一项至关重要的财务管控任务，它涉及对集团各个业务单位的预算执行情况进行监控和分析，确保财务资源的合理分配和使用。RPA 在这一领域的应用极大地提高了预算管理的效率和准确性。通过自动化技术，RPA 能够实时地从各个财务系统和数据库中收集实际支出数据，自动将这些数据与预先设定的预算进行对比分析。当发现特定业务单位或项目的实际支出超出预算时，RPA 系统可以自动发出预警通知给相关财务管理人员和决策者，使他们能够及时了解预算超支的情况，并采取相应的调整措施，如重新分配资源或调整支出策略，从而有效地控制财务风险，保障集团的财务健康和业务目标的实现。

（4）银行对账。银行对账涉及核对集团各个账户中的交易记录与银行对账单上的记录，确保财务数据的准确性和完整性。传统的对账过程往往是手动进行的，不仅效率低下，而且容易出错。通过引入 RPA 技术，银行对账过程可以被完全自动化。RPA 机器人能够定期从银行的系统中自动下载对账单，提取关键的交易数据，然后与集团财务系统中记录的数据进行匹配和核对，快速识别出任何不匹配或异常的交易。这个自动化的过程不仅显著提高了对账的速度和准确性，还大大减轻了财务人员的工作负担，使他们能够将更多的时间和精力投入到更为重要的财务分析和决策支持任务中。此外，自动化的银行对账过程还有助于及时发现和纠正潜在的财务错误和欺诈行为，增强集团财务管理的安全性和可靠性。

（二）会计引擎

会计引擎是一种专门用于处理会计事务的软件工具，它是财务管理系统的核心组件。会计引擎可以接收来自各种源（如销售系统、采购系统等）的财务事务数据，然后按照预定的会计规则和会计政策进行处理，生成各种会计报表和财务报告。会计引擎具有强大的规则处理能力和灵活的配置性，它可以根据集团的具体需求进行定制，以满足各种不同的会计处理需求。此外，会计引擎还可以处理复杂的会计事务，如币种转换、税务处理、复杂的成本分摊等。

在集团财务管理中，会计引擎起着至关重要的作用。会计引擎可以自动化处理大量的财务事务，从而大幅提高财务处理的效率，减少人为的错误，并释放财务人员的时间，让他们可以把更多的精力放在策略性的决策上。例如，销售行为发生时，会计引擎可以自动接收销售系统的数据，然后根据预设的会计规则，自动生成销售收入的会计凭证，这既节省了人工录入的时间，也减少了错误的可能性。会计引擎可以支持集团的财务报告需求。会计引擎可以根据预设的报告模板，自动生成财务报表、税务报表等，这为集团的财务决策和外部报告提供了及时、准确的数据支持。此外，会计引擎还可以支持集团的合规管理，它可以根据预设的会计政策和税务规则，自动处理各种税务事务，确保集团的财务操作符合法规要求。

三、数据分析与报告工具

集团财务管控中数据分析与报告工具的选择至关重要，因为这些工具能够提供深入的洞察，帮助管理层做出基于数据的决策。以下是几个典型的数据分析与报告工具。

（一）Microsoft Excel

Microsoft Excel 是一款广泛使用的电子表格程序，隶属于 Microsoft Office 套件。自从 1985 年首次推出以来，Excel 已经成为个人和企业用户进行数据管理、分析和报告制作的重要工具。Excel 的强大功能使其在集团财务管控中发挥着至关重要的作用。

1. 数据组织和处理

Excel 的基础功能使其成为集团处理大量财务数据的理想工具。集团财务部门利用 Excel 来记录和整理各种财务数据，如收入、支出、资产和负债等。

通过应用公式和函数，财务人员能够快速计算财务比率、成本和收益，以及执行月度和年度的财务汇总，确保数据的准确性和实时性。

2. 数据分析

Excel 的数据透视表和条件格式功能为集团财务分析提供了强大支持。通过数据透视表，财务分析师可以轻松地对大量财务数据进行分类、汇总和分析，快速识别财务绩效的关键驱动因素。条件格式则可以突出显示关键指标的变化，帮助财务人员及时注意到潜在的财务问题。

3. 数据可视化

通过创建图表，Excel 帮助集团财务部门将复杂的数据转换为直观的视觉表示。这些图表使得财务报告更加生动，帮助管理层和股东快速理解财务状况、趋势和潜在风险，为战略决策提供了依据。

4. 财务建模

集团财务部利用 Excel 构建财务模型，进行现金流预测、项目投资分析和财务规划等。这些模型使得财务决策基于详实的数据分析，提高了决策的精确度和有效性。

（二）SAP BusinessObjects

SAP BusinessObjects 是一个高级的业务智能（BI）平台，专为满足企业在报告、数据可视化和分析方面的需求而设计。它提供了一整套工具和应用，使企业能够有效地管理和分析来自各种数据源的信息，从而支持更好的决策制定。该软件的核心功能有：数据整合。SAP BusinessObjects 能够连接到多种数据源，包括传统的数据库、在线分析处理（OLAP）服务器，以及 Web 应用程序等，实现数据的整合。这对于集团公司尤其重要，因为它们往往需要处理来自不同地理位置、不同业务单元的数据。报告生成。该平台提供了强大的报告功能，允许用户创建丰富的、交互式的报告。这些报告不仅可以包含静态数据，还可以包含图表、图形和其他可视化元素，使得财务报告更加直观和易于理解。数据可视化。SAP BusinessObjects 的数据可视化工具，如 Dashboards 和 Lumira，使用户能够将复杂的数据转换为易于理解的图形和图表。这有助于揭示数据背后的趋势和模式，为管理层提供洞察。预测分析。平台提供的高级分析功能支持预测模型的创建和执行，帮助企业预测未来的财务趋势和市场变化。这种预测能力对于制定长期的财务规划和战略规划至关重要。

SAP BusinessObjects 在集团财务管控中的典型应用场景有：财务报告和合并。对于跨国或多业务单位的集团公司而言，SAP BusinessObjects 能够自动化财务报告的生成过程，包括收入、成本、利润等关键财务指标的汇总和分析。同时，它还可以处理复杂的财务合并和货币兑换问题。预算和实际对比分析。该工具可以用于比较实际财务表现与预算之间的差异，帮助财务部门及时发现预算偏差、分析偏差原因，并采取相应的调整措施。

（三）Tableau

Tableau 是一款高度灵活和用户友好的数据可视化工具，它允许用户轻松创建复杂且吸引人的数据图表和仪表板。作为业界领先的数据分析和业务智能平台之一，Tableau 特别适合处理和展示大量的财务数据，帮助集团公司从数据中获得深刻的洞察。

该软件有以下特点。直观的拖放界面。Tableau 提供了一个直观的拖放界面，用户无须编程知识即可轻松创建各种图表和仪表板。这种易用性使得 Tableau 非常受到非技术背景用户的欢迎。强大的数据连接能力。Tableau 支持连接到几乎所有类型的数据源，包括传统的数据库、Excel 文件、云服务和大数据平台等。这使得 Tableau 能够轻松处理来自集团内部不同业务单元和系统的财务数据。丰富的可视化选项。Tableau 提供了丰富的图表类型，包括条形图、折线图、散点图、地图、热图等，支持高度自定义的设计，让用户可以根据需求选择最合适的方式来展示数据。交互式分析和仪表板。Tableau 的仪表板不仅外观精美，而且支持交互式操作，如筛选、选取和提示等。这使得用户可以从宏观到微观地探索数据，深入理解数据背后的故事。分享和协作。

Tableau 支持将图表和仪表板发布到 Tableau Server 或 Tableau Online，使得数据分析结果可以轻松地与团队成员共享，支持协作和决策过程。

Tableau 在集团财务管控中的典型应用场景有：财务性能监控。Tableau 可以用来创建实时财务仪表板，展示关键财务指标，如收入、支出、现金流量和利润率等。这有助于管理层实时监控集团的财务状况，及时发现和应对财务问题。预算与实际比较分析。通过 Tableau，集团可以将实际的财务表现与预算进行对比，可视化展示预算偏差。这有助于财务部门识别预算控制的问题区域，优化资源分配和财务规划。成本和收益分析。Tableau 支持深入分析各项成本和收益的来源和结构，帮助集团识别成本节约的机会和收益增长的潜力，支持更有效的成本管理和收益提升策略。财务趋势和模式发现。利用 Tableau 的数据可视化能力，集团可以轻松识别财务数据中的趋势、周期性模式和异常情况，为财务预测和战略规划提供支持。

（四）Power BI

Power BI 是由微软开发的一款强大的业务分析服务，旨在提供丰富的数据可视化和自助式分析能力，让用户可以快速地将数据转化为洞察。作为一款云服务，Power BI 让用户能够在任何地方访问他们的数据和报告，支持企业更加灵活和动态地作出基于数据的决策。

Power BI 的核心功能有：数据连接。Power BI 支持连接到广泛的数据源，包括本地数据库、Excel 文件、云基础服务（如 Azure SQL Database 和 Azure Analysis Services）、在线服务（如 Salesforce、Google Analytics 和 Dynamics 365）等。这使得用户可以轻松整合来自不同来源的数据。数据模型创建。用户可以在 Power BI 中创建和修改数据模型，定义数据之间的关系，创建计算列和度量值。这些功能为深入分析数据提供了强大的支持。报告和仪表板设计。Power BI 提供了丰富的可视化工具和定制选项，用户可以根据自己的需求设计报告和仪表板。支持的可视化类型包括条形图、折线图、饼图、地图和更多复杂的图表，如散点图矩阵和自定义视觉效果。动态交互和实时更新。

Power BI 的报告和仪表板支持动态交互，用户可以通过筛选、切片和选取来探索数据。同时，Power BI 支持实时数据更新，确保管理层和决策者总是基于最新的信息作出决策。共享和协作。Power BI 报告和仪表板可以通过 Power BI 服务在组织内部或与外部合作伙伴共享。通过 Power BI Apps，可以将报告和仪表板打包，易于分发和访问。移动访问。Power BI 提供了移动应用，支持 iOS、Android 和 Windows 平台，让用户可以在移动设备上访问报告和仪表板，随时随地获取数据洞察。

Power BI 在集团财务管控中的典型应用场景有：财务绩效监控。利用 Power BI，集团公司可以创建综合的财务绩效仪表板，实时跟踪关键财务指标，如收入、支出、利润率和现金流等。预算管理。通过整合来自不同部门和业务单元的预算数据，Power BI 帮助集团进行预算与实际的比较分析，及时调整财务规划。财务报告自动化。Power BI 可以自动化财务报告的生成过程，减少人工操作，提高报告的准确性和及时性。成本分析。通过深入分析成本结构和趋势，Power BI 帮助集团识别成本节约机会和效率提升领域。

四、电子档案系统

（一）电子档案系统的概念

电子档案系统是一种的信息系统，其目标是将会计档案纳入结构化管理，从而确保每一个会计凭证与其对应的电子影像自动匹配和整合。这个系统的核心功能不仅局限于电子化存储，它涉及档案的整个生命周期，从归档、检索到借阅，确保每一个步骤都在系统内有迹可查。电子档案系统处于整个财务体系的核算层中，并且作为财务运营系统的关键组成部分。它采用先进的影像技术为支撑，同时基于企业的会计核算系统，以实现会计数据的自动化加工。

电子档案系统为企业提供了一个桥梁，将电子档案与实体档案紧密关联，从而实现档案的完整性和一致性。电子档案系统的出现解决了长期以来的一个问题，即集团各企业内部各种会计数据系统之间的信息孤立现象。而通过与网上报账系统等其他企业信息系统的集成，电子档案系统不仅提高了集团各企业会计数据处理的自动化水平，而且增强了企业会计信息与外部环境的连接。这种集成体现在多个方面，如异地的财务共享，凭证的采集、传输和管理，以及实时在线的档案调阅，这一切都在提高各方如审计、纳税申报及税务机关等的工作效率。这个系统不仅简化了会计过程，提供了一个无纸化和一体化的办公环境，而且还确保了纸质原始档案的有效保护。

（二）电子档案系统的流程

电子档案系统是一个综合性的解决方案，专门针对财务电子凭证文档的集中管理而设计。通过与网上报账系统、核算系统、电子影像系统等相关业务系统的深度融合，它确保形成的电子凭证与实物凭证完全一致。在完成电子凭证的生成后，系统按照实物凭证的归集方法进行分册和归档，从而实现了凭证的电子化管理。

电子档案系统的工作流程是明确且结构化的。从开始到结束，数据流经过几个关键阶段。信息采集阶段负责从各个数据源收集相关信息，并确保其准确性和完整性。接下来，进入凭证管理阶段，此时会将采集到的信息转化为电子格式的凭证，同时确保它们与实物凭证一致。归档管理阶段则负责按照特定的标准和规范对这些电子凭证进行归档和整理。在档案管理阶段，所有的电子凭证都会被安全地存储和维护，确保能够在需要时方便检索和使用。这个流程不仅提高了凭证处理的效率，还增强了数据的安全性和可靠性。

（三）电子档案系统的功能

电子档案系统功能框架主要分为归档和查询借阅两大模块。

1. 档案归档模块

档案归档模块是电子档案系统的核心，它的主要任务是确保企业自制的记账凭证电子文件与内外部的原始凭证影像文件匹配完美。该过程确保生成完整的电子记账凭证档案数据，并以册为单位在系统内进行统一管理。这种统一管理确保纸质会计凭证与电子会计凭证的一致性，降低对纸质会计凭证的依赖，从而保护纸质档案免受人为和机械损害。档案归档模块的功能主要有以下几部分。

（1）凭证打印。电子档案系统中的凭证打印功能已经得到了优化，更好地考虑了凭证、报账单和原始单据之间的关联。除了常规打印外，该系统还支持四种打印方式，从而提高打印效率。这四种方式是：按照纸质报账单的顺序打印，以便于匹配和粘贴；允许用户自定义打印顺序；区分已打印和未打印凭证；关联报账单的打印。

（2）凭证匹配。电子档案系统在构建完整财务档案时，高度依赖凭证匹配功能，确保会计凭证与其对应的实物档案和电子报账单之间的精确关联。在这一复杂过程中，每个电子报账单提交都会生成一个具有唯一编码的单据号，与此同时，与其相关联的实物档案单据也拥有其特定的票据号。进一步地，当这些实物档案被扫描并转换为电子形式，系统便为其分配一个扫描索引号。与此过程并行，基于电子报账单的信息，会计凭证被自动生成并被赋予一个独特的凭证号。在这种高度结构化和自动化的过程中，所有这些不同的标识符，包括单据号、票据号、索引号和凭证号，都被有机地关联起来。这不仅确保了数据的完整性和准确性，而且通过这种细致的匹配，会计凭证和实物档案之间的链接被牢固地建立，确保了财务数据的一致性和可追溯性。

（3）凭证分册。电子档案系统的凭证分册功能高度优化了会计凭证的组织和管理流程。在系统内部，每一张会计凭证都根据其专属的会计凭证号进行排列，确保顺序的完整性和连续性。借助这种高度自动化的机制，系统能够依据凭证的数量，智能地实施电子档案的分册处理。与此同时，纸质会计凭证在实际操作中也遵循相同的凭证号顺序，人工地进行分册整理。此外，电子档案系统具备先进的缺号识别技术，能够实时地检测是否存在中断或遗失的凭证号，并自动启动缺号分析程序。一旦系统发现缺失的凭证，便会自动发出提醒，要求相关负责人解决此问题，从而确保档案的完整性和流程的连续性。这样的设计不仅提高了会计凭证管理的效率，而且增强了财务数据的准确性和完整性。

（4）凭证入柜。电子档案系统为会计凭证的存储和检索提供了一种高效的方法。经过系统自动分册处理后的凭证册，基于预设的规则，被整合并放入特定的凭证盒。考虑每家企业的实际存储空间和场地限制，这些盒子进一步被组织并储存在特定的凭证柜内。每一步的操作，从凭证册的归档到实物档案的具体存放位置，都在系统中得到精确的记录和追踪。因此，当档案的使用者需要查询某个具体的实物档案时，他们可以直接通过系统查看存储信息，快速并准确地定位到所需的实物档案。这种自动化和数字化的管理方法大大缩短了查找和处理纸质档案的时间，同时也降低了因人为错误造成的档案丢失或损坏的风险。

2. 档案查询借阅模块

（1）档案查询。电子档案系统拥有强大的查询功能，允许用户追踪从明细账到各种会计凭证、应付票据、报账信息，以及原始单据的全部会计信息。这种一体化的查询体验确保了数据的连贯性和完整性。电子档案系统还可以查询不同的法人、账簿和类别的电子档案状态，提供有关累计册数、实物存放位置等的细节，并能够生成多维度的档案管理报告，使得档案管理变得更加精确和高效。

（2）档案借阅。电子档案系统完整地处理了档案借阅的全流程。从借阅申请的启动，到系统内的电子审批流程，再到档案的归还、催还和续借申请，每一步都经过精心设计以确保流程的顺畅和透明。尽管档案的借阅过程主要侧重于电子档案，但纸质档案的借阅也得到了充分的支持和考虑。

（3）库房管理。库房管理是电子档案系统中至关重要的部分，负责处理企业的电子和纸质档案的存储和流转，包括入库、出库、归还和盘点等任务。系统可以准确地确定每一本纸质档案的库存状态和确切位置，使得档案的调阅和查找变得非常便捷。更进一步，系统利用条码技术对纸质档案进行严格的监控和管理，确保实物档案与电子数据的完全一致性，从而提高档案管理的整体水平。

第四节　集团财务管控的人才保障

一、集团财务管控中加快建设人才队伍的重要性

（一）提升决策质量和效率

在全球化经济背景下，集团公司面临的财务管理挑战愈加复杂，如跨国运营的财务合规、汇率风险管理、国际税务规划等。在这种环境下，高素质的财务人才通过运用他们深厚的专业知识和丰富的经验，能够对复杂的财务数据进行深入分析，提供精准的决策支持。这类人才能够识别和分析财务报告中的关键指标、理解市场趋势、评估潜在的财务风险和投资机会，为管理层提供基于数据的、全面的决策依据。他们的专业洞察和建议有助于集团在充满不确定性的市场环境中避免财务风险，把握正确的投资方向，有效利用资源，从而在激烈的市场竞争中获得优势。此外，财务人才还能够通过预测分析帮助集团预见未来的发展趋势，制订前瞻性的财务战略和计划，确保集团长期稳定发展，提升决策的质量和执行的效率。

（二）增强财务管控和合规性

在当前全球财务监管要求日益严格的背景下，增强集团财务管控和合规性尤其重要。集团公司的财务活动必须完全符合各种国内外的法律法规要求，以避免可能的法律风险和财务损失。高素质的财务人才在这一过程中扮演着关键角色，他们通过准确无误地编制和提交财务报告，确保集团的财务活动和报告的透明度和准确性。通过实施和维护内部控制系统，这些人才能够有效地识别、评估和管理财务风险，如欺诈风险、信用风险和市场风险等。他

们还负责监控集团的财务流程和交易，确保所有财务活动都符合相关的会计准则和税务法规，从而保护集团免受潜在的财务损失和法律诉讼。此外，财务人才还负责定期对内部控制系统进行审查和更新，以应对外部环境的变化和新的监管要求，确保集团财务管理的持续改进和优化，增强财务管控和合规性。

（三）促进技术和创新的应用

随着财务技术和数字化转型的快速发展，财务管理正经历着翻天覆地的变革。在这一背景下，拥有前瞻性的财务人才成为集团公司不可或缺的宝贵资源。这些人才不仅需要具备扎实的传统财务管理技能，还需要掌握最新的技术，如人工智能、大数据分析、区块链等，利用这些先进技术来优化财务流程、提升工作效率并增强决策的科学性。通过引入自动化和智能化工具，如自动化的财务报告系统和基于 AI 的风险评估模型，财务部门能够实现高效的数据处理和分析，提高财务报告的准确性和时效性。此外，这些财务人才还能够推动财务创新，探索新的财务管理模式和工具，帮助集团适应数字经济时代的需求，从而在激烈的市场竞争中保持领先地位。

（四）支持业务增长和可持续发展

支持业务增长和可持续发展是集团在长期发展过程中需要关注的重要方面，而高素质的财务人才在这一过程中发挥着至关重要的作用。他们通过精准的财务分析和有效的资金管理，为集团的业务增长和扩张提供坚实的财务基础。这些财务人才能够深入评估各种投资项目的财务可行性、制定合理的资本结构、优化资金配置、提高资金使用效率，从而支持集团实现收入增长和市场扩张。同时，他们还注重财务战略与集团的长期可持续发展目标相结合，关注环境、社会和治理（ESG）等方面的表现，通过财务决策和投资支持集团的可持续发展战略。这不仅有助于提升集团的社会责任和品牌形象，还能够为集团赢得投资者和消费者的信任，促进集团的长期稳定发展。

二、财务人员的职业胜任能力框架

财务人员职业胜任能力框架是由财会行业管理部门专门设计的，它是一种人造系统，目的是评价财会从业人员工作所需具备的一些必要的能力。一般来说，财务人员的职业胜任能力可以分为三部分：职业知识、职业技能、职业价值观，如图 5-4 所示。

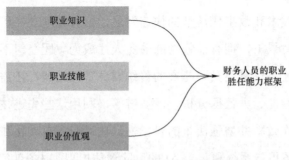

图 5-4　财务人员的职业胜任能力框架

（一）职业知识

职业知识是指财务人员在其职业领域内所需掌握的理论知识、行业规范、法律法规及最佳实践等。它是财务人员能够有效执行其职责、作出专业判断和决策的基础。职业知识的重要性在于，它不仅为财务人员提供了执行日常财务管理任务所需的基本工具和框架，还使财务人员能够适应快速变化的经济环境和监管要求。随着全球化和数字化转型的加速，财务领域的知识和技术不断更新，财务人员必须持续学习和更新其职业知识，以保持其专业能力的前瞻性和竞争力。此外，深厚的职业知识也是财务人员进行复杂问题解决、战略规划和决策支持的基石，对于提高集团的财务管理水平、优化资源配置和增强集团的市场竞争力有着不可替代的作用。因此，职业知识对于财务人员来说不仅是职业生涯发展的基础，也是其为集团创造价值、支持企业可持续发展的关键要素。

财务人员需要掌握很多职业知识，通常有以下三类。

1. 一般基础知识

一般基础知识为深入研究和掌握财务管理的其他专业领域奠定了坚实的基础，同时为与不同领域的专家有效沟通和交流提供了必要的工具。一般基础知识包括人文科学知识、自然科学知识、艺术知识和外语等，每个领域的知识都对财务人员的职业发展和工作效率有着不同程度的影响。

人文科学知识能够帮助财务人员理解人类行为、社会变迁及其对经济和商业活动的影响，增强他们对商业环境和组织行为的理解。这种理解促使财务人员在进行财务分析和决策时，能够考虑更广泛的社会经济因素，提高决策的全面性和准确性。自然科学知识，尤其是数学和统计学，对财务人员而言尤为重要。它们不仅为财务人员提供了分析财务数据所需的逻辑思维和方法论，还有助于财务人员在面对复杂的财务问题时，运用科学的方法进行有效的解决和判断。艺术知识的重要性在于，它能够培养财务人员的审美观和创新思维。在财务报告的设计、数据可视化，以及解决财务问题的创新方案设计中，艺术知识能够为财务人员提供新的视角和思路，从而提高工作的创造性和解决问题的能力。外语知识在全球化的商业环境中尤为关键。掌握一门或多门外语能够帮助财务人员有效地与来自不同文化背景的合作伙伴、客户进行沟通，有助于跨国公司在全球市场中的运营和扩展。特别是对于涉及国际财务报告标准、跨国税务规划和国际资本市场等领域的财务人员，外语能力是进行国际业务沟通和信息获取的必要条件。

2. 专业基础知识

专业基础知识是提升职业素质、确保职业操作的精准度和效率的基石。专业基础知识的包括经济学、管理学、金融学、营销学和统计学等商学领域，为财务人员提供了理解商业运作的宏观和微观视角。这些学科的知识不仅为财务管理提供了坚实的理论支撑，还帮助财务人员全面理解市场经济的运行机制和企业的经营策略。

进一步而言，计量经济学、组织行为学和人力资源管理等，深化了财务人员对组织内部结构、行为动态和人力资源管理的认识。这些知识对于财务人员而言极为重要，它们不仅使财务人员能够在处理日常财务任务时更加精准和高效，还能够帮助他们在面对组织变革、战略规划和人力资源调配时作出合理的财务决策。此外，财务人员还需熟悉与财务管理直接相关的专业知识，如国际财务报告标准（IFRS）、税法、审计原则，以及企业财务分析等。这些专业知识为财务人员在进行财务报告编制、税务规划、财务风险管理和投资分析等工作中提供了技术和方法论指导。熟练掌握这些专业基础知识，使财务人员能够有效地应对经济环境的变化、商业竞争的挑战及法律法规的更新。通过与各部门和层面的有效沟通和交流，财务人员能够在确保企业财务健康的同时，为企业的战略发展、组织结构优化和人力资源管理提供有力的支持。这些专业基础知识不仅为财务人员个人职业发展奠定了坚实的基础，更为他们在复杂的经济、商业、法律和组织环境中实现高效工作和创造价值提供了可能。

3. 信息技术知识

在当今数字化时代，信息技术知识对于财务人员而言已经变得不可或缺。随着财务管理流程的自动化和数字化转型的加速，财务人员不仅需要掌握传统的财务管理技能，还需要具备相应的信息技术知识，以适应新的工作环境和提高工作效率。这包括了解和应用财务软件、数据分析工具、信息系统和网络安全等方面的知识。

财务软件知识是财务人员必须掌握的基本技能之一。这包括企业资源规划（ERP）系统、财务报告软件、税务处理软件等的操作和应用。通过熟练使用这些软件，财务人员可以高效地完成日常财务记账、报告生成、税务申报等工作，提升财务管理的自动化水平。对信息系统的了解对于财务人员而言同样重要。财务信息系统（FIS）是企业内部用于收集、处理、存储和传递财务信息的系统。财务人员需要理解信息系统的基本架构和工作原理，以便更好地管理和维护企业的财务数据，确保数据的准确性和安全性。网络安全知识在当今网络环境下尤为重要。随着财务活动日益依赖于互联网和企业内部网络，财务人员必须具备网络安全的基本知识，包括数据加密、访问控制和网络攻击防护等，以保护企业财务数据不受外部威胁和内部泄露的风险。

（二）职业技能

职业技能在职业胜任能力构成中占据重要位置。职业技能可以分为两类：团队职业技能和个人职业技能。

1. 团队职业技能

（1）沟通协调能力。集团内部存在多个部门，如销售部门、生产部门和人力资源部门等，这些部门各自执行其特定的职责，并在不同的方向努力以实现组织的目标。而位于这众多部门之间的财务部门则充当一个枢纽角色，连接和协调各部门，确保信息流畅和工作的高效进行。此外，财务部门还经常需要与外部实体如银行、工商、税务和审计单位进行交流。因此，对于财务人员来说，沟通协调能力不仅仅是简单地传递信息，还是能够理解、处理和中和各方的需求，达到共同目标的一种技能。一个拥有良好沟通协调能力的财务人员能够确保集团内外部的交流更为顺畅，帮助减少误解，提高工作效率，进而推动集团的整体发展。

（2）团队合作能力。团队合作能力在当前社会经济环境中越发显得至关重要。随着分工细化，个体很难独自完成所有任务，因为现代工作往往需要涉及多种知识和技能，这也使得跨部门合作成为日常工作的常态。明确的岗位职责与无缝的团队协同是达成财务及组织目标的核心。以一个独立运行的项目为例，财务不仅是其背后的支持力量，还与项目的每一个环节紧密相关。从预算分配、资金流动到最终的盈亏核算，都需要与其他部门如销售、采购、生产等紧密合作。因此，财务人员不仅要具备专业技能，更应当具备出色的团队合作能力，这意味着他们要能与不同部门、不同层级的人员顺利合作，分享信息，学习新知识，共同探讨问题，以确保组织的目标得以顺利实现。

（3）表达能力。表达能力对于财务人员来说，是其日常工作中必不可少的技能。无论是口头还是书面，准确、清晰地表达自己的观点和分析结果对于确保工作的顺利进行和提高工作效率至关重要。尤其在处理复杂的财务数据和分析结果时，条理清晰、逻辑严密的表达不仅能够更好地向他人展示其分析判断能力、认知能力和逻辑思维能力，还有助于确保接收者能够正确、快速地理解信息的真实含义。此外，由于财务工作涉及与集团内的多个部门及外部的多方实体进行沟通交流，如供应商、审计师、税务机关等，良好的表达能力也意味着能够更好地建立和维护与他们的工作关系，确保信息的流畅传递和正确理解，从而使整个组织的工作流程更加顺畅。

（4）领导能力。领导能力对于财务主管或财务经理这类中高层管理人员而言，是实现其角色职责的关键能力。在集团中，这些管理人员不仅需要处理复杂的财务问题，还要指导和管理下属，确保整个团队高效、准确地完成任务。领导能力涉及对团队的引导、激励和管理，以及如何有效地与其他部门或团队协同合作。此外，作为集团的决策者，他们还需要对外部环境和内部情况有深入的了解，确保集团的财务战略与整体战略相匹配，这需要他们具备出色的决策能力。缺乏这种领导力，不仅会影响财务部门的正常运作，还可能对整个集团的运营和战略目标产生不利影响。因此，对于那些有志于在财务领域进一步发展，尤其是想要担任中高层管理职位的人来说，培养和提高领导能力是非常必要的。

2. 个人职业技能

（1）数据挖掘能力。随着大数据时代的到来和集团信息化程度的提高，财务人员不仅需要处理大量的财务数据，更需要通过数据挖掘技能从中提取有价值的信息和洞察，以支持集团决策。数据挖掘能力是指对数据集进行分析，识别数据中的模式、趋势和关联性，这对于预测市场变化、评估财务风险和发现业务机会至关重要。具备数据挖掘能力的财务人员能够运用统计分析、机器学习技术和算法对财务数据进行深度分析。通过这些方法，他们可以识别财务报告中的异常模式，预测集团的收入和成本趋势，甚至发现潜在的欺诈行为。例如，通过分析销售数据、市场趋势和消费者行为，财务人员可以帮助集团优化产品定价策略和库存管理，从而提升集团的盈利能力。此外，数据挖掘能力还使财务人员能够更好地理解和解释财务数据背后的业务逻辑和经济因素。这不仅提高了财务报告的质量和可信度，还增强了财务人员在集团决策过程中的参与度和影响力。财务人员可以利用数据挖掘结果为管理层提供更加全面和深入的财务分析报告，支持集团制定更加科学和合理的财务战略和业务决策。提升握数据挖掘能力并非易事，它要求财务人员不仅要熟悉财务知识，还需要具备一定的统计学和计算机科学知识，以及对数据分析工具和软件的熟练操作能力。因此，财务人员需要通过持续学习和实践，不断提升自己的数据挖掘能力。这包括参加相关的培训课程、学习最新的数据分析技术、掌握先进的数据分析工具等。

（2）独立工作能力。由于财务涉及众多的财务数据和法规要求，其工作的准确性和完整性对集团的运营至关重要。财务人员不仅要掌握各种财务知识，还要具有敏锐的洞察力，能够迅速地定位问题并提出解决方案。在日常工作中，财务人员经常需要对一系列复杂的数据进行处理和分析，这往往需要高度的集中精力和细致的操作，任何小小的疏忽都可能导致重大的财务风险。因此，能够独立完成工作、确保工作的准确性和完整性，对于财务人员来说是一个基本要求。此外，独立工作能力还意味着财务人员能够自我管理，制订工作计划，高效地分配时间和资源，确保工作进度和质量。对于那些小型集团，由于资源有限，很多时候财务人员更像是一个"全能型"角色，需要处理从基础的账务记录到复杂的财务报表的所有工作，这就更加考验其独立工作的能力。

（3）执行力。在财务领域，执行力不仅意味着完成分配任务的能力，更重要的是指能够有效、高效地实现财务目标和计划。具备强大执行力的财务人员能够在保证质量的前提下迅速响应各种财务需求，无论是日常的财务处理、财务报告的编制，还是复杂的财务分析和预算管理。这种能力使得财务人员能够在严格的截止日期和高压环境下仍保持高效的工作状态，确保财务活动的顺利进行。此外，执行力还体现在财务人员推动和实施财务改革和优化措施的能力上。在面对财务流程的瓶颈或低效时，能够主动寻找解决方案，并迅速执行以改善财务管理效率。因此，强大的执行力对于财务人员来说是完成工作任务、提升工作效率、实现职业成长的重要保障。

（4）应变能力。应变能力是指财务人员在面对不确定性和突发情况时，能够迅速做出反应、适应变化并有效处理问题的能力。在快速变化的商业环境和复杂的经济体系中，财务人员经常需要处理各种意料之外的情况，如市场波动、政策变化、经济危机等。具备良好应变能力的财务人员能够在面对这些挑战时保持冷静，快速分析问题的本质，制定合理的应对策略。例如，在市场波动导致公司财务状况突变时，他们能够迅速调整财务预测和预算，为集团决策提供及时的信息支持。此外，应变能力还包括能够在面对内部管理变革、技术更新或组织结构调整时，迅速适应新的工作环境和要求。这种能力使得财务人员在不断变化的工作环境中能够继续发挥其专业优势，为集团的稳定运营和长期发展提供支持。

（5）学习能力。学习能力对财务人员而言是不可缺少的核心能力。在这个日新月异的时代，无论是社会环境的变迁还是科学技术的进步，都对财务领域提出了新的要求。对于财务人员，面对知识的海洋，其无法涵盖所有，但至少应确保自身所掌握的财务知识始终处于行业前沿。这不仅需要对现有的知识体系进行不断地更新和完善，更需要具备敏锐的触觉，对新知识、新技术保持持续的兴趣和关注。而这一切，都离不开强烈的学习欲望和持续不断的学习能力。财务人员通过不断学习，不仅能够为集团提供最前沿的财务策略建议，还能为自己的职业生涯打下坚实的基础，确保自己始终处于行业的前列。

（三）职业价值观

财务人员职业胜任能力框架中职业价值观的内涵非常丰富，不仅包括工作态度与责任心、法律意识、客观公正，而且包括保守商业秘密、关注公众利益和社会责任、专业风范等内容。

1. 工作态度与责任心

财务工作涉及的内容复杂且对细节的要求极高,这使得财务人员必须具备极高的细心与耐心。每一个数字、每一笔账目背后都隐藏着集团的经济活动和财务情况,一个小小的疏忽可能导致严重的经济损失或法律风险。因此,对于财务人员来说,认真负责、周密细致不仅仅是工作要求,还是对自己职业的尊重与责任。这种责任感体现在财务人员对每一个数字的认真核对、对每一笔交易的仔细审核。而谨慎认真的工作态度则意味着,无论面对多么琐碎或者重复的任务,财务人员都会对其进行周全的考虑和判断,确保工作的每一个环节都得到了精细的处理,从而保障财务工作的高质量和高效率。这种工作态度与责任心是财务人员从业的坚实基石,也是确保财务数据真实、准确和完整的关键。

2. 法律意识

财务系统作为集团财务信息的核心载体,其设计和运作都受到诸多法律法规的约束和指导。而这些法律法规的目的正是确保财务信息的真实性、准确性和完整性。财务人员必须深知,离开了这些法律框架,所产生的财务信息可能会误导决策者,给集团带来巨大风险,甚至导致严重的法律后果。因此,持续的法律教育和培训对财务人员至关重要,这不仅是为了避免违法行为,还是为了确保每一个财务决策都建立在坚实、可靠的法律基础上。而在日常工作中,不仅是遵循法律,还要前瞻性地关注相关法律法规的变化,以适应不断变化的业务环境,确保财务工作始终在合法合规的轨道上运行。这种深厚的法律意识,是财务人员专业素养的重要组成部分,也是其在复杂的商业环境中为集团创造价值的关键。

3. 客观公正

客观公正是财务人员的核心职业素养。在处理财务数据、编制财务报告及进行财务分析时,任何的偏见或主观倾向都可能导致信息失真,从而误导决策者和其他信息使用者。财务信息作为集团经营决策的重要依据,其真实性、准确性和客观性对于集团的生存和发展至关重要。因此,财务人员必须确保其工作始终基于客观事实，而不受到任何外部因素的影响，包括但不限于管理层的压力、个人利益或其他利益相关者的干预。只有坚守客观公正的原则，财务人员才能赢得各方的信任，为集团的健康发展作出真实的、有价值的贡献。此外，客观公正的态度也是对财务职业道德的坚守和体现，它不仅代表了财务人员的个人修养，更代表了整个财务职业的公信力和形象。

4. 保守商业秘密

保守商业秘密对于财务人员至关重要。在日常工作中，财务人员经常接触到集团的核心财务数据、商业策略及其他敏感信息。这些信息若被泄露，可能对集团造成不可估量的经济损失，甚至影响集团的长期发展和竞争力。因此，财务人员必须有强烈的职业道德，确保这些信息不被外泄。任何时候，都不能因个人利益或其他诱惑而泄露商业秘密，即便是在离职后也要严格遵守这一原则。此外，保护商业秘密也是维护股东、投资者和其他利益相关者权益的重要手段。只有当他们相信集团能够有效地保护其商业秘密，他们才可能对集团保持长期的信心和投资意愿。

5. 关注公众利益与社会责任

在进行财务报告和分析时，财务人员不仅仅是为了集团内部管理或股东服务，还是为了满足社会和公众的信息需求。公众依赖准确、真实的财务信息来进行投资、监管和其他经济决策。因此，为了保证信息的公正性和透明性，财务人员必须确保其工作既遵循专业标准，又满足公众的利益。同时，财务人员在其工作中也应该关注集团的社会责任，如环境保护、员工权益等，这不仅可以提升集团的社会形象，还可以为集团带来长期的经济利益。总的来说，关注公众利益与社会责任不仅是财务人员的职业道德要求，也是其实现职业价值和促进社会发展的重要手段。

6. 专业风范

在日常工作中，财务人员不仅是为集团提供财务服务，更是代表着整个财务行业。每一个决策、每一个行为都可能影响到财务行业的形象。为了维护这一形象，财务人员应持续保持高度的职业道德和尽责的工作态度。不应追求短视的利益或采取不正当手段，而应始终坚持真实、公正、透明的财务原则。在与客户、上级和同事的互动中，要展现出大家的风范，对待每一个任务都要全心全意，确保工作的准确性和及时性。只有这样，才能真正做到为集团、为社会、为整个行业创造价值，同时也为自己赢得尊重和信任。

三、集团财务人才的引进与培养策略

（一）将人才选拔前置，实施校企合作深度共建

在当前的数字化时代，高校的校园招聘逐渐成为集团进行财务人员选拔的重要途径。学生们旺盛的求知欲、灵活的思维方式，以及对新知识的高度敏感性，使他们在财务人才中显现出了显著优势。目前，超过一半的集团财务人员都是来自应届毕业生的校园招聘。因此，实施校企合作深度共建，构建人才培养生态体系成为集团引进财务人员的有效手段。通过实施人才选拔前置，集团可以在早期就将具有潜力的学生引入自己的视野中，从而有针对性地进行人才的培养和引导。这种方式可以帮助集团更早地发现并选拔出高质量的财务人员，同时也可以为学生提供更为实际、更为深入的学习和实践机会。

集团可通过"1+X"制度、实训基地共建、校园人才选拔大赛等多种方式加强校企合作，构建人才培养生态体系。实施"1+X"制度，即学生在完成学校规定的专业课程学习后，还可以选择一个或多个与之相关的技能培训，这种制度可以有效地提高学生的专业素养和实践能力。它为学生提供了深化专业技能、扩宽知识领域的机会，使他们在完成专业学习的同时，也能够获得其他相关的技能证书，从而更好地满足集团对复合型人才的需求。共建实训基地是进一步加强校企合作的有效手段。它可以使集团有机会参与到学校的教学活动中，提供实际的工作场景给学生进行实践，使学生能在实际的工作环境中学习和成长，更好地理解和掌握专业知识和技能。通过校园人才选拔大赛，集团可以进一步发掘和认识优秀的学生，同时也可以通过比赛激发学

生的学习热情和创新思维。此类比赛既可以提高学生的实践能力，又可以培养他们的团队合作精神和解决问题的能力。

（二）通过内外协作，合力推动财务人员培养

对于财务人员的培养，采取内部选拔、外部启蒙赋能的方式可以更好地实现目标。内部选拔培养指的是挖掘集团内部的潜力人才，让他们在实际的工作环境中进行学习和成长。在这个过程中，他们不仅可以熟练掌握各种财务实务技能，而且还能深入理解集团的业务和人员管理，这样就能更好地为集团服务。外部启蒙赋能则是从集团外部引入具有先进的信息化理念和领导力的专业人才，他们可以借力于集团的内部人才，激发他们的信息化意识。这样的过程既能提高内部人才的技能水平，又能引导他们的工作方向，使他们在自身发展的同时，也为集团的信息化组织架构和人才体系建设作出贡献。

（三）完善财务人员激励与留任机制

1. 设计公正的薪酬与奖励制度

设计公正的薪酬与奖励制度是保持财务人员留任的关键。薪酬与奖励制度应能体现出公平公正的原则，以满足员工的心理预期，并充分调动其工作积极性和创新性。在制度设计上，应考虑行业标准、公司规模、员工能力及工作内容等多种因素，确保员工的工资待遇在同行业、同岗位中具有竞争力。奖励制度的设计也应尽可能多元化，除了传统的现金奖励，也可以设立各种激励机制，如晋升机会、学习机会、表彰、休假等。这些都能满足员工多元的需求，激发他们的工作热情。薪酬和奖励制度不应只局限于固定的工资和奖金，而应涵盖各种形式的激励，如股权激励、期权激励等。这些激励方式可以让员工看到自己与集团的利益是紧密相连的，从而更加积极地投入工作中，也更愿意长期为集团服务。

2. 营造积极的工作环境与团队文化

营造积极的工作环境与团队文化是保持财务人员稳定性的关键因素。工

作环境的优越与否直接影响着员工的工作积极性和效率。物质环境，如良好的办公设备、安静的工作场所，可以提供最基础的工作需求；而人文环境，包括领导风格、同事关系、工作氛围等，这些无形的元素在某种程度上更能激发员工的工作热情和投入感，从而使得他们愿意在集团中长期工作。此外，团队文化的独特性和积极性会极大地影响员工的行为和工作态度。一个积极、协作、公平的团队文化将会鼓励员工释放他们的潜力，激发他们的创新力，使他们在实现个人价值的同时，也为团队和集团的目标作出贡献。集团还可以通过举办团队活动、员工交流会等方式来弘扬和传播这种团队文化，使得每一个员工都深入理解和接受这种文化，形成共享的价值观和行为准则。

3. 提供充足的职业发展机会与平台

提供充足的职业发展机会与平台是促进财务人员留任的又一关键策略。对于员工来说，仅仅拥有一个稳定的工作和满意的薪水可能并不足以满足他们对自我实现的需求。他们追求的是成长和进步，希望能够在职业生涯中不断提升自己，实现更高的成就。

在这个背景下，集团应当认识到职业发展机会与平台的价值，将其纳入人力资源管理的策略中。为员工提供各种培训和学习机会，使他们能够更新知识、技能和能力，是其中的关键手段。这包括内部培训、外部研讨会、行业会议，以及进一步的学术教育。与此同时，通过实践机会，如项目管理、团队领导和跨部门合作，员工可以将所学应用于实践，进一步锻炼和提高。

除此之外，为员工提供一个可以分享和交流的平台也是至关重要的。这种平台可以是线上的，如内部社交网络、知识共享平台；也可以是线下的，如研讨会、分享会和工作坊。这样，员工可以分享他们的知识、经验和洞察，与同事建立更紧密的联系，并从中获得启发和激励。

然而，仅提供职业发展的机会和平台并不足够，集团还需要确保这些机会和平台是真实的、有意义的，并与员工的职业目标和期望相匹配。这需要集团与员工进行深入的沟通，了解他们的需求和愿望，并据此进行调整和完善。

第六章 数字化转型背景下集团财务管控的发展

第一节 数字经济与集团数字化转型

一、数字经济概述

数字经济是继农业经济、工业经济之后的一种新的经济社会发展形态。人们对数字经济的认识是一个不断深化的过程。

（一）数字经济的定义

目前，数字经济尚没有明确的定义。学术界对数字经济的定义主要有以下两种观点。

（1）数字经济是以知识为基础，在数字技术催化作用下，在制造领域、管理领域和流通领域以数字化形式表现的新经济形态。这一定义的界定包括三个方面：在形式上表现为商业经济行为的不断数字化、网络化和电子化，即电子商务的蓬勃发展；在内容上体现为传统产业的不断数字化，以及新兴数字化产业的蓬勃发展；实质是在以创新为特征的知识社会中，当以 1 和 0 为基础的数字化技术发展到一定阶段，信息数字化扩展到整个经济社会的必然趋势。

（2）数字经济就是在数字技术的基础上形成的经济，是数据信息在网络中流行而产生的一种经济活动，其基本特征主要有三点：第一，数字技术在大范围内被推广使用，使得经济环境与经济活动发生了根本性改变；第二，经济活动在现代信息网络中发生的频率增多；第三，信息技术使经济结构得以优化，并有效地推动了经济增长。

以上定义各有侧重，且范围不同，但都认为数字经济是一种基于数字技术的经济。目前，较为权威的定义是 2016 年 G20 峰会发布的《二十国集团数字经济发展与合作倡议》中提出的，数字经济是指以使用数字化的知识和信息作为关键生产要素，以现代信息网络作为重要载体，以信息通信技术的有效使用作为效率提升和经济结构优化的重要推动力的一系列经济活动。

（二）数字经济的特征

1. 数字化

数字化是数字经济的最基本特点，也是其命名的依据。数字化，简单来说，是将各种信息和数据转换为计算机可理解和处理的二进制数字格式的过程。这种过程使得信息和数据的处理、存储和传输变得更加高效和便捷。数字化的过程涵盖了信息的采集、处理、存储、分析和使用等多个环节。

数字化使得信息的采集变得更加高效和精确。通过各种传感器和设备，可以实时采集各种类型的数据，如环境数据、行为数据、生理数据等，这些数据可以用来了解和分析各种问题。数字化的信息采集不仅效率高，而且可以采集到传统方法无法获取的细致和全面的数据。

数字化使得信息的处理和存储变得更加容易。在数字格式下，信息和数据可以快速地在网络上传输，可以在云端存储、也可以在本地设备上存储。这种方式不仅节省了存储空间，还避免了数据的损失和泄露。

数字化使得信息的分析和使用变得更加智能。通过大数据分析、机器学习和人工智能等技术，可以从大量的数据中提取出有价值的信息，可以发现数据中的模式和趋势，可以预测未来的发展。这些分析结果可以用来指导决策、提高效率、创新服务，等等。

2. 智能化

智能化是指事物在互联网、大数据、物联网、人工智能等技术支撑下能动地满足人类需求的属性。智能化的实现依赖于算法，算法是计算机程序运行的一系列规则，作为构建平台的底层技术要素，定价算法、推荐算法等被广泛运用于电子商务、新闻媒体、交通、医疗等领域。

2015 年以来，人工智能研究在多个领域实现突破，数字经济进入以智能化为核心的发展阶段。目前，其商业模式还主要集中在单一的弱人工智能应用上，包括语音识别、自动驾驶、图像识别、医疗辅助等诸多领域，具有代表性的公司有谷歌、百度、科大讯飞、阿里巴巴、苹果等。未来，智能化技术发展将对数字经济发展产生质变效应，推动人类生产生活方式的新变革。

利用共享时代的优势，加快传统企业的数字化转型，将是未来所有企业的核心战略。在共享时代利用个人、企业、政府甚至社会的闲置资源，依靠互联网、大数据、云计算等数字技能，推动传统企业向数字化转型发展。传统企业依靠"互联网+企业"的模式，应用数据化思维，建立连接内外资源、协作共享的机制，通过建立数字化的协同平台，以及资源、财务、法务共享平台，实现互联互通，做到精细化管理，最终实现传统企业的智能化发展。

3. 平台化

互联网平台模式是数字经济的重要组织形式。平台是一种居中撮合、连接两个或多个群体的市场组织，其主要功能是促进不同群体之间的交互与匹配。平台具有跨界网络效应，即一个平台产品或服务对用户的价值取决于平台另一边的用户规模。

平台化的主要特点是以平台为中心，将生产者和消费者连接起来，打破了传统的供应链结构。平台不仅是产品和服务的提供者，也是交易的媒介和市场的场所。这种新型的经济模式具有以下优势。

（1）平台化降低了交易成本。在传统的市场中，买卖双方需要花费大量的时间和资源来寻找交易对象，进行交易。而在平台化的市场中，通过互联网技术，买卖双方可以快速、便捷地找到对方，完成交易，大大降低了交易成本。

（2）平台化提高了资源的利用率。在平台化的市场中，资源可以被更有效地配置和使用。比如，共享经济平台可以让闲置的资源得到利用，如共享单车、共享住宿等，大大提高了资源的利用效率。

（3）平台化带来了网络效应。在平台化的市场中，平台的价值取决于其用户的数量和活跃度。用户越多，平台提供的服务就越丰富，吸引的用户就越多，形成了正反馈的循环。

4. 共享化

共享化是数字经济中的一种新型的商业模式，是新一代信息技术和互联网技术的发展促成的。共享化的核心思想是将原本闲置的资源利用起来，通过互联网平台将需求方和供应方连接起来，实现资源的最大化利用。这种经济模式在各个领域都得到了广泛的应用，比如共享单车、共享住宿、共享办公空间等。

共享时代要求数字资源的共享性。数字经济的一大发展方向应当是不断拓展数字信息资源，发展关于数字技术的集成、存储、分析及交易业务，在共享时代下释放数字技术资源的新价值。共享时代需要数字技术与产业融合发展，以便创造出更多的商业发展模式。数字技术与产业融合成为数字经济的重要发展方向，通过产业融合，实现产业数字化、智能化，产业的边界逐渐模糊，最终形成产业开放化发展，以及产业向价值网络的转型升级。共享时代要求数字经济发展具有强大的服务功能，由此才能带动对共享商业模式的更多需求。融合服务业与数字技术发展的服务型数字产业是共享时代数字经济发展的重要方向，也体现出数字经济在共享时代的应用性，以数字技术为基础的数字金融、智能支付、智慧物流、智慧健康、电子商务、数字信息服务等服务型产业将在共享时代迅猛发展。

共享化能够大大提高资源的利用效率。在传统的经济模式中，很多资源在大部分时间内都是闲置的。而在共享化的经济模式中，这些闲置的资源被有效的利用起来，大大提高了资源的利用率。此外，共享化还可以为消费者带来更多的选择和便利。消费者可以通过共享平台获取到各种各样的产品和服务，而且通常比传统的方式更加方便快捷，价格也更加合理。

5. 跨界融合

随着数字经济的发展，跨界融合的特点日益突出。不同的行业、领域和学科之间的界限越来越模糊，互相融合，互相渗透，形成了全新的业态和模式。

跨界融合打破了传统的行业界限。以前，各个行业之间的边界很明晰，各行各业有各自的规则和模式。但是在数字经济的推动下，各个行业开始相互融合，形成了新的业态。比如，电商平台与娱乐、社交、金融等多个领域进行融合，形成了全新的商业模式；医疗与 AI 技术相结合，使得医疗服务的提供变得更加智能和个性化。

跨界融合促进了创新和发展。跨界融合不仅打破了原有的模式，也带来了全新的创新机会。不同行业和领域的交叉融合，可以引发新的思维火花，产生新的创新产品和服务。比如，移动支付的出现，使得金融服务更加便捷；虚拟现实技术的发展，为游戏、教育、旅游等多个领域带来了新的应用可能。

（三）数字经济的发展历程

从技术角度来看，数字经济经历了两个大的发展阶段：数字经济 1.0 阶段和数字经济 2.0 阶段，如图 6-1 所示。

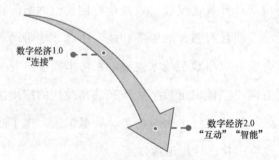

图 6-1　数字经济的发展阶段

1. 数字经济 1.0

数字经济 1.0，也称为数字经济的第一阶段，可以追溯到 20 世纪 70 年代到 90 年代，主要是以电脑和互联网的普及作为标志。这个阶段的关键词是"连接"，其核心是通过数字化手段将人、数据和设备连接起来。

在数字经济 1.0 阶段，一系列数字化技术和产品得以诞生并迅速发展。其中，个人计算机和互联网技术的广泛应用，是这一阶段最明显的标志。个人计算机的普及，使得数字技术开始深入生活的方方面面，让更多的人有机会接触和使用数字产品。互联网技术的发展，使得信息的传播速度和范围得到了前所未有的提升，也使得人们的生活方式发生了重大变化。

这个阶段，人们利用数字技术进行信息的获取、处理和传播，极大地提高了生产力和生活质量。同时，数字技术的应用，也催生了一批新兴的数字产业，如软件开发、网络服务等。这些产业在短时间内快速发展，成为经济增长的新引擎。

2. 数字经济 2.0

数字经济 2.0，也被称为数字经济的第二阶段，主要体现在 21 世纪初至今，其核心是移动互联网的崛起，以及大数据、云计算、人工智能等先进技术的广泛应用。与数字经济 1.0 阶段的"连接"不同，数字经济 2.0 阶段的关键词是"互动"和"智能"。

移动互联网的崛起，使得数字经济的影响力进一步扩大，生活的各个方面都被数字化所渗透。人们通过智能手机、平板电脑等移动设备，随时随地获取信息、购物、支付、学习、娱乐，甚至社交。这种全面的、随时随地的"互动"成为数字经济 2.0 阶段的显著特点。

此外，大数据、云计算、人工智能等新兴技术的广泛应用，进一步推动了数字经济的发展。这些技术不仅提高了信息处理的效率，也使得信息更加有价值。特别是人工智能技术，通过学习和模拟人类的认知过程，提供了一种全新的决策支持工具，使得数字经济呈现出"智能"的特点。

数字经济 2.0 阶段的发展，不仅极大地改变了人们的生活方式，也对经济社会发展带来了深远的影响。新的商业模式如电商、共享经济、社交电商等应运而生，成为经济增长的新动力。同时，一些传统行业也因为数字化的影响，开始进行深度的转型和升级。

（四）我国数字经济的发展现状

2022 年，我国数字经济实现更高质量发展，进一步向做强做优做大的方向迈进，主要表现在以下几方面。

一是数字经济进一步实现量的合理增长。2022 年，我国数字经济规模达到 50.2 万亿元，同比名义增长 10.3%，已连续 11 年显著高于同期 GDP 名义增速，数字经济占 GDP 比重达到 41.5%，这一比重相当于第二产业占国民经济的比重。

二是数字经济全要素生产率进一步提升。在 2012 年至 2022 年间，我国数字经济全要素生产率从 1.66 增长至 1.75，这一增长率明显高于整体国民经济生产效率。这表明数字经济不仅自身具有高效性，还在整体经济中起到了支撑和拉动作用。观察不同产业之间的数据，也能发现一些有趣的趋势和现象。第一产业在数字经济全要素生产率上的增长相对较小，但依然不容忽视；这可能是因为农业和其他初级产业开始逐渐应用数字技术，虽然起点较低，但增长潜力巨大。第二产业则表现出先升后降的态势，这或许与初步的自动化和数字化实现后，进一步提升受到一定瓶颈或市场饱和的影响有关。最值得注意的是第三产业，其数字经济全要素生产率大幅提升，成为数字经济全要素生产率增长的关键力量。这一点也并不令人惊讶，因为服务业和其他高级产业更容易利用数据和高级算法来提升效率，因此在数字经济中具有天然的优势。

三是数据生产要素价值进一步释放。通过制度创新和市场建设，数据生产要素价值得到更为全面和深刻的释放，为数字经济的持续和快速发展打下了坚实的基础。在制度层面，数据产权、流通交易、收益分配，以及安全治理等基础制度得到加速建设，有效地解决了数据价值释放过程中的多种问题和挑战。这一系列制度建设成为推动数据价值最大化的关键支柱。与此同时，数据要素市场建设步伐明显加快，表现为数据产业体系的进一步完善。不仅如此，数据确权、定价和交易流通等方面也开始出现市场化探索，这些探索为数据生产要素价值的进一步释放提供了更为多元和灵活的路径。随着这些制度和市场机制的不断成熟，数据作为一种重要的生产要素，其内在价值得以更加充分地挖掘和应用，进而推动整个数字经济生态系统的健康、高效发展。

二、集团数字化

（一）集团数字化转型的概念

集团数字化转型是指运用 5G、人工智能、大数据、云计算等新一代数字技术，改变集团为客户创造价值的业务方式，进而推动集团业务实现新的增长。数字化转型对业务的流程、场景、关系、员工等要素进行了重新定义，内部完成全面在线，外部适应各种变化，从前端到后端，实现自动化和智能化，最终创造价值。如今，数字技术正融入集团的业务模式、生产运营、产品与服务当中，用以转变集团客户的业务成果及商业与公共服务的交付方式。这通常需要客户的参与，也涉及核心业务流程、员工，以及与相关方交流方式的变革。

数字化转型是在数字化转换和数字化升级的基础上，进一步触及集团核心业务，以发展和建立新的商业模式为目标的高层次转型，集团数字化转型的三个阶段如图 6-2 所示。

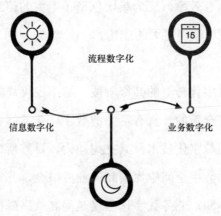

流程数字化

信息数字化　　　　业务数字化

图 6-2　集团数字化转型的阶段

1. 信息数字化

信息数字化是数字化转型的初级阶段。数字化转换反映的是"信息数字化"，是从模拟形态到数字形态的转换过程，如从模拟电视到数字电视、从胶卷相机到数码相机、从物理打字机到办公软件。这一阶段的核心在于将信息转化为二进制的数字形式，即 0 和 1，以便于更高效地进行信息的读写、存储和传输。这种转型不仅大大提高了信息处理的效率和准确性，还为后续的流程数字化和业务数字化打下了坚实的基础。信息数字化为人们带来了前所未有的便利，而这只是数字化转型旅程的开始。

2. 流程数字化

流程数字化是数字化转型的中级阶段，主要聚焦于运用数字技术对集团内部的业务流程进行改造与优化。这一阶段不仅是简单地采纳新的数字工具，还要重新设计和改进整个工作流程，使之更为高效、灵活且响应迅速。典型的例子包括集团资源计划（ERP）系统、客户关系管理（CRM）系统和供应链管理（SCM）系统。这些系统的引入与应用，使得集团能够更精确地管理和控制资源，从而提升工作协同效率和资源利用效率。例如，ERP 系统可以帮助集团更有效地管理其生产、销售和库存流程，而 CRM 系统则关注于集团与客户之间的交互，帮助集团提高客户满意度和忠诚度。这些数字化的流程不仅提高了集团的运营效率，还为集团创造了巨大的信息化价值，推动其在竞争激烈的市场环境中取得更大的成功。

3. 业务数字化

业务数字化是数字化转型的高级阶段，它不仅仅局限于信息或流程的数字化，还致力于打造全新的、富有活力的数字化业务商业模式。在这一阶段中，集团应全面利用数字化技术及其支撑能力，以重新构建和创新其核心业务模式，从而在新的数字空间中探索新的业务机会，并发展出新的核心竞争力。与前两个阶段不同，业务数字化不仅是提高效率或优化现有流程，还要对整个集团的战略定位、商业模式、客户互动方式等进行彻底的改革与革新。

这意味着集团需在数字化的基础上，更深度地探索和应用大数据、人工智能、物联网等先进技术，来满足客户的个性化需求，打破传统的商业边界，甚至创造全新的市场空间。

（二）集团数字化转型的意义

在数字经济时代，集团数字化转型的意义主要体现在以下几方面，如图 6-3 所示。

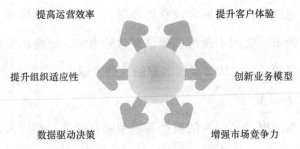

提高运营效率　　　　　　　　　提升客户体验

提升组织适应性　　　　　　　　创新业务模型

数据驱动决策　　　　　　　　　增强市场竞争力

图 6-3　集团数字化转型的意义

1. 提高运营效率

数字化让集团可以运用先进的信息技术和数据分析工具，实现高效的信息管理和业务流程自动化。例如，通过使用 ERP 系统，可以精确掌控库存、生产、财务等多个环节，大大减少了人工操作所需的时间和出错率。自动化不仅局限于基础的数据处理和信息流通，还扩展到供应链管理、人力资源，以及客户关系管理等方面。这样一来，不仅提高了单个环节的工作效率，还增强了各个环节之间的协同作用，确保信息在整个组织内快速、准确地流动。实时的数据分析也让集团能够快速应对市场变化，作出精准的战略调整。例如，通过分析销售数据和市场反馈，集团可以迅速调整生产计划和销售策略，避免库存积压和资金占用。通过数字化，集团能在短时间内完成高质量的工作，进而提高整体的运营效率和市场反应速度。

2. 提升客户体验

数字化中的客户关系管理系统（CRM）和各种智能服务工具，如在线聊天机器人、移动应用程序等，大大提升了客户体验。通过 CRM 系统，集团可以轻松地跟踪客户的购买历史、反馈和偏好，从而提供更个性化的服务和产品推荐。比如，电商平台通过用户历史搜索和购买数据，可以推送更符合个人需求的产品信息。同时，智能工具如在线客服机器人能提供 24 小时不间断的服务、解答客户在购物或使用服务过程中的疑问和问题。在服务后期，通过数据分析，集团还可以了解哪些环节可能影响客户满意度，并针对性地进行改进。例如，在物流方面，通过实时追踪和数据分析，集团能预测并解决可能出现的延迟或错误，确保客户获得及时、准确的送货服务。通过这些数字工具和数据分析，集团不仅可以提供高效的服务，还能在细微之处展现对客户需求的理解和关注，从而赢得客户的长期忠诚。

3. 创新业务模型

数字化为集团提供了更多创新业务模型的可能性。利用大数据分析、人工智能和云计算等先进技术，集团可以更准确地洞察市场需求和消费者行为，进而设计更符合目标市场的产品或服务。例如，传统的零售商通过线上平台和数据分析，不仅可以优化现有的销售渠道，还能尝试订阅制、按需服务或共享经济等全新的商业模式。数据分析还能帮助集团在早期识别潜在的市场风险和机会，从而更灵活地调整业务策略。在产品开发方面，数字化允许集团通过迅速的原型测试和市场反馈，缩短产品从概念到上市的时间周期。即使是传统的制造业，也可以通过物联网和数据分析优化生产流程和产品设计。总体而言，数字化不仅优化了集团的运营效率和客户体验，还拓宽了业务模型的创新空间，使集团能够更灵活、更快速地适应不断变化的市场环境。

4. 增强市场竞争力

数字化让集团在信息爆炸的时代中具有更强的竞争力。在一个以数据和信息为驱动力的市场环境中，能够快速获取、分析和应用数据的集团具有明显优势。例如，通过实时监控和数据分析，集团能够迅速识别市场趋势和消费者需求，然后及时调整营销策略和产品定位。这种快速响应能力不仅能提高市场占有率，还能在必要时避免潜在的风险。同样，在供应链管理方面，数字化可以实现更高的透明度和响应速度。通过使用先进的数据分析工具，集团可以实时监控供应链的每一个环节，从而优化库存管理、降低成本和提高交货速度。此外，数据分析还能用于人才管理和团队建设，通过分析员工的工作效率和技能，集团能更精确地进行人才配置和培训，进一步提高整体竞争力。

5. 数据驱动决策

数字化意味着集团更多地依赖数据来作出决策。利用各种数据分析工具和大数据平台，集团可以实时地收集和处理大量信息，这些信息涵盖市场趋势、消费者行为、操作效率等多个方面。例如，通过分析社交媒体反馈和在线评论，集团能迅速了解产品或服务的市场接受度，并据此调整营销策略或产品设计。同样，通过对销售数据的实时监控和分析，集团能及时了解哪些产品或服务最受欢迎、哪些需要改进或下架。这种数据驱动的决策模式不仅提高了决策的准确性，也缩短了从数据收集到决策执行的时间，使集团在激烈的市场竞争中更具反应速度和灵活性。

6. 提升组织适应性

数字化不仅优化了集团的内部运营，还增强了其适应外部变化的能力。在当前这个快速变化的市场环境中，集团面临着各种不确定性，包括政治风险、经济波动和技术革新等。数字化工具，如远程工作平台、在线会议软件和项目管理工具，让集团能在面对这些不确定性时保持稳定的运营。例如，远程工作平台让员工无须到办公室也能高效地完成任务，这不仅降低了因突发事件导致的运营风险，还增加了集团招聘不同地域和文化背景人才的灵活性。在线会议和协作工具也让跨地域或跨部门的团队能更有效地沟通和协作。这样的数字化实践不仅提高了组织的工作效率，也使其更具适应性和韧性，能快速应对各种外部挑战和机会。

第二节 数字化转型背景下集团加强财务管控的必要性

一、数字化转型对集团财务管控的影响

（一）转变了财务管控的理念

在数字经济时代，信息传播速度加快，集团获取信息的渠道变得更加广泛，集团间的竞争也随之变得更加激烈。同时，移动互联网的发展使集团步入了一个更加开放的发展环境，集团间的合作变得更加频繁和深入。在这样的背景下，集团需要树立开放与合作的财务管控理念。这意味着集团在保障自身信息安全的同时，应加强与上下游集团的资源共享，增进集团间的合作与沟通。这种开放和合作的财务管控理念有助于集团在激烈的市场竞争中找到合作伙伴，实现资源的优化配置和共同发展。通过这种方式，集团不仅能够提高自身的市场竞争力，还能够为整个行业的发展作出贡献。

（二）完善了财务管控的目标

在数字经济时代，集团的社会形象变得尤为重要。要想在市场上占据有利地位并获得消费者的认可，集团需要提供高质量的产品和服务，并承担更多的社会责任，树立一个负责任的集团形象。因此，财务管控的目标也需要作出相应的调整。在进行投融资活动时，集团需要充分考虑生态利益和社会利益，积极参与环保和公益事业。这样的财务管控目标不仅有助于提升集团的社会声誉和品牌价值，还能够帮助集团实现与社会经济、生态的协调发展。通过这种方式，集团能够在追求经济利益的同时，也关注社会责任和可持续发展，从而赢得更广泛的社会支持和市场机遇。

（三）丰富了财务管控的手段

在移动互联网和电子商务的推动下，集团越来越多地将业务拓展到线上电子商务领域，并通过网络平台进行市场营销。这种业务模式的变化要求财务管控不仅覆盖传统的实体经营，还需涵盖线上业务活动。在这种情况下，网络成为财务管控的重要媒介，使得财务管控手段必须更加多样化和灵活。此外，在大数据时代，信息成为提升集团核心竞争力的关键资源。财务管控的对象不再仅局限于有形资产，无形资产如信息和技术等也成为关注的焦点。财务管理人员需要利用大数据进行智能化分析，实时掌握市场变化动态，制定应对策略。这要求财务管控手段不仅要涵盖传统的财务处理和分析，还要包括对大数据的采集、分析和应用，以提高集团的市场敏感度和应变能力。

（四）拓展了财务管控的内容

在数字经济的时代背景下，集团之间的竞争不再仅仅局限于硬件设施的先进性，知识资本和创新能力成为衡量集团竞争力的重要指标。创新专利等无形资产为集团创造的财富和机会远超过传统的厂房和机器等硬件资产。因此，财务管控的内容也随之发生变化，不仅包括对传统财务活动的管理，还需涵盖对人力资源和知识资本的管控。这意味着财务管控需要关注人才的培养、知识产权的保护和利用，以及创新活动的投入和产出。通过对这些新型资产的有效管控，集团能够更好地发挥其创新能力，从而在激烈的市场竞争中脱颖而出。因此，在数字化转型的背景下，财务管控的内容变得更加全面和多元化，不仅关注财务数据，还需关注人才、知识和创新等非传统的财务资产。

二、数字化转型背景下集团加强财务管控的必要性

（一）适应快速变化的市场环境

数字化带来的市场环境更加动态和不确定，这要求集团的财务管理必须

更加灵活和敏捷，以适应这些变化。利用数字技术，如实时数据分析和预测模型，财务管控能够快速捕捉市场趋势、客户需求的变化，以及竞争环境的动态，从而为集团的战略决策提供及时且准确的财务信息。例如，通过实时监控销售数据和市场反馈，财务人员可以迅速识别产品或服务的需求变化，支持集团及时调整生产计划或市场策略。同时，利用预测模型，财务管控可以提前预见潜在的市场风险和机遇，为集团规避风险和把握机遇提供支持。这种基于数据和技术的财务管控方式，使集团能够在竞争激烈的市场环境中保持敏捷和竞争力。

（二）提高财务效率和准确性

随着数字技术的发展，许多原本耗时且易出错的财务处理工作可以通过自动化和数字化工具得到改善。例如，引入自动化的财务处理系统可以减少手工录入数据的需要，降低由于人为错误导致的财务信息不准确的风险。通过使用云账务服务和电子报告工具，财务报告的编制和分发过程可以大大加快，提高工作效率，并减少纸质文档的使用，有助于环境保护。此外，数字化还有助于实现财务流程的标准化，通过统一的流程和模板，提高数据处理的一致性和可比性，从而提升整体财务管理水平。通过提高财务效率和准确性，集团能够更加有效地管理财务资源，为集团的持续增长和发展提供坚实的财务基础。

（三）加强风险管理和合规性监控

在数字化环境中，集团公司面临着更加多样化和复杂的风险，这些风险包括网络安全风险、数据泄露风险和合规风险等。这种风险环境要求集团公司加强财务管控，以有效识别、评估和管理这些风险。通过建立和维护一套有效的内部控制体系，集团公司可以减少财务欺诈、错误和不当行为的风险，确保财务报告的准确性和可靠性。同时，通过实施合规性监测系统，集团公司可以确保其财务活动符合日益严格的法律法规和行业标准。这些措施不仅帮助集团公司降低财务风险和合规风险，还增强了投资者和市场对集团公司的信任和信心。此外，随着技术的发展，数字化工具如数据分析和人工智能技术也被越来越多地应用于风险管理和合规监测，提高了这些活动的效率和准确性。因此，在数字化环境中加强财务管控，对于集团公司保持其财务安全和可持续发展至关重要。

（四）支持集团战略和创新

在数字化转型的过程中，加强财务管控对于支持集团公司的长期战略规划和创新活动也发挥着至关重要的作用。财务管控可以为集团公司的投资决策、资源配置和创新项目提供重要的财务分析和评估。通过对不同投资方案的财务可行性进行评估，财务管控可以帮助集团公司理解各种投资选择的潜在回报和风险，从而作出更加合理的投资决策。此外，通过对财务数据进行深入分析，财务管控可以揭示业务的潜在增长机会和改进领域，为集团公司的战略规划和创新活动提供数据支持。例如，通过对市场趋势、客户行为和竞争环境的分析，财务管控可以帮助集团公司发现新的市场机会或产品创新点。因此，在数字化转型的背景下，加强财务管控不仅有助于集团公司应对日益复杂的财务挑战，还能够支持集团公司的长期战略规划和创新发展。

第三节　数字化转型背景下加强集团财务管控的策略

在数字化转型的背景下，集团财务管控的加强变得尤为重要，它是实现价值增值的关键。随着技术的快速发展和市场环境的日益复杂，传统的财务管理模式已难以满足集团的发展需求。通过采用先进的数字化工具和技术，如大数据分析、云计算和人工智能等，集团可以提高财务管理的效率和准确性，更好地应对市场变化和挑战。同时，加强财务管控还有助于集团优化资源配置，减少成本，提升财务透明度和合规性，从而在激烈的市场竞争中获得优势，实现长期的价值增值。因此，在数字化转型的当下，加强集团财务管控不仅是应对变化的需要，更是推动集团持续增长和价值创造的必要策略。

一、建立财务共享服务中心

（一）财务共享服务中心的概念与作用

财务共享服务是共享服务在财务领域的应用与推广，是一种全新的财务管理模式。简而言之，财务共享服务是将不同组织机构或部门的财务职能、流程进行整合后归集到一个独立或者半独立的新组织或部门中，为集团的内部客户提供更加专业高效的财务服务，同时为集团财务管理降低成本创造新的利润点。这一独立或者半独立的机构，即财务共享服务中心（Financial Shared Services Centre，FSSC）。

在集团规模不断扩大的情况下，建立财务共享服务中心为集团降低财务处理成本提供了新的解决思路。财务共享服务中心是财务管控模式的一种创新，通过设置专门组织，将不同国家和地区的各分支机构的会计作业、费用审批、资金管理等重复性业务整合到共享中心统一处理，对业务处理全程进行监控和分析，并通过网络向各分支机构提供共享服务，从而达到提高集团业务处理效率、有效降低成本的目的。设置共享服务中心可以将会计核算、税务审批等重复性工作集中处理，有效减少财务部门的工作量和各个分支机构的冗员，而且有利于实现财务人员从核算到管理的转型，将时间和精力集中到能够提高集团效益、为决策者提供有效的决策支持的业务上来。

（二）财务共享服务中心建设的流程

财务共享服务中心的建设是一个涉及多个环节的复杂系统工程，其建设流程主要包括以下几个关键步骤。

1. 组建项目实施小组

实施小组由集团内部的关键成员组成，负责整个财务共享中心的建设工作。这个小组的主要职责是明确财务共享中心的战略定位，确定建设目标和范围，以及制订实施计划。实施小组应具备跨部门的协调能力，能够整合不同部门的资源和需求，确保财务共享中心建设符合集团的整体战略和业务目标。此外，实施小组还需要评估财务共享中心建设对集团现有财务流程的影响，制定相应的变更管理和风险控制措施。

2. 财务共享中心建设的立项

在这一阶段，集团需要进行详细的可行性分析，以判断是否适合建立财务共享中心。这包括分析集团的规模、业务范围、管理流程和发展阶段，确定建设财务共享中心是否符合集团的实际需求和战略目标。例如，对于规模较小、业务单一的集团可能不需要建立财务共享中心，而对于跨区域、跨行业、集约化管理的大型集团，则更适合建立财务共享中心。此外，集团需要评估系统建设的成本、投入的时间和阶段，以及预期的效益和实现效益。在完成可行性分析和成本效益评估后，集团需要编写经高层管理层及核心部门认可的立项请示。这一请示应当阐述清晰、有力的理由，确保项目能够得到集团高层的支持，为后续的实施工作打下坚实的基础。

3. 开展深入全面的调研

这一阶段的目的是详细了解集团当前的财务管理状况、业务流程、信息系统，以及员工的技能和需求。调研工作涉及对集团内部各个业务单元的财务操作进行全面的分析，包括财务处理流程、使用的财务软件和工具、数据管理方式和财务报告的编制方法等。此外，调研还需要收集员工对当前财务管理模式的意见和建议，评估他们对财务共享服务中心的态度和接受程度。这些信息对于后续设计财务共享服务中心的架构和流程至关重要，能够帮助企业制定出更符合实际需要、更容易被接受的方案。调研过程中可能发现的问题和挑战也需要被充分识别和记录，以便在后续的规划和实施过程中加以解决。

4. 编制详细的执行方案

在这一阶段，基于之前的调研结果，集团需要制订具体的实施计划，包括财务共享服务中心的架构设计、技术选型、人员安排和时间表等。方案中应明确指出财务共享服务中心的具体职能、服务范围，以及与其他业务单元的协作方式。技术选型需要考虑系统的稳定性、安全性、扩展性及与现有系统的兼容性。人员安排则涉及对现有财务人员的培训和调整，确保他们能够适应新的工作模式和技术要求。时间表的制定需要充分考虑项目的复杂性和实施过程中可能遇到的挑战，合理安排各个阶段的工作，确保项目按计划推进。在制定执行方案时，还需要考虑风险管理和变更管理，预设应对策略，以应对实施过程中可能出现的问题。此外，为了确保执行方案的有效性，方案还需要得到集团高层管理层的审批和支持。

5. 重组集团内部业务核算流程

这一步骤旨在通过优化和标准化现有的财务处理流程，以适应财务共享服务中心的运作模式。重组流程通常涉及简化复杂的财务操作，消除不必要的步骤，以提高处理效率和减少错误。同时，也包括统一不同业务单元的核算方法和报告格式，确保财务数据的一致性和准确性。此外，重组流程还可能涉及引入新的技术和自动化工具，如电子发票处理、自动对账系统等，以进一步提高财务处理的效率。通过对业务核算流程的重组，能够为财务共享服务中心的顺利运行打下坚实基础，实现财务管理的优化。

6. 建立适合的内部架构

内部架构的设计需要考虑财务共享服务中心的职能范围、服务对象，以及与其他部门的协作关系。例如，集团需要确定财务共享服务中心的职责划分，包括哪些财务活动由共享中心负责、哪些仍由各业务单元处理。此外，内部架构的设计还需考虑人员配置和培训需求，确保财务共享服务中心拥有足够且合适的人力资源来支持其运作。适合的内部架构能够确保财务共享服务中心有效地发挥其功能，提高财务管理的整体效能。

（三）财务共享服务中心的模式

1. 核算共享模式

核算共享模式是集中处理集团内部的各项财务核算工作，包括但不限于资产、负债、收入、费用的核算，以及成本和利润的计算等。该模式通过统一的核算规则和流程，确保了财务数据的一致性和准确性。例如，无论是总部还是分支机构，所有的财务交易都按照相同的标准进行记录和处理，从而提高了报告的可比性和可靠性。此外，核算共享模式还可以通过引入自动化工具和系统，如自动记账和对账系统，提高核算工作的效率和准确性，减少人为错误。这种集中化的核算模式还有助于降低财务管理成本，提高集团整体的财务管理水平。

2. 报账共享模式

报账共享模式主要负责处理集团内部的报销和支付活动。在这一模式中，所有的报销单据和支付请求都通过统一的平台进行处理，实现了报账流程的标准化和自动化。例如，员工可以通过在线系统提交报销申请，系统自动对单据进行审核和处理，然后生成支付指令。这种模式不仅提高了报账处理的效率，还增强了财务管理的透明度和可追溯性。通过集中管理报账活动，集团还可以更好地控制费用，防止不合理的开支和欺诈行为。此外，报账共享模式还可以提供数据分析和报告功能，帮助集团更好地理解和管理费用支出，从而为成本控制和预算管理提供支持。

3. 标准财务共享模式

标准财务共享模式是一种相对于核算共享和报账共享更为成熟的财务共享模式，它通过一系列前期规划设计、组织架构调整、流程设计和优化，以及采购软件并结合集团资源计划（ERP）系统来实现。在标准财务共享模式中，集团成立独立的财务共享中心，将财务人员集中并进行专业化分工。这样的安排不仅提高了工作效率，还实现了财务职能的分离，使财务管理人员能够从日常的繁杂工作中解放出来，专注于更高层次的经营分析和战略规划。通过这种模式，集团可以实现流程的优化和标准化、操作的规范化、人员的专业化分工。财务共享中心作为一个独立运营的"服务部门"，重新定义了财务核算的方式，确保了会计记录和报告的规范性和标准性。此外，标准财务共享模式还促进了财务管理人员职能的转型。在这种模式下，由于基础的财务工作由专业的财务会计人员来完成，财务管理人员可以将精力集中于为公司的经营决策提供支持。他们成为集团管理者的参谋、业务伙伴和集团策略合伙人，为集团的长远发展提供更有价值的贡献。因此，标准财务共享模式不仅提高了财务处理的效率和质量，还为集团的战略发展和管理提升带来了重要的支持。

4. 业财一体化财务共享模式

业财一体化财务共享模式是在标准财务共享中心基础上的进一步发展，它将财务管理与核心业务紧密结合，实现了财务与业务的深度一体化。在这种模式下，财务共享中心不仅处理传统的财务核算和报账工作，而且深入参与到集团的采购、生产、销售等核心业务过程中。这种模式的核心是通过财务的视角优化和监控业务流程，降低财务风险，支撑集团的精细化管理和内部控制。

业财一体化财务共享模式的实施，需要将财务管理向前延伸至业务的各个环节。例如，在采购环节，财务共享中心通过与采购部门的紧密合作，确保采购活动的合规性和成本效益；在销售环节，财务共享中心则参与应收账款的管理，优化客户信用评估和账款回收流程。这种模式下，财务共享中心的作用不仅仅是提供后台的财务服务，还是集团经营活动的重要参与者。

在业财一体化财务共享模式中，财务共享中心的建设需要针对不同类型的集团，根据其业务特点和重点，选择合适的共享重点。例如，对于以金融、服务为主的集团，可以重点关注费用共享；而对于客户众多的集团，则应加强对应收账款的管理。此外，业财一体化还要求财务人员不仅理解财务数据，还要深入了解业务流程和市场动态，从而在财务核算和决策支持中发挥更大的作用。

实施业财一体化财务共享模式的过程可以分为几个阶段：第一阶段是实现业务与财务数据的信息互通，让财务人员更加了解业务流程；第二阶段是利用业务数据进行分析，为集团的业务发展提供财务指标分析和决策支持；第三阶段是财务部门甚至可以承担部分业务部门的工作，实现更深层次的共享。这种模式下，财务部门不仅是财务信息的处理者，更是集团经营决策的重要参与者，能够为业务部门提供有效的财务建议和支持。

5. 大共享模式

大共享模式是将集团的多个业务功能整合到一个统一的共享平台上。在大共享模式中，共享服务中心的作用从单纯的数据存储和处理扩展到为集团决策提供数据支持。这种模式意味着共享服务中心的范围将扩大到包括人力资源、集中采购、市场管理、信息技术等多个业务领域。

在大共享模式下，集团将在共享平台上建立包括财务共享中心、人力资源共享服务中心、采购共享服务中心、市场管理共享服务中心和信息技术共享服务中心等多个服务中心。这种模式下，各个服务中心将负责相应业务领域的核心职能，如人力资源共享服务中心负责员工招聘、薪酬福利核算和发放、社会保险管理等，而财务共享中心则负责费用报销、应付结算、成本归集等财务核心职能。这样的一体化服务模式可以大大提高集团运营的效率，降低成本，同时也提高了服务质量。

大共享模式中，业务与财务的融合将更加紧密，共享服务中心不仅提供日常的事务性服务，还将参与到集团的战略决策中。通过对各个业务领域的数据进行整合和分析，共享服务中心可以为集团提供更加全面和深入的洞察，支持集团的长期发展规划和战略决策。此外，大共享模式下的共享服务中心还将承担更加重要的管控职能，通过标准化的流程和规范的管理，加强对集团运营的监控和控制。

集团在选择财务共享模式，建设财务共享中心时，需要根据集团自身的管控类型和特点，对可能面临的风险进行管控，小心规避风险，确保共享中心建设的顺利实施。

二、强化财务信息安全控制

财务信息是集团的核心资产之一，其安全性直接影响到集团的财务健康、商业信誉和竞争优势。通过加强财务信息安全控制，集团可以有效防止数据泄露和财务欺诈，保障财务数据的准确性和完整性，从而提高决策的质量和效率。此外，强化信息安全控制还有助于集团符合法规合规要求，避免潜在的法律风险和经济损失。在数字化转型的过程中，保护财务信息安全不仅是应对外部威胁的必要措施，更是集团价值增值和竞争力提升的重要支撑。

（一）建立和优化信息安全管理体系

一是制定严格的数据访问和处理政策，确保敏感财务信息的安全。这包括定义不同级别的数据访问权限，只有经过授权的员工才能访问相关的财务数据。同时，需要规定清晰的数据处理流程和标准，确保数据在存储、传输和处理过程中的安全。例如，对财务数据的存储和传输采用加密技术，防止数据在传输过程中被截取或篡改。

二是定期进行信息安全风险评估。集团需要识别和分析可能面临的信息安全威胁，包括外部的网络攻击和内部的数据泄露等风险。风险评估不仅涉及技术层面，还应包括人为因素和管理流程。例如，员工的安全意识、操作习惯，以及公司的管理政策都可能成为信息安全的薄弱环节。

三是基于风险评估的结果，制定相应的应对策略和预案。这包括技术措施（如安装和更新防火墙、入侵检测系统），以及管理措施（如员工培训、应急响应流程等）。应对策略应当具有前瞻性和灵活性，能够应对日益复杂和多变的信息安全挑战。

信息安全管理体系的建立和优化是一个持续的过程，需要根据外部环境的变化和内部管理的需求进行不断调整和完善。这要求集团在信息安全管理上投入必要的资源，包括资金、技术和人员等，确保信息安全管理体系的有效运行。

（二）利用技术手段进行财务信息安全防控

随着网络技术的发展和网络威胁的增加，集团必须利用先进的技术手段来保护敏感的财务数据。这些技术措施不仅帮助集团防止未经授权的访问和数据泄露，还能够抵御来自外部的网络攻击和内部的安全威胁。

一是部署防火墙和入侵检测系统。防火墙作为一道防线，能够有效阻止未经授权的网络访问和数据传输。它监控进出集团网络的所有数据流，根据设定的安全规则阻断可疑的网络流量，保护集团内部网络免受外部侵害。入侵检测系统也是保障网络安全的重要工具，它通过实时监控网络活动，能够及时发现异常行为和潜在的安全威胁，为集团提供第二层防护。

二是利用加密技术。通过对财务数据进行加密处理，即使数据在传输过程中被截获，未经授权的第三方也无法解读数据内容。这对于保护敏感的财务信息，如财务报告、工资单和交易记录等，具有重要意义。在数据存储方面，采用加密技术也能够防止数据泄露和不当使用。

三是确保财务系统和软件定期更新和打补丁。随着技术的发展，新的安全漏洞不断被发现，恶意软件和病毒也在不断进化。定期更新系统和软件能够修补已知的安全漏洞，增强系统的安全性。集团还应实施定期的安全扫描和漏洞检测，及时发现和修复潜在的安全问题。

（三）加强员工安全意识培训

员工的安全意识直接影响到财务信息的安全性。在日常工作中，员工可能因为缺乏安全意识而成为信息泄露的风险点。例如，对于网络诈骗和钓鱼攻击的辨识能力不足，可能导致敏感信息被误泄露给不法分子。因此，定期对员工进行信息安全培训至关重要。这种培训应该包括对网络安全威胁的教育，如何识别和应对各种社会工程学攻击，如钓鱼邮件、电话诈骗等。同时，培训还应涉及数据保护的最佳实践，比如如何安全地处理和分享财务数据、如何使用密码和多重认证保护账户安全等。此外，还应加强员工对集团内部信息安全政策的教育。员工需要了解公司的信息安全政策、数据访问控制规则和报告流程。这种教育可以帮助员工在面对安全威胁时，知道如何正确行动，比如遇到可疑情况应如何报告，以及在数据处理和分享时应遵循哪些内部规定。

加强员工安全意识培训的过程是持续的，而不是一次性的活动。随着网络威胁的不断演变和新技术的应用，培训内容需要不断更新，以保证员工的安全知识和技能与时俱进。此外，集团还应通过模拟演练、定期测试等方式，检验员工的安全意识和应对能力，确保他们能够在实际情况中正确应对。

（四）建立应急响应和恢复计划

即使集团采取了一系列预防措施，财务信息依然可能面临各种安全威胁。因此，有必要建立有效的应急响应和恢复计划。这一计划的目的在于确保集团能够在面临安全事件时，迅速采取行动，有效控制损失，并能够在最短时间内恢复正常运营。

应急响应计划需要详细规定在发生安全事件时的具体操作步骤，包括如何快速识别和评估事件的严重性、如何通知相关人员和部门，以及如何采取措施以控制损失。例如，一旦发现财务数据泄露，应急响应团队需要立即采取行动，隔离受影响的系统，阻止进一步的数据泄露，并评估泄露的范围和潜在影响。同时，应急响应计划还应包括与外部机构如执法部门和安全专家的合作，以便在需要时获得额外的支持和指导。恢复计划则着重于在安全事件后如何恢复正常运营。这包括数据恢复、系统修复，以及重新启动业务流程等。恢复计划应确保关键数据和系统能够在短时间内恢复，以减少对集团运营的影响。例如，通过定期备份财务数据，集团可以在数据丢失或损坏后迅速恢复数据。同时，恢复计划还应包括对员工的沟通和支持，确保他们在恢复过程中能够高效地协作。

三、案例分析：美的集团财务管控数字化转型

自 2012 年以来，美的集团专注于个性化技术的突破，以提升其市场竞争力，同时大幅增加了对研发的投资，并在全球范围内建立研发中心，强化其研发能力。在商业模式创新方面，美的集团发展了新的数字化业务模式，旨在支持公司的数字化转型，提供软件服务，并解决无人零售的挑战。从 2013

年起，美的集团启动了财务数字化转型，实现了从会计电算化到信息化、再到数字化的转型。

（一）第一阶段：打基础

2013 年，在国家一系列刺激性政策支持及行业需求增幅缓慢的背景下，我国家电行业中的电商渠道、互联网运营方式的改变及智能化产品的全面发展推动了家电企业转型升级。美的集团顺应这一趋势，以"产品领先、效率驱动、全球化运营"作为其三大战略方针，将消费者需求置于核心位置，强化了对科技研发和产品创新的投入，增强了基础和核心技术的研发实力，并开始着手实施财务信息化，为公司财务管控的转型和升级奠定了基础。

财务信息技术方面，推行一体化全面流程管理体系。财务人员初步摆脱以往手工做账方式，以"资金、核算与报表"为中心，优化以 ERP 系统为核心的财务系统功能，促进信息数据的透明度并提高财务会计的运作效率。公司发布了 M-Smart 智慧家居战略，基于公司全球最齐全的产品群优势和用户基础，以大数据、智能人工为技术手段，完成公司财务的内外统一协作。

资金管理方面，美的集团建立了统一的财务管理标准，包括业务流程、财务数据和会计政策的统一化。通过财务信息系统平台，实现了对集团内外资金管理的统一，达到了资金管理的物理和数据集中，从而提高了资金使用效率和风险控制能力。

海外市场方面，美的集团在海外市场初步构建了跨国运营管理体系，以大数据支持海内外业务的整合。逐步完善的标准化流程体系，配合财务内控、内部及外部审计和法务管理，构建了一套有效的预警和问题纠正机制，为集团海外财务数字化统一管理奠定了基础。

（二）第二阶段：促发展

在这一阶段，集团设立了"三统一"策略，即统一流程、统一主数据和统一 IT 系统，构建了商业智能、柔性制造系统和人力资源管理系统等管理平台，以及企业一体化管理平台和营销数据平台等技术平台，共同优化了集团财务的管理运作，提升了数据管理和分析的质量。同时，美的集团开始着力精简组织结构和管理流程，并加大对数字化设备和财务机器人技术的研发力度，进一步提高财务人员的工作效率。此外，加强与产业链的协同，构建"产业+金融"的大数据平台，促进集团内外部资源的高效整合和利用，推动财务管理向更高效、智能化方向发展。

（三）第三阶段：谋转型

第一，加强了数据的跨区域融合。由于美的集团的分公司分布在全国各地，不同区域的公司在通勤时间、办事专员、办公习惯等方面可能有所差异，造成数据交流时间难以匹配，进而导致分公司与分公司、分公司与母公司之间的数据统计与衔接存在问题。为此，美的集团采取了以下措施。

一是标准化数据格式和流程。为了克服不同区域、不同系统之间的数据不一致性，美的集团推行了数据格式和管理流程的标准化。通过统一数据收集、处理和报告的标准，使不同地区、不同系统中的数据能够无缝对接和整合。二是建立中央数据平台。美的集团建立了中央数据平台，作为数据收集、存储和分析的核心。这个平台能够整合来自不同区域和系统的数据，为集团内部提供统一、准确的数据源，提高信息的一致性。三是促进系统互联互通。美的集团对现有的财务软件和信息系统进行升级和改造，使得它们能够支持跨系统和跨区域的数据共享与交流。四是强化员工培训。为了解决不同区域间通勤时间、办公习惯等差异带来的问题，美的集团加强了员工在数据管理和数字化工具使用上的培训，使得全国各地员工在数据处理和交流上能够遵循统一的标准和流程。五是定期审查和优化。美的集团定期审查数据融合的效果，识别存在的问题和瓶颈，并根据实际情况进行优化调整。

第二，加强了数据利用。财务管控数字化转型不仅涉及数据的处理，更重要的是懂得如何利用处理后的数据，进而通过充分利用数据带来的信息为企业发展创造更大价值。美的集团通过建立先进的数据管理平台，整合了各业务单元的财务数据，确保数据的完整性和准确性。利用数据分析工具和技术，如大数据分析和商业智能系统，对这些数据进行深入分析，识别财务和业务活动中的趋势、模式和异常，及时发现潜在的财务风险，采取预防或纠正措施，从而保障企业资产的安全和增值。

第三，优化集团业财一体化流程与体系。一方面，美的集团通过明确各部门之间的职责分工，增强了部门间的协作。例如，销售部门定期向财务部门报告销售情况，财务部门再基于这些信息与库存管理部门进行协调，确保信息的及时流转和处理。这种跨部门的协作机制有助于形成一个业务与财务数据互通、相互依赖的闭环管理体系，从而提升整体的业务流程连贯性和效率。另一方面，美的集团建立了内部控制机制，以及统一的评价和考核标准。这样不仅可以确保各部门之间的相互监督和制约，还可以通过严格的程序执行和信息技术的应用，实现企业资源的有效配置和业务活动的自动化，加强流程的连贯性，推动业财一体化的深入实施。

第四，美的集团借助"大智移云物链"进行财务共享及数据预测，建立数据中台，实现财务信息化向财务数字化转型。另外，美的集团深入推进人工智能与5G结合，聚焦财务预算、采购、销售、核算、税务等业务，依托"大智移云物链"技术，实现财务预算数字化、业务场景化及经营简单化，逐步由管控型财务向战略型财务转型。

美的集团在财务管控数字化转型过程中实施的一系列有效措施，显著提高了财务管控的效率和透明度。通过集成先进的信息技术，实现了财务数据的快速处理、准确分析和及时报告，优化了资金流、成本控制和财务规划。这些改进不仅增强了美的集团对市场变化的响应能力，还提升了资金利用效率和风险管理能力，从而有效地支持了企业的战略决策和市场扩张，推动了企业价值的持续增长。

参考文献

［1］ 李麟，李骥. 企业价值评估与价值增长［M］. 北京：民主与建设出版社，2001.

［2］ 范玉凤，王炎，监文慧. 基于价值链理论的企业价值评估与提升路径研究［M］. 长春：吉林人民出版社，2022.

［3］ 张一飞，尚万宽. 企业价值管理：财务与资本［M］. 北京：经济日报出版社，2019.

［4］ 傅雄，金桂生. 企业价值链管理 制造型企业如何创造期望的效率、质量、成本与价值［M］. 杭州：浙江工商大学出版社，2020.

［5］ 胡椰青，田亚会，马悦. 企业财务管理能力培养与集团财务管控研究［M］. 长春：吉林文史出版社，2021.

［6］ 时强. 大型煤炭企业财务管控信息化研究［M］. 天津科学技术出版社，2019.

［7］ 朱华建. 企业财务管理能力与集团财务管控［M］. 成都：西南交通大学出版社，2015.

［8］ 隋国良. 财务管控实务［M］. 日照报业传媒集团，2019.

［9］ 刘月升，刘洪升，卢亚鑫. 集团财务管控［M］. 北京：经济科学出版社，2018.

［10］ 陈敏. 基于 NC 的集团财务管控实践［M］. 北京：经济科学出版社，2020.

［11］ 王吉鹏，杨涛，王栋. 集团财务管控［M］. 北京：中信出版社，2008.

［12］ 王艺霖，王爱群. 企业集团财务管控［M］. 北京：经济科学出版社，2017.

［13］ 张瑞君. 企业集团财务管控 第4版［M］. 北京：中国人民大学出版社，2015.

［14］ 周鲜华. 建筑企业集团基于价值增值的财务管控研究［M］. 哈尔滨：哈尔滨工业大学出版社，2021.

［15］ 白万纲. 集团管控之财务管控［M］. 北京：中国发展出版社，2008.

［16］ 堪振华，高丽敏. 集团管控模型与企业实践：管理工具与案例分析［M］. 北京：中国经济出版社，2019.

［17］ 袁业虎. 基于价值创造的财务管理理论研究［M］. 南昌：江西高校出版社，2008.

［18］ 袁业虎. 基于资本及其价值创造的财务理论研究［M］. 北京：经济科学出版社，2010.

［19］ 莫磊. 论公司财务责任基于价值创造的视角［M］. 成都：西南财经大学出版社，2021.

［20］ 袁业虎. 基于智力资本驱动价值创造的动态财务理论研究［M］. 北京：中国财政经济出版社，2017.

［21］ 张德昌. 企业财务报表分析 基于价值创造能力视角［M］. 北京：清华大学出版社，2015.

［22］ 高菊. 大数据时代下企业财务管控存在的问题及对策［J］. 商业2.0，2023（36）：43-45.

［23］ 金秋. 从财务管控视角分析制造企业如何优化财务内控［J］. 营销界，2023（22）：92-94.

［24］ 董永峰，张锋，王成武. 价值创造型财务管控实践［J］. 冶金财会，2023，42（10）：11-14.

［25］ 邝淑仪. 业财融合背景下企业财务管控与成本管理探究［J］. 营销界，2023（20）：167-169.

[26] 谢鹏. 多元化企业集团母子公司间财务管控问题研究 [J]. 财会学习, 2023（28）：28-30.

[27] 刘艳杰. 财务共享中心在集团公司财务管控中的作用探析 [J]. 国际商务财会, 2023（17）：35-38.

[28] 郑昌旺. 数字化与财务共享视角下的企业财务管控[J]. 科技经济市场, 2023（9）：79-81.

[29] 王建宁. "大数据时代"集团公司财务管控体系构建研究 [J]. 财会学习, 2023（23）：37-39.

[30] 蒋旭静. 信息化赋能背景下的 A 企业财务管控模式研究 [J]. 现代商业, 2023（14）：94-97.

[31] 穆秀平. 以高水平财务管控推进企业高质量发展 [J]. 北京石油管理干部学院学报, 2023, 30（2）：27-28.

[32] 余辉雄. 全面预算在企业财务管控中的应用发展 [J]. 纳税, 2023, 17（9）：88-90.

[33] 李耀. 以财务共享为中心 搭建高效财务管控体系——中国融通集团财务共享建设实践 [J]. 财务与会计, 2023（3）：18-22.

[34] 喻胜强, 邱军. 企业集团财务管控体系优化——以长交集团为例 [J]. 财务与金融, 2023（3）：48-56.

[35] 谢晓春. 基于价值创造的企业财务管控体系建设探索 [J]. 会计师, 2022（11）：55-57.

[36] 殷海龙. 以价值创造型财务管理提升集团管控能力的思考 [J]. 中小企业管理与科技, 2022（11）：172-174.

[37] 李连平, 袁雁鸣, 刘金海等. 国有资本投资公司基于价值创造的财务管控体系 [J]. 创新世界周刊, 2021（10）：31-41.

[38] 尹祥继. 浅谈基于价值链的财务管控 [J]. 江汉石油职工大学学报, 2021, 34（3）：96-97.

[39] 刘芳. 试析基于价值创造的企业财务管控优化策略 [J]. 财会学习，2019（27）：43，45.

[40] 伍辉念. 基于价值型财务管控的财务共享机制研究——以Z集团房地产企业为例 [J]. 企业改革与管理，2019（10）：45，50.

[41] 裴周丽. 基于价值创造的集团财务管控能力提升研究——以重庆巨能集团为例 [J]. 企业经济，2015（2）：71-74.

[42] 廖华丽. 浅析集团财务管控——基于企业集团集权式财务管控的思考与分析 [J]. 现代商业，2013（26）：189-190.

[43] 雷元平. 以价值创造型财务管理提升集团管控能力 [J]. 上海国资，2012（2）：80-82.

[44] 李连平，袁雁鸣，刘金海等. 国有资本投资公司基于价值创造的财务管控体系 [J]. 创新世界周刊，2021（10）：31-41.

[45] 麦苑华. "管资本"视域下构建价值型财务管控体系的思考——以A国有集团公司为例 [J]. 当代会计，2021（6）：62-63.

[46] 赵寿森，艾栎楠. 基于高质量财务数据的价值创造型财务管理实践 [J]. 创新世界周刊，2020（11）：88-94.

[47] 刘佳莉. 基于价值创造的业财融合管控体系研究 [J]. 现代商业，2020（31）：175-177.

[48] 刘丽，项青，耿珊. 业财融合背景下企业财务管控与成本管理研究 [J]. 山东化工，2020，49（13）：252-254.

[49] 赵寿森，艾栎楠. 基于高质量财务数据的价值创造型财务管理实践 [J]. 国企管理，2020（8）：12-17.

[50] 李有华，朱永娟，张俊民等. 基于联合价值创造的业财融合模式构建 [J]. 财会月刊，2020（5）：157-160.

[51] 叶宝松. 论财务管理实现价值创造的途径 [J]. 中国总会计师，2020（1）：70-72.

[52] 刘芳. 试析基于价值创造的企业财务管控优化策略 [J]. 财会学习，2019（27）：43，45.

[53] 吴唯. 从会计核算到价值创造：互联网+背景下财务转型路径探究 [J]. 中国乡镇企业会计，2018（9）：213-214.

[54] 魏永. 共享资源提升价值创造能力——中铁十八局集团财务共享服务中心建设实践 [J]. 施工企业管理，2017（11）：39-41.

[55] 刘建. 现代企业"三维价值驱动型"财务管控体系探析 [J]. 西部财会，2015（5）：37-39.

[56] 邹纯格，李志会. 中央科研设计企业集团财务管控相关问题探讨[J]. 会计师，2012（2）：46-47.

[57] 顾春. 大数据时代的企业集团财务集中管控研究 [J]. 财会学习，2024（2）：37-39.

[58] 王宇. 国有企业财务管控模式转型研究——基于国家能源集团新疆公司的实践 [J]. 中国总会计师，2023（12）：96-99.

[59] 吴媛琪. 财务公司资金归集策略及集团资金管控策略 [J]. 中国总会计师，2023（11）：116-119.

[60] 徐海军. 集团企业财务管控体系的创新路径 [J]. 中国集体经济，2023（31）：129-132.

[61] 周利平. 多元化发展模式下集团企业财务管控与风险防范策略 [J]. 商业2.0，2023（31）：77-79.

[62] 佘艳艳. 财务共享模式下的集团公司管理费用管控探究——以A公司为例 [J]. 投资与创业，2023，34（20）：100-102.

[63] 席文良. 基于子公司股权分散的财务集团化管控思路——以J金控集团为例 [J]. 交通财会，2023（10）：19-24.

[64] 刘艳杰. 财务共享中心在集团公司财务管控中的作用探析 [J]. 国际商务财会，2023（17）：35-38.

［65］ 孙英锐. 关于集团企业加强财务风险管控的方法探讨［J］. 商讯，2023（18）：49-52.

［66］ 邱静. 数智化转型下集团企业智慧财务的管控建设［J］. 中国商界，2023（7）：76-78.

［67］ 蔡斌. 集团财务管控存在的问题分析及解决方法［J］. 商业2.0，2023（18）：52-54.

［68］ 王芬. 基于财务管理视角的集团公司加强对控股企业管控的优化建议［J］. 企业改革与管理，2023（11）：124-125.

［69］ 沈吟. 集团化管控企业财务监督管理体系构建探索——以 Z 公司为例［J］. 财经界，2023（15）：126-128.

［70］ 吴婧. 基于财务共享的集团化财务管控体系建设实践思考［J］. 财经界，2023（12）：138-140.

［71］ 黄雪菱. 内审视角下的集团公司财务风险管控研究［J］. 老字号品牌营销，2023（8）：115-117.

［72］ 郑鹏. 企业集团对下属企业财务垂直管控的工作方案研究［J］. 营销界，2023（7）：53-55.

［73］ 李艳华. 集团公司加强子公司财务集中管控的对策探讨［J］. 投资与创业，2023，34（6）：146-148.

［74］ 李耀. 以财务共享为中心 搭建高效财务管控体系——中国融通集团财务共享建设实践［J］. 财务与会计，2023（3）：18-22.

［75］ 秦洁. 集团型企业财务数字化转型浅议［J］. 合作经济与科技，2024（3）：143-145.

［76］ 彭雪妍. 基于财务数字化转型背景下的国企集团司库管理体系建设路径探析［J］. 国际商务财会，2023（23）：49-52.

［77］ 王丹，马文腾，何帆. 财务管理数字化转型下的数据治理——以 A 集团财务公司为例［J］. 中国农业会计，2023，33（24）：84-86.

［78］张阳.探究集团企业财务共享模式下的数字化转型［J］.老字号品牌营销，2023（23）：107-109.

［79］周杰，陈晓东.集团数字化转型信息安全建设实践［J］.网络安全和信息化，2023（12）：35-36.

［80］江洁华，罗嘉玲.企业数字化转型中财务人员能力提升的思考［J］.中国农业会计，2024，34（02）：118-120.

［81］徐满.大数据时代企业财务共享风险控制探讨——以 A 公司为例［J］.中国集体经济，2024（3）：143-146.

［82］王银慧.财务共享中心模式下会计信息质量提升措施探讨［J］.老字号品牌营销，2024（1）：48-50.

［83］董芳颖.业财融合下的企业集团财务管控研究［D］.南昌：江西师范大学，2020.

［84］郝建华.基于财务共享服务的 Y 集团财务管控模式研究［D］.包头：内蒙古财经大学，2016.

［85］华正宏.企业集团财务管控模式研究［D］.上海：华东理工大学，2014.